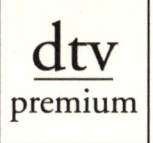

Laura Day

Mit P.I. zum Erfolg

Praktische Intuition
für Karriere, Reichtum und Glück

Aus dem Englischen
von Karin Haag

Deutscher Taschenbuch Verlag

Deutsche Erstausgabe
Januar 2000
Deutscher Taschenbuch Verlag GmbH & Co. KG, München
© 1997 Laura Day
Titel der amerikanischen Originalausgabe:
Practical Intuition for Success.
A Step-By-Step-Program to Increase Your Wealth Today
HarperCollinsPublishers, New York 1997
ISBN 0-06-017576-1
Deutschsprachige Ausgabe:
© 2000 Deutscher Taschenbuch Verlag GmbH & Co. KG,
München
Umschlagkonzept: Balk und Brumshagen
Umschlagfoto: © Donovan Reese/Tony Stone
Satz: Oreos GmbH, Waakirchen
Gesetzt aus der Sabon-Antiqua (Textline 2.05)
Druck und Bindung: Kösel, Kempten
Gedruckt auf säurefreiem, chlorfrei gebleichtem Papier
Printed in Germany · ISBN 3-423-24183-7

Inhalt

Inhalt

Geleitwort

Viele erfolgreiche Menschen vermeiden den Begriff »Intuition«, weil sie nicht an die Kraft und den Wert intuitiver Erkenntnisse glauben.

Ein äußerst erfolgreicher Verleger (und das Verlegen von Büchern erfordert ein hohes Maß an Intuition), der außerdem unwahrscheinliches Glück im Spiel hat, brüstet sich beispielsweise damit, immer vorhersagen zu können, wie der Würfel als nächstes fallen wird, geht aber an die Decke, wenn jemand auch nur etwas von »Intuition« flüstert.

Und der erfolgreiche Unternehmer, der nebenbei etliche Squash-Turniere gewonnen hat (eine Sportart, in der die Spieler ganz wesentlich von der Intuition profitieren), verläßt verärgert eine Dinnerparty, als die Gäste anfangen, sich über das Thema Intuition zu unterhalten.

Dabei ist Intuition eine treibende Kraft im amerikanischen Wirtschaftsleben. Oft tritt sie in Form spontaner Eingebungen auf wie etwa »Laßt uns diese Firma aufkaufen!«, »Machen wir doch an dieser Stelle eine Filiale auf« oder »Wir sollten diese neue Produktidee entwickeln«.

Eine Idee mag intuitiv entstehen, aber danach ist es sehr wichtig, sie gründlich und folgerichtig zu überdenken, bevor man sie in die Tat umsetzt. Was sind die Konsequenzen der geplanten Aktion, und was sind die Konsequenzen dieser Konsequenzen?

In unserer Wohlstandsgesellschaft mit ihren riesigen Märkten ist so ziemlich alles möglich. Wir sind tatsächlich so reich, daß wir es uns leisten können, verschwenderisch zu sein. Wenn wir aber unsere Intuition intelligent einsetzen und die Ideen sorgfältig filtern, können wir unsere Aktiva besser und gewinnbringender nutzen.

Die amerikanischen Frauen haben das mit Sicherheit getan. Vor dreißig Jahren gab es nur wenige berufstätige Frauen, geschweige denn in Führungspositionen. Seither haben Frauen in der Arbeitswelt Erstaunliches geleistet. Und das in rasantem Tempo.

Wie haben sie das geschafft? Durch Intuition und harte Arbeit! Doch schon lange bevor Frauen Karriere machten, war ihre intuitive Intelligenz sprichwörtlich. Intuition war für sie schon immer überlebenswichtig. Welcher Partner bietet mir Sicherheit? Welche Straßen sind ungefährlich? Sie nutzen ihren Instinkt und ihren Verstand, um den Vater ihrer zukünftigen Kinder auszuwählen, obwohl das in unserer Gesellschaft immer schwieriger wird.

Man kann sich auf unterschiedliche Weise auf seine Intuition einstimmen. So hat beispielsweise Peter Drucker in einem vor Jahren im *Wall Street Journal* veröffentlichten Streitgespräch auf die Frage, warum er soviel rede, die ebenso schöne wie einfache Antwort gegeben: »Weil ich so viel lerne, wenn ich laut rede.« Reden ist also seine Art, Zugang zur eigenen Intuition zu finden.

Geschieht nicht das gleiche, wenn wir mit einem Psychotherapeuten sprechen? Oder im Gespräch mit einem Managementberater? Häufig liegen die Antworten in uns selbst. Wir müssen sie nur hinauslassen. Es ist spannend, unsere intuitiven Antworten genau zu untersuchen und sie dann mit den Ergebnissen unseres analytischen Denkens zu vergleichen.

Vor vielen Jahren, als ich noch nicht verstanden hatte, was Intuition oder intuitive Wahrnehmung wirklich ist, hatte ich einmal eine Meinungsverschiedenheit mit einer meiner Mitarbeiterinnen. Später kam sie in mein Zimmer und sagte: »Ich weiß, daß Sie unrecht haben, weil ich es in meinem ganzen Körper fühlen kann.«

Ich lernte viel aus dieser Diskussion, denn heute lasse auch ich mich in vielen Aspekten meiner Arbeit von diesem »Körpergefühl« leiten: beim Redigieren von Artikeln, beim Texten von Schlagzeilen etc.

Von Martin Kessler, dem bekannten Verleger von *Basic Books*, habe ich gelernt, alle Dinge mit zwei einfachen Fragen zu durchleuchten: Ist es authentisch? Ergibt es einen Sinn? Ich stelle diese Fragen oft, und sie funktionieren bemerkenswert gut. Überprüfen Sie Ihre Grundüberzeugungen, überlegen Sie gründlich und folgen Sie Ihrer Intuition. Schreiben Sie alles auf. Gliedern Sie Ihre Gedanken dabei und analysieren Sie jeden einzelnen.

Vor etlichen Jahren erzählte der bekannte Industrielle Bob Schwartz dem Finanzexperten Eric Utne, wie schwer es ihm fiel, einige dringend anstehende Entscheidungen zu treffen. Eric Utne riet ihm daraufhin, sich bei jeder Option zu fragen, wie sie sich anfühle. Diejenigen, die sich gut anfühlten, solle er umsetzen und von den anderen die Finger lassen. Ich habe diese Methode selbst ausprobiert, und sie funktioniert in den meisten Fällen. Auch hierbei ist es wichtig, sich zunächst so umfassend wie möglich zu informieren und die Richtigkeit dieser Informationen dann zu überprüfen.

Einstein soll einmal gesagt haben, daß wir nur knapp zehn Prozent unserer mentalen Kapazitäten wirklich nutzen. Durch Intuition ist es möglich, weit über diesen Bereich hinauszugelangen. Wenn Sie Ihre Intuition als Energiequelle nutzen, können Sie Ihre Ideen mit Sicherheit wesentlich effektiver umsetzen.

Laura Day zeigt Ihnen in ihrem Buch, wie es geht. Intuition ist weit mehr als ein Gefühl, weit mehr als nur eine Idee. Intuition ist ein System. Und dieses System funktioniert.

Martin Edelston

Vorwort

Im Laufe des letzten Jahrzehnts war ich als Beraterin für verschiedene Menschen, Unternehmen und Institutionen tätig. Meistens wurde ich in Phasen der Veränderung, Umstrukturierung oder Krise konsultiert, um bestimmte Details eines Prozesses im Bereich Marketing, Sortiment oder Kundendienst zu beurteilen.

Nach einiger Zeit wurde mir klar, daß ich auf diese Weise nur die isolierten Symptome anstelle der echten Ursache der Probleme zu sehen bekam, und ging dazu über, mich mit der Person oder dem Unternehmen als Ganzes zu befassen. Dadurch konnte ich nicht nur das spezielle Problem, sondern gleichzeitig eine Reihe anderer, scheinbar nicht damit verbundener Probleme in den Griff bekommen.

Ich brannte darauf, mich einem Unternehmen oder einer Einzelperson im Gesamtkontext zu widmen, und ich erhielt die Gelegenheit, dies auf mein eigenes Leben anzuwenden. Kurz nach der Geburt meines Sohnes geriet ich selbst in eine berufliche Krise; meine bisherige finanzielle Absicherung war weggefallen, gleichzeitig waren meine Ausgaben gestiegen.

Ich suchte und fand den Zugang zu meiner eigenen Intuition, und indem ich das tat, trat ich in einen offenen und ehrlichen Dialog mit mir selbst und mit jedem Aspekt meiner Umwelt. Die unmittelbare Erfahrung, die ich dabei machte, war folgende: Indem ich mir selbst etwas Wertvolles gebe, kann ich etwas Wertvolles, Nützliches und Wichtiges für andere schaffen. Weil ich meine Integrität (im dritten Kapitel wird dieser Begriff definiert) durch die Intuition wiederhergestellt hatte, gelang es mir, die Krise zu überwinden und mein Leben in allen Bereichen erfolgreicher zu gestalten.

Ich habe dieses Buch geschrieben, um Sie an meinen Erfahrungen und Strategien zur Verbesserung Ihres beruflichen und persönlichen Erfolgs teilhaben zu lassen.

Danksagung

Eines Abends, als Susan und Victor Niederhoffer uns, wie so oft, zum Abendessen eingeladen hatten und Victor meinem Sohn und seinen Töchtern aus einem großen literarischen Werk vorlas, dachte ich, wie glücklich meine Familie – Samson, Adam und ich – sich schätzen kann, von dieser Familie so wunderbar aufgenommen zu werden.

Ich bin mit guten Freunden gesegnet und möchte einigen von ihnen an dieser Stelle danken:

Da ist zunächst Mr. William Beslow, dessen Integrität und Weisheit (ganz zu schweigen von seiner harten Arbeit) mir geholfen haben, mich zu entfalten. Danke!

Ich danke Melanie Jackson, meiner Agentin, für ihr Vertrauen in mich, ihren Scharfsinn und ihr Engagement und dafür, daß sie immer ein Restaurant für unsere Treffen ausgewählt hat, in das wir unsere Kinder mitbringen konnten.

Ich danke meiner Lektorin Joëlle Delbourgo für ihre intuitive Intelligenz, ihre einfühlsame Arbeit und Unterstützung.

Marty Edelston danke ich für seine Freundschaft und Großzügigkeit in Wort und Tat; Carol de Fritsch für ihre weisen Ratschläge (morgens um sieben), Christine Henrich für ihre weisen Ratschläge (nicht vor Mittag, aber immer nach Mitternacht); Demi Moore, meiner mütterlich-töchterlich-schwesterlichen Freundin, für ihre Offenherzigkeit und Ehrlichkeit; Jean Althshuler Fasciano und Renee Glichlich, ihr Mut und ihre Ent-

12

schlossenheit sind mir Vorbild; meinen Patensöhnen Gabriel und Jeremy Glissen-Brown. Ich bin stolz darauf, ihre Patentante zu sein; meiner Patentochter Eva LaGambina und deren Bruder Giulio dafür, daß sie mir gezeigt haben, was auf mich zukommt, und ihrem neuen Brüderchen Valerio dafür, daß er's ihnen gezeigt hat; meiner italienischen Familie, LaGambina, Pino, Piero, Leyla, Stephania, Nonna, und *la bella* Caterina für zwei Jahrzehnte der Freundschaft; meinem Merlin, Bruno Dell Rosso, dafür, daß er aus Rätseln Erkenntnis schaffen kann; Alice Micheals, Emma Torres, Helen Bransford und Suzzanne Maas, die mich auch dann wie eine Dame behandelten, wenn mir die Haare zu Berge standen und meine Schuhe am falschen Fuß saßen; meinen wunderbaren Geschwistern (in der Reihenfolge ihres Alters) Martha, Alexander und Sarah. Wenn sie nicht mit mir verwandt wären, hätte ich sie finden müssen. Meinen Neffen (in der Reihenfolge ihres Alters) Zachary, Carson und Ori. Sie sind der Stolz und die Freude unserer Familie und haben (zusammen mit ihrem Cousin Samson) bewiesen, daß man das Rad sehr wohl neu erfinden kann. Meinem Vater Dr. David L. Globus dafür, daß er überlebt hat und immer wußte, wann es Zeit ist, seinen Kindern ein Freund zu sein; meinem Mann Adam Robinson. Ich bin glücklich, ihn zu kennen, ihn zu lieben und in seiner Liebe zu leben. Meinem Sohn Samson dafür, daß er ein so wundervoller Mensch ist und mir zeigt, wie man mit einem Computer umgeht.

Ich danke allen – Ihr wißt schon, daß ich Euch meine –, die sich so gut um Samson gekümmert haben, daß er jedem von ihnen auf die eine oder andere Weise gleicht. Das ist das größte Geschenk von allen.

Danke!

Einleitung

Mein Buch führt Sie auf den Weg zu materiellem Erfolg

Da Sie dieses Buch lesen, gehe ich davon aus, daß Sie Ihr Berufsleben erfolgreicher gestalten wollen, indem Sie Ihr Gehalt oder Ihre Vermögenslage verbessern. Aber ich nehme ebenfalls an, daß Sie effektiv und effizient daran arbeiten wollen, zufriedener zu sein und Ihre Lebensqualität zu erhöhen.

Dieses Buch beantwortet also folgende Frage: Wie kann ich meinen Wohlstand mehren und dabei ich selbst sein? Das mag nach einer reichlich übertriebenen Forderung klingen. Schließlich wären die meisten Menschen froh, wenn sie einfach nur etwas mehr Geld verdienten. Aber dazu noch persönliche Erfüllung? Ist das nicht zuviel verlangt?

Nein, das ist es nicht. Es ist leicht, erfolgreich zu sein, indem man so ist, wie man ist. Viel schwieriger ist es, erfolgreich zu sein, indem man versucht, jemand zu sein, der man nicht ist.

Wenn man es beruflich und geschäftlich zu etwas bringen will, geht es nicht in erster Linie darum, die Konkurrenz zu schlagen, sondern darum, sich selbst zu verwirklichen. Und das gilt sowohl für Unternehmen wie für Einzelpersonen.

Sie haben dem Arbeitsmarkt etwas ganz und gar Einzigartiges zu bieten. Und, falls Sie sich selbständig machen wollen: Sie tragen in sich auch das Potential für eine einzigartige Geschäftsidee.

Dieses Buch vermittelt Ihnen einen Plan, wie Sie schrittweise beide Zielvorstellungen verwirklichen und damit Ihren Wohlstand mehren können. Alles, was Sie dazu brauchen, ist ein fruchtbarer Austausch mit der richtigen Person oder das Erkennen einer Angebotslücke in Ihrer Branche oder Ihrem Geschäftszweig.

Im ersten Kapitel erlernen Sie Techniken, die Sie sofort anwenden können. Noch heute. In diesem Moment.

Sie haben bereits alles, was Sie brauchen

Ich werde Ihnen nicht beibringen, wie Sie sich selbst oder Ihren Markt verändern können. Vielmehr werde ich Ihnen zeigen, wie Sie die Fähigkeiten, das Wissen und die Erfahrungen, die Sie bereits haben, effektiver einsetzen können. Kurz gesagt: Dieses Buch lehrt Sie, Ihre eigenen schöpferischen Kräfte und Fähigkeiten optimal nutzbar zu machen.

Kommt Ihnen eine dieser Situationen bekannt vor?

»Ich begreife nicht, woran es bei mir hapert. Ständig lese ich etwas über Leute, die mit den einfachsten und naheliegendsten Geschäftsideen über Nacht reich werden. Warum fällt mir so etwas nicht ein?«

»Ich leite einen Unternehmensbereich, dessen Leistung mit jedem Quartal stärker nachläßt. Wir haben Firmenberater hinzugezogen und all die neuesten Managementtechniken ausprobiert, aber nichts scheint zu funktionieren. Was machen wir falsch?«

»Ich bin Geschäftsführer einer großen Firma, deren Produktivität, Qualität und Einnahmen gewachsen sind, deren Marktanteil und Aktiennotierung aber trotzdem stetig abnehmen. Wie kann ich das ändern?«

»Ich habe mein gesamtes Vorsorgekapital in den Aktienmarkt investiert. Obwohl sich mein Wertpapierbestand während des vergangenen Jahrzehnts günstig entwickelt hat, bin ich über die jüngsten Kursschwankungen an der Börse beunruhigt. Soll ich auf die nächste Aktienhausse warten, oder soll ich meinen Gewinn realisieren und mit weniger Risiko anderswo anlegen?«

»In meiner Branche habe ich es mit Leuten zu tun, die im Gegensatz zu mir eine akademische Ausbildung absolviert haben. Sie haben mehr Vorteile als ich, weil sie über mehr Wissen, mehr Ehrgeiz und mehr Durchsetzungskraft verfügen.«

»Ich gebe in meinem Job mein Bestes. Trotzdem scheine ich nicht voranzukommen. Gerade hat meine Firma eine Stelle, die ich immer schon angestrebt hatte, mit jemandem von außerhalb besetzt. Und um das Maß voll zu machen, ist diese Person weniger erfahren und geringer qualifiziert für die Arbeit als ich. Warum hat man mich übergangen?«

»Ich habe jeden Tag so viele großartige Ideen, aber es gelingt mir nie, sie umzusetzen. Sie gehen irgendwie verloren, und oft erlebe ich dann, wie jemand anderer auf die gleiche Idee kommt und damit Erfolg hat. Und das, obwohl ich meistens sogar noch mehr daraus hätte machen können.«

»Ich habe zwar in meinem Beruf viel Erfolg, aber es ist ein ständiger Kampf für mich, erfolgreich zu bleiben. Wann kann ich mich endlich einmal zurücklehnen und genießen, was ich erreicht habe? Ich habe immer weniger Freude an meiner Arbeit, weil es so anstrengend ist, oben zu bleiben.«

»Ich war jahrelang sehr erfolgreich, aber in letzter Zeit scheint mir nichts mehr zu gelingen. Allmählich bekomme ich Angst vor jeder neuen Aufgabe.«

»Ich habe zwar unglaublich viel erreicht in meinem Beruf, aber ich fühle mich leer und lustlos. Mein Job macht mir einfach keinen Spaß mehr, aber ich kann ihn nicht aufgeben, weil mein Lebensstandard davon abhängt.«

»Ich trete gerade ins Berufsleben ein, und ich habe keine Ahnung, wie ich meine Zukunft gestalten soll. Es gibt so viele Möglichkeiten, und ich weiß einfach nicht, welche Wahl die richtige ist. Es zieht mich in so viele Richtungen, und ich habe Angst, mich auf eine festzulegen und damit einen Fehler zu machen.«

»In meiner Branche ändern sich die Dinge so schnell, daß ich gar nicht weiß, ob es meine Firma oder meinen Job in fünf Jahren überhaupt noch geben wird. Wie soll ich meine weitere Karriere planen?«

»Ich hatte immer den Wunsch, mich selbständig zu machen, aber ich habe nie herausgefunden, welche Art von Unternehmen mir entspricht. Und selbst wenn ich es wüßte, würden mir die Zeit und das Geld fehlen, um meine Idee zu verwirklichen.«

»Ich brauche dringend einen Geistesblitz! Mir ist klar, daß ich eine Fortbildung machen müßte, um mich beruflich zu verbessern. Aber ich bin in meinem Job schon so überlastet, daß ich es mir einfach nicht erlauben kann, mir die Zeit dafür freizunehmen.«

Welche Zugeständnisse machen Sie?

Im heutigen Wirtschaftsleben glauben die meisten Menschen, sie hätten keine andere Wahl, als sich den Anforderungen der Arbeitswelt anzupassen und ihre eigenen Bedürfnisse oder sogar die eigentlichen Erfordernisse des Marktes hintanzustellen.

Nehmen Sie als Beispiel einen Arbeitsuchenden, der die Stellenangebote in der Zeitung studiert. Er entdeckt eine Anzeige aus seinem Arbeitsgebiet, in der die erwünschten Qualifikationen A, B und C aufgelistet sind. Also antwortet er auf diese Anzeige mit einem Brief, in dem er versucht, seine Ausbildung und seinen beruflichen Werdegang so darzustellen, daß sie den geforderten Qualifikationen in eben dieser Reihenfolge entsprechen. Er kommt nicht einmal auf den Gedanken, daß er sich vielleicht mit etwas anderem – einer speziellen Fertigkeit oder Sachkenntnis, nach der die Firma *eigentlich* sucht – noch besser vermarkten könnte, weil er nicht weiß, wie er an diese wichtige Information herankommen soll.

Wir waren alle einmal in dieser Situation, und früher oder später haben wir auch einen Job gefunden. Aber weil wir weder unsere eigenen Bedürfnisse noch die Erfordernisse unseres Arbeitsgebiets oder Geschäftsbereichs in Betracht gezogen haben, anders gesagt, weil wir Zugeständnisse gemacht haben, die unsere Integrität schwächen, müssen wir unentwegt kämpfen. Im Grunde unseres Herzens spüren wir das, aber wir glauben, die Lösung liege in der Quantität, also darin, so viel zu bieten, wie wir nur können. Und so vergeuden wir noch mehr Zeit und Energie damit, nur einen geringen Teil unseres eigenen Potentials auszuschöpfen.

Das wahre Problem besteht darin, daß wir versuchen, jemand zu sein, der wir nicht sind. Und diese Einschränkung unserer Integrität behindert nicht nur unser berufliches, sondern auch unser privates Fortkommen.

Das muß nicht so sein

Sie können zwar auch erfolgreich sein, ohne Ihre persönliche und berufliche Integrität zu wahren. Aber Sie werden dabei weniger effektiv und effizient arbeiten – und außerdem wird ein solcher Erfolg wahrscheinlich nur von kurzer Dauer sein.

In diesem Zusammenhang fällt mir der Schwimmsport ein, bei dem die größten Fortschritte der letzten zwanzig Jahre nicht durch eine verstärkte Muskel- und Antriebskraft der Athleten erzielt wurden, sondern vielmehr durch eine dramatisch verbesserte Stromlinienförmigkeit der Schwimmer. Mit anderen Worten: Die wirksamste Art, wie Schwimmer ihr Tempo steigern können, besteht eher darin, den Wasserwiderstand zu vermindern, und weniger darin, noch mehr Kraft aufzuwenden.

Ich will damit sagen: Auch wenn Sie noch so hart arbeiten,

werden Ihnen wahrer Erfolg und wirkliche Erfüllung versagt bleiben, solange Sie nicht Ihre äußeren und inneren Widerstände beseitigt haben. Was Sie daran hindert, wirklich erfolgreich zu sein, ist weniger das Bild, das Sie vom Geschäftsleben haben, als das Bild, das Sie von sich selbst haben. Intuition wird Ihnen diese wichtige Selbsterkenntnis ermöglichen. Und, was noch wichtiger ist, mit Hilfe der Intuition werden Sie sich selbst mehr in Ihr Berufsleben einbringen und ihr Potential nutzen können. Was wiederum dazu führen wird, daß sich das Berufsleben bereichernd und belebend auf Sie selbst auswirkt.

Alles ist möglich:
Wie Sie Ihre Integrität finden

Das Konzept der Integrität bedeutet, einen ungehinderten Zugang zu Einigkeit, Anerkennung und Erfolg zu finden.

Integrität ist das Wissen sowohl um das, was Sie gerne tun und was Sie zu geben haben, als auch um das, was der Markt braucht.

Integrität heißt, zu wissen, wie man die Menschen inspirieren und die Ressourcen mobilisieren kann, die eine bestimmte Idee, ein Produkt oder eine Dienstleistung optimal realisieren können.

Integrität bedeutet, das, was Sie anbieten, so präsentieren zu können, daß es für die Menschen und Unternehmen, die Ihren Markt ausmachen, nützlich, ansprechend und wichtig ist.

Und schließlich bedeutet Integrität, einen Weg zu finden, wie alle diese Faktoren zusammenwirken können.

Es geht darum, keine faulen Kompromisse zu schließen und sich nicht unter Wert zu verkaufen. Statt dessen gilt es, Ausgewogenheit zwischen dem, was Sie anbieten, und dem, was Ihr Markt braucht, zu erreichen.

Falls Sie ein Produkt oder eine Leistung anbieten, die von Ihrem Markt geschätzt wird, haben Sie Integrität in bezug auf Ihren Markt erzielt. Falls Sie etwas anbieten, das von Ihrem

Markt nicht geschätzt wird, ist dies nicht der Fall (obwohl Sie möglicherweise Integrität in bezug auf einen anderen Markt erreichen können).

Sie *können* nicht nur alles haben; wenn Sie den wahren Erfolg und die Erfüllung anstreben, *müssen* Sie es sogar.

Das Einmaleins der Wirtschaft

Unser Wirtschaftssystem läßt sich in zwei Worten darstellen: Angebot und Nachfrage. Das heißt, im Geschäftsleben läuft alles mehr oder weniger auf die Frage hinaus: Was hat man dem Markt anzubieten, und was verlangt der Markt?

Das trifft zu, ob Sie nun einen Arbeitsplatz suchen, sich mit dem Gedanken tragen, ein Geschäft zu eröffnen, oder einen multinationalen Konzern leiten. Wer einen Job sucht, bietet seine Fähigkeiten den Firmen an, die solche Fähigkeiten einsetzen wollen. Der Unternehmer in spe möchte sein Produkt oder seine Dienstleistung an Abnehmer verkaufen, die sie haben wollen. Der multinationale Konzern tut das bereits auf globaler Ebene.

In allen Fällen besteht der erste Schritt immer darin: Überlegen Sie zuerst, was die von Ihnen angesprochene Firma (oder Person oder Klientel) will und braucht. Das mag sich banal anhören, aber das Problem liegt darin, daß wir häufig bloß zu wissen *glauben*, was unser Ansprechpartner braucht.

Im Geschäftsleben kommt es auf drei Dinge an: *Werte, Wahrnehmung* und *Kommunikation*.

Werte sind das, was wir für unser Geschäft als überlebenswichtig erachten. Dazu gehören die Kriterien von Angebot und Nachfrage auf dem Markt. Genauer gesagt: Werte sind das, was Sie anbieten und was Ihr Markt verlangt.

Die Wahrnehmung bezieht sich sowohl darauf, wie Sie Ihren Markt wahrnehmen, als auch darauf, wie Sie vom Markt wahrgenommen werden.

Kommunikation bedeutet, mit Ihrem Markt und dessen Werten in Verbindung zu bleiben. Um Ihr Produkt oder Ihre Dienstleistung erfolgreich zu vermarkten, müssen Sie Ihren Markt verstehen. Fortwährende Kommunikation ist unerläßlich, damit Sie erkennen können, inwieweit Ihr Markt wächst, wie sich seine Werte verändern und wie Sie Ihr Angebot verbessern können, um den geänderten Bedürfnissen optimal zu entsprechen.

Hier kommt die Intuition ins Spiel.

Warum Intuition so entscheidend für den Geschäftserfolg ist

Auch wenn Wirtschaftswissenschaftler und Betriebswirte es häufig vergessen, Sie sollten daran denken: Ganz gleich, was Sie verkaufen – Ihre Fähigkeiten oder Ihre Produkte –, Sie verkaufen es an menschliche Wesen und nicht an Computer. Ihr Markt ist ein lebendiger, atmender Organismus mit schwer zu deutenden, sich fortwährend verändernden Impulsen. Deshalb haben Planungsgruppen, Kalkulationstabellen und Marktanalysen zwar durchaus ihre Berechtigung, aber die einzig wirklich effektive Methode, um herauszufinden, was Ihr Markt schätzt und braucht, besteht darin, die Intuition in den Entscheidungsprozeß zu integrieren.

Mit der Intuition erhalten Sie Informationen über Ihre Umwelt, die sich nicht direkt über die Sinne oder den Intellekt erschließen. Durch Intuition können Sie einen Markt so wahrnehmen, daß Sie auf dessen Anforderungen mit den Ihnen gegebenen Kenntnissen, Begabungen und Erfahrungen optimal reagieren können. Wir müssen keine Datenberge anhäufen, um mehr zu wissen. Wir müssen vielmehr lernen, worauf wir unsere Aufmerksamkeit konzentrieren sollen.

Archimedes wußte: »Gib mir einen Punkt, wo ich hintreten kann, und ich bewege die Erde.« Die Intuition ist ein solcher Punkt, der Ihre Aufmerksamkeit so fokussiert, daß Sie genau das wissen, was Sie wissen müssen.

Wie Sie Intuition nutzen können

Intuitiv zu sein heißt, Fragen zu stellen und zu beantworten. Im Geschäftsleben kann das so aussehen:

- Informationen sammeln (Welche Strategie hat die Konkurrenz?)
- Probleme lösen (Wie kann man am besten den Streit über das Budget beilegen?)
- günstige Gelegenheiten erkennen (Welche neuen Märkte werden sich im nächsten Jahr für die Produkte meiner Firma entwickeln?)
- kreativ sein (Wie soll ich meine neue Firma nennen?)
- entscheiden (Wie kann ich meinen Chef davon überzeugen, mir eine Gehaltserhöhung zu geben?)
- planen (Wie können wir den Marktanteil unserer Firma vergrößern?)
- abwägen (Welches dieser Jobangebote soll ich annehmen?)
- vorhersagen (Wo wird der Aktienindex in sechs Monaten stehen?)
- zeitlich abstimmen (Wann ist die beste Zeit, um ein Haus zu kaufen?)

Zwei Erfolgsgeschichten von ganz normalen Menschen, die sich von ihrer Intuition leiten ließen

Um Ihnen zu zeigen, wie die Intuition zu einer Karriere verhelfen kann, die in der persönlichen Integrität wurzelt, habe ich zwei inspirierende Geschichten ausgewählt: Beide handeln von Frauen, die einem Instinkt folgten und innerhalb eines Jahres in ihrer jeweiligen Position – die eine in ihrem Traumjob, die andere als Unternehmerin – unglaubliche Erfolge erzielen konnten. Und wenn die das können...

Mit Intuition
ein Unternehmen gründen

Im Jahr 1995 traf Dineh Mohajer, eine zweiundzwanzigjährige Medizinstudentin im ersten Semester an der University of Southern California, den spontanen Entschluß, eine Kosmetikfirma zu gründen. Hatte sie irgendwelche Erfahrungen auf diesem Gebiet? Nein.

Hatte sie ein Firmenkonzept? Nein.

Hat sie wenigstens eine Marktanalyse durchgeführt, um herauszufinden, ob es überhaupt Bedarf für eine neue Kosmetikserie gab? Nein.

Und dennoch war ihr Unternehmen am Markt sofort erfolgreich und erwirtschaftete innerhalb eines Jahres Umsätze von mehreren Millionen Dollar.

Wie hat sie das erreicht? Indem sie ihrem Instinkt folgte. Es fing nämlich alles damit an, daß Dineh das grelle Himbeerrot und Rosa der herkömmlichen Nagellackmarken nicht ausstehen konnte und sich fragte, warum es keinen Nagellack in Pastelltönen gab, die ja sonst in Kalifornien so beliebt sind. Also mischte sie eines Tages ein wenig blauen Farbstoff mit weißem Nagellack und trug ihn auf ihre Fingernägel auf. Ihre Freundinnen wollten daraufhin sofort wissen, wo sie solchen Nagellack kaufen könnten.

Als Versuchsballon stellte sie fünf weitere Flaschen mit ihrem hellblauen Nagellack her und brachte die Besitzerin einer gutgehenden Modeboutique dazu, sie in Kommission zu nehmen. Die fünf Flaschen waren noch am gleichen Tag verkauft, und die Besitzerin bestellte gleich weitere zweihundert bei Dineh.

Jetzt war Dineh im Geschäft. Während sie soviel weißen Nagellack kaufte, wie sie finden konnte, beschloß sie, ihre Farbpalette noch um drei Schattierungen zu er-

weitern: hellgelb, blaßlila und lindgrün. Und ein zünden-
der Name fiel ihr auch gleich ein: *Hard Candy.*

Der Stein war ins Rollen gebracht. Kaum war der neue
Nagellack am Markt, sah man ihn schon an den Fingern
der tonangebenden Hollywood-Prominenz. Als die bekannte, knapp zwanzigjährige Schauspielerin Alicia Sil-
verstone *Hard Candy*-Nagellack bei ihrem Auftritt in der
David Letterman Show trug, überschlug sich das Mode-
magazin *Elle* vor Begeisterung, und die Lifestyle-Sen-
dung von MTV pries *Hard Candy* als den trendigsten
Kosmetikartikel der Saison.

Nun fand Dineh, es sei an der Zeit, sich Verstärkung
zu holen, und stellte ihre ersten beiden Mitarbeiter ein:
ihre Schwester Pooneh, eine Rechtsanwältin und ihren
Freund Benjamin Einstein, einen Musiker. Dann lieh sie
sich von ihren Eltern fünfzigtausend Dollar und eröff-
nete eine Kosmetikfirma in ihrem Studentenwohnheim.
Das Magazin *Forbes* berichtete, daß »pastellfarbener
Nagellack wie Kaugummi auf ihrem Wohnzimmerfuß-
boden klebte und das Waschbecken und die Spüle über-
schwemmte«.

Bald danach produzierte das Team von *Hard Candy*
jeden Monat Zehntausende Nagellackfläschchen. Die
Nachfrage war so groß, daß Dineh von ihren Abneh-
mern, den schicksten Boutiquen Südkaliforniens, einen
doppelt so hohen Preis verlangen konnte wie die Konkurrenz.

Das Unternehmen wurde rasch zu groß für ihre kleine
Wohnung, und sie zog mit ihrem Team in geeignetere Ge-
schäftsräume. Allerdings wurde Dineh auch klar, daß ein
fulminanter Start noch keinen dauerhaften Erfolg garan-
tierte und daß sie, wenn die Firma überleben sollte, eine
professionelle Lagerhaltung, Buchhaltung und Betriebs-
leitung brauchte.

Auch hier folgte sie ihrer Intuition (und ihrem gesunden Menschenverstand), als sie William Botts, einen
einundsechzigjährigen ehemaligen Kernenergietechniker,
als Geschäftsführer einstellte. Selbst Unternehmer, hatte

Botts einer Reihe kleiner, aufstrebender Firmen geholfen, sich am Markt zu etablieren. Da auch eine Kosmetikfirma dazugehört hatte, kannte er sich in Dinehs Geschäftszweig aus und wußte seine Erfahrungen gewinnbringend einzubringen. Mit Ende des ersten Geschäftsjahres 1996 meldete Dineh Mohajers Unternehmen einen Umsatz von 10 Millionen Dollar und einen Bruttogewinn von 2,5 Millionen Dollar. Diese finanzielle Sicherheit gab Dineh die Freiheit, sich fortan mehr mit den kreativen Aspekten des Unternehmens zu befassen, und so hat die Gründerin von *Hard Candy* inzwischen ihre Palette von Kosmetikartikeln um Lippenstift, Lidschatten und Wimperntusche erweitert. Und, ihrer Rolle als Trendsetterin treu bleibend, stellte sie kürzlich eine Nagellackserie für Männer vor.

Irgendwas muß sie richtig machen. Die Verkaufszahlen für das zweite Jahr lagen um das Doppelte über denen des Vorjahrs, und mittlerweile plant Dineh, in etwa zwei Jahren an die Börse zu gehen.

Eingeladen, im Februar 1997 beim *Yale Business and Economic Forum* einen Vortrag zu halten, hatte sie zwei Ratschläge für angehende Jungunternehmer: »Lernen Sie zu delegieren und folgen Sie Ihrem Instinkt«.

Mit Intuition einen Arbeitsplatz finden

Vierzig Jahre bevor Dineh Mohajer ihre Kosmetikserie ins Leben rief, stellte Eppie Lederer eines Tages fest, daß ihr Hausfrauendasein sie nicht mehr ausfüllte. Obwohl sie keinerlei Berufserfahrung aufzuweisen hatte, machte sie ihren Weg bei einer der angesehensten Zeitungen der Vereinigten Staaten.

Mitte der fünfziger Jahre zog Eppie mit ihrer Familie nach Chicago. Sie brauchte eigentlich nicht zu arbeiten, da ihr Mann als leitender Angestellter genug verdiente. Weil aber ihr Kind im Teenager-Alter war und den größten Teil des Tages in der Schule war, hatte Eppie viel Zeit für sich.

Sie wollte arbeiten. Aber als was? Sie war nie zuvor berufstätig gewesen und hatte keine Ahnung, worin ihre Begabung liegen könnte. Eines Tages, beim Lesen der *Chicago Sun-Times*, wurde ihre Aufmerksamkeit von einer neuen Rubrik gefesselt.

Es war eine Ratgeber-Kolumne von Ann Landers, und Eppie war fasziniert von der Idee, daß jede Zuschrift von der Artikelschreiberin persönlich beantwortet wurde. Ihr kam der Gedanke, daß Ann Landers mit Briefen überschüttet werden müsse und mit Sicherheit eine Assistentin brauchte. Einer spontanen Eingebung folgend, rief sie Will Munnecke an, einen Bekannten ihres Mannes, der Ressortchef bei der *Sun-Times* war, um ihn zu fragen, ob an der Besetzung einer solchen Position Interesse bestünde.

Will Munnecke erzählte ihr, daß die Verfasserin der Kolumne, Ruth Crowley (alias Ann Landers), kürzlich gestorben sei. Eppie ergriff die Gelegenheit beim Schopf und wechselte die Taktik. Statt sich als Ann Landers Assistentin zu bewerben, schlug sie vor, deren Nachfolge als Kolumnistin anzutreten.

Höflich, aber bestimmt wies Mr. Munnecke sie darauf hin, daß ihr jede journalistische Qualifikation fehlte, während die verstorbene Kolumnistin nicht nur Reporterin, sondern auch Krankenschwester gewesen war. Unverzagt fragte Eppie, wie das Auswahlverfahren vor sich gehen solle, und der Ressortchef antwortete, um die größtmögliche Objektivität zu wahren, werde man einundzwanzig erfahrene Journalisten auffordern, anonym Probekolumnen aus ihren Antworten auf reale Leserbriefe zusammenzustellen. Eppie bat ihn, sie an diesem Wettbewerb teilnehmen zu lassen.

Will Munnecke ließ sich erweichen, vielleicht aus Gefälligkeit der Frau seines Bekannten gegenüber. Und als am Ende des Monats die Endresultate bekanntgegeben wurden, hatte Eppie das Rennen gemacht. Trotz der Bedenken der Zeitungsmacher, die Kolumne einer Berufsanfängerin zu überlassen, wurde Eppie die Nachfolgerin von Ann Landers. Und seit nahezu vierzig Jahren ist Eppie Lederer nun die allseits bekannte und beliebte Ann Landers.

Was lernen wir aus diesen Geschichten?

Obwohl die beiden Frauen verschiedenen Generationen angehören und unterschiedliche Wege gegangen sind, haben sie etliche Gemeinsamkeiten.

Keine von beiden verfügte über irgendwelche Qualifikationen oder Erfahrungen in ihrem gewählten Berufsfeld, und beide folgten ihrem Instinkt trotz etlicher »logischer« Einwände.

Beide schufen eine neue Situation, indem sie ihre wahren Bedürfnisse durchsetzten, statt nur auf das zu reagieren, was angeboten wurde.

Jede hatte augenblicklich Erfolg in der von ihr gewählten Position.

Und, mehr noch, Eppie Lederer und Dineh Mohajer erfüllten sich ihren Traum mit der gleichen Strategie: Sie nutzten ihre Intuition, um zu erfassen, was der Markt braucht, und es mit dem zu verbinden, was sie zu bieten hatten.

Planen Sie Ihre persönliche Erfolgsstrategie: Die zehn wichtigsten Fragen

Jedes erfolgreiche Unternehmen hat eine klar umrissene Zielvorstellung, in der die Absatzgebiete, Marketingstrategien und Markterwartungen festgelegt sind. Man könnte auch sagen: eine Vision, die verdeutlicht, wofür das Unternehmen inhaltlich steht. Wenn Sie Ihre materielle Situation verbessern wollen, müssen auch Sie eine persönliche Zielvorstellung ausarbeiten. Und dazu brauchen Sie nur die zehn folgenden Fragen zu beantworten:

Frage 1: Was ist mein Arbeits- oder Absatzgebiet? (Es ist größer, als Sie denken.)

Frage 2: Was braucht die betreffende Person oder Firma oder Klientel? (Achtung: Möglicherweise wissen sie es nicht einmal.)

Frage 3: Was brauche *ich* (Sie können und sollten alles erreichen), und was kann ich dafür bieten? (Es ist immer mehr, als Sie glauben.)

Frage 4: Wie finde ich die optimale Übereinstimmung zwischen meinen Bedürfnissen und denen des Marktes? (Es gibt immer eine kreative Lösung, um Integrität herzustellen: die *Ausgewogenheit*, von der beide Seiten profitieren.)

Frage 5: Was muß ich unternehmen, um mein Ziel zu erreichen? (Sie können heute für morgen vorausplanen.)

Frage 6: Wie kann ich mich selbst und das, was ich anbiete, am besten präsentieren? (Um Ihr Produkt, Ihre Dienstleistung oder spezielle Fertigkeiten zu verkaufen, müssen Sie eine Sprache sprechen, die Ihr Markt verstehen und auf die er positiv reagieren kann.)

Frage 7:	Wie kann ich andere dazu bringen, mir zu helfen? (Sie müssen auch deren Bedürfnisse verstehen und befriedigen.)
Frage 8:	Wie kann ich Störungen durch andere vermeiden? (Auch hier gilt es, deren Bedürfnisse zu berücksichtigen.)
Frage 9:	Wie kann ich Hindernisse vorhersehen und überwinden? (Es ist möglich, Probleme zu lösen, bevor sie auftreten.)
Frage 10:	Wie kann ich erfolgreich auf eine veränderte Marktsituation reagieren? (Wirtschaftlicher Erfolg ist keine statische Angelegenheit, sondern erfordert Flexibilität.)

Wir werden uns mit jeder dieser Fragen in einem eigenen Kapitel beschäftigen, so daß Sie am Ende des Buches einen kompletten Stufenplan haben, der Sie auf Erfolgskurs bringen wird.

Intuition und Integrität in der Unternehmenswelt und im Finanzwesen

Alles, was wir bisher über die Notwendigkeit, Ihre Bedürfnisse mit denen des Marktes in Einklang zu bringen, gesagt haben, gilt auch für große Unternehmen. Und deshalb werden wir uns mit Firmen beschäftigen, die erfolgreich sind, weil sie ihre Integrität gewahrt haben – wie beispielsweise die *Disney Corporation* –, und mit solchen, die den Kontakt zu ihrem Markt verloren haben, wie etwa die *Apple Computer Corporation*.

Ich werde Ihnen außerdem zeigen, wie sich das Konzept der Integrität gewinnbringend auf das Geschäft mit Kapitalanlagen anwenden läßt. Dabei geht es nicht darum, Ihre Firma an den Markt zu verkaufen, sondern darum, zu lernen, Ihre Strategien so zu fokussieren, daß Sie die jeweilige Marktsituation richtig einschätzen sowie aktiv und effizient darauf reagieren können.

Wie man dem Markt immer um eine Nasenlänge voraus bleibt

Wenn Sie Intuition und Integrität in Ihr Geschäftsleben integrieren, werden Sie Ihren Markt so gut kennen wie sich selbst. Das heißt, Sie entwickeln ein derart feines Gespür für seine Mechanismen und Strömungen, daß Sie imstande sein werden, etwaige Veränderungen vorherzusehen und sich darauf einzustellen – lange bevor sie auch für alle anderen evident werden.

Dieses Buch wendet sich speziell an Sie

Dieses Buch wird Ihnen helfen, effektiver auf Ihre individuelle Situation zu reagieren. Jedes seiner Kapitel enthält einfache Übungen, die so ausgearbeitet sind, daß sie Ihnen alles an die Hand geben, was Sie brauchen, um Ihr Arbeitsleben erfolgreich umzugestalten.

Selbst wenn Sie nie zuvor in einer Firma gearbeitet haben, wenn Sie kein bestimmtes Produkt im Sinn haben oder nicht einmal wissen, was Sie »mit dem Rest Ihres Lebens« anfangen wollen, können Sie jede Lektion, jede Übung und jedes Beispiel auf Ihre eigene Situation anwenden. Falls Sie dieses Buch lesen, weil Sie auf der Suche nach einem Job sind, könnte Sie das, was ich über die Gründung eines Unternehmens schreibe, auf neue Perspektiven und Ideen bringen. Und selbst wenn Sie in Ihrer derzeitigen Position ganz zufrieden sind, zeigen Ihnen diese Abschnitte möglicherweise Wege auf, wie Sie Ihren Beruf um neue Dimensionen und Kompetenzen erweitern können.

Ganz gleich, wer Sie sind oder was Sie tun, Sie können jedes Kapitel dazu nutzen, positive Veränderungen in Ihrem Leben vorzunehmen. Dieses Buch zeigt Ihnen, wie Sie erreichen können, was für Sie von Wert und Bedeutung ist, wie Sie herausfinden können, womit Sie Ihren Lebensunterhalt verdienen wollen, oder wie Sie das, was Sie bereits tun, sinnvoller und rentabler gestalten können.

Alles in allem zeigt Ihnen dieses Buch: Um in der Arbeitswelt wirklich erfolgreich zu sein – als Person, als Firma oder mit einem Produkt –, müssen Ihre Handlungen in der Integrität wurzeln. Dazu ist es notwendig, das Bewußtsein nicht nur für Ihre eigene Integrität, sondern ebenso die Ihrer Firma, Ihrer Kunden, Ihres Marktes und Ihrer sozialen Gemeinschaft zu entwickeln.

Die Intuition befähigt Sie, diese Ziele zu erreichen und damit Ihren Wohlstand und Ihren beruflichen Erfolg zu fördern.

Wie dieses Buch Ihnen helfen kann

Jedes Kapitel dieses Buches enthält direkt anwendbare Methoden zur Bereicherung Ihres Berufslebens. Die gezeigten Übungen helfen Ihnen, Ihre natürlichen intuitiven Fähigkeiten wiederzuentdecken, sie zu entwickeln und auf praktische und profitable Weise anzuwenden. Unabhängig davon, auf welchem Gebiet Sie arbeiten oder wieviel Berufserfahrung Sie haben, werden Sie lernen, wie Intuition Ihnen helfen kann, Ihre wichtigsten Fragen zu beantworten:

- Karrierefragen: Welcher Berufsweg paßt am besten zu meinen Talenten? Welche gewinnbringenden Fähigkeiten oder Möglichkeiten stehen mir in diesem Augenblick zur Verfügung?
- Investmentfragen: Sind die jüngsten Verkäufe von Aktienbeständen lediglich eine Kurskorrektur oder der Beginn eines Baissemarktes?
- Personalfragen: Welchen Bewerber sollen wir einstellen?
- Verhandlungsfragen: Soll ich einen harten Kurs fahren oder Konzessionen machen?

- Strategiefragen: Soll unsere Firma ein Bündnis mit einem unserer Konkurrenten schließen?

Wenn Sie dieses Buch aufmerksam lesen und alle Übungen gewissenhaft durcharbeiten, werden Sie die Intuition als einen integralen Bestandteil Ihres Berufslebens nutzen können. Und Sie werden Ihre intuitiven Fähigkeiten so weit trainieren, daß Sie sie jederzeit anwenden können, ähnlich wie gymnastische oder meditative Übungen. Wahrscheinlich zum ersten Mal werden Sie sich vieler zuvor unbewußter Denk- und Verhaltensmuster bewußt und werden lernen, diese produktiv einzusetzen.

Am Ende haben Sie einen Plan für Ihre Karriere und Ihr Leben. Sie werden wissen, wo Sie hinwollen und wie Sie dorthin gelangen. Und das Ganze wird Ihnen auch noch Spaß machen.

Kapitel 1

Wie Sie den größten Nutzen aus diesem Buch ziehen

Zum Aufbau

Dieses Buch hat zwei klar definierte Ziele: Erstens möchte ich Sie mit einer neuen Sichtweise auf die Berufswelt bekannt machen und Ihnen zweitens eine neue Sichtweise auf Intuition und ihre Anwendung vermitteln. Die Herausforderung beim Verfassen des Buches bestand darin, das Material für beide Themenkreise parallel zu präsentieren, da man die beruflichen Konzepte nur verstehen kann, wenn man die intuitiven Konzepte versteht und umgekehrt.

Ihre Situation als Leser läßt sich mit der eines Sportlers vergleichen, der zwischen den Wettkämpfen zum Gewichtheben geht, um seine Leistung zu steigern. Oder besser noch mit dem Erlernen eines neuen Studienfachs in einer Fremdsprache: Da muß man zwischendurch auch Grammatik und Vokabeln lernen, um mit dem eigentlichen Lernstoff voranzukommen.

Auch wir werden uns gleichzeitig auf zwei Geleisen fortbewegen: Sie werden Ihre intuitiven Fertigkeiten entwickeln und dabei Ihren ganz persönlichen Erfolgs- und Karriereplan ausarbeiten. Im weiteren Verlauf des Buches wird sich das Training Ihrer intuitiven Fähigkeiten und deren praktischer Anwendung auf spezifische Berufssituationen abwechseln. Wie alles andere in meinem Buch sollten Sie auch diese Vorgehensweise Ihrem besonderen Lernstil und Ihren individuellen Interessen anpassen.

Sie können auch an einer beliebigen Stelle mit dem Buch beginnen und je nach Lust und Laune weiterlesen. Und Sie können sogar zuerst alle Übungen machen – und erst danach den Hintergrundtext lesen!

Intuition läßt sich allein durch Übung entwickeln

Dies ist ein praktisch anwendbares Buch, das Ihnen eine Reihe von Fertigkeiten und eine neue Art des Erlebens und der Bezugnahme auf Ihre Welt beibringt. Sie werden aufgefordert, eine Reihe unterschiedlicher Übungen zu machen, deren Zweck darin besteht, Ihre Perspektive zu verändern und Ihrer Intuition die Möglichkeit zu geben, Sie auf Dinge hinzuweisen, die Ihnen sonst wahrscheinlich entgangen wären.

Während die Übungen in meinem ersten Buch, *P. I. Praktische Intuition*, Ihnen helfen sollten, drei ganz bestimmte Lebensfragen Ihrer Wahl zu beantworten, sind die Übungen in diesem Buch darauf angelegt, Ihnen und Ihrer Firma zu helfen, sich so auf Ihren Markt einzustimmen, daß Sie wachsam und flexibel genug sind, um jede Situation erfolgreich zu meistern. Selbst wenn Sie die intuitiven Übungen in meinem ersten Buch bereits vollständig absolviert haben, empfehle ich, diese hier nicht auszulassen.

Falls Ihnen einige Übungen albern oder unsinnig vorkommen

Wie gesagt: Sinn und Zweck sämtlicher Übungen liegt darin, daß sich Ihre Wahrnehmung verändert und Sie mittels Intuition die Chance erhalten, gewohnte Sichtweisen abzulegen und aktuelle Situationen sowie die in ihnen enthaltenen Informationen auf neue Art und Weise zu betrachten.

- Einige Übungen werden Ihnen helfen, Ihre intuitiven Fähigkeiten und Gewohnheiten zu entwickeln; andere bieten die Gelegenheit zur regelmäßigen, wenn nicht sogar täglichen Anwendung dieser Fähigkeiten.
- Bei einigen Übungen wird verlangt, daß Sie sich selbst in das Objekt Ihrer Aufmerksamkeit »verwandeln« (z. B. in ein Produkt, einen Job, einen Konkurrenten); bei anderen sollen Sie etwas verkörpern, das Ihre Zielvorstellung symbolisiert.
- Einige Übungen dienen dazu, Ihnen einen Zugang zu Ihrem Unterbewußten zu eröffnen; andere helfen Ihnen, Distanz zu einer Situation zu gewinnen, damit Sie sie sachlich und objektiv beurteilen können.

Auch wenn Sie den Sinn einer bestimmten Übung nicht nachvollziehen können, versuchen Sie trotzdem, sie gewissenhaft auszuführen. Ich versichere Ihnen, daß jede einzelne zu einer Verbesserung Ihrer intuitiven Fähigkeiten beitragen wird.

Alle in diesem Buch enthaltenen Übungen geben Ihnen Aufschluß über aktuelle Fragen zu Ihrer Karriere oder Ihrem Unternehmen. Sie haben dieses Buch gekauft, weil Sie Ihre Karriere ernst nehmen. Und da ich sicher bin, daß Sie hart und viel arbeiten, würde es mir nicht im Traum einfallen, Ihre Zeit mit Übungen in Anspruch zu nehmen, die keine praktischen Auswirkungen auf Ihren beruflichen Erfolg haben.

Erläuterungen zu den Blindübungen

In Schulbüchern werden die Antworten auf die Aufgaben häufig am Ende des Buches oder Kapitels gegeben. In diesem Buch geben Sie zuerst die Antworten und bekommen die Fragen dazu später! Bei vielen Übungen – wie etwa der ersten im nächsten Kapitel – werden Sie gebeten, die Fragen »blind« zu beantworten. Will heißen: Sie werden erst wissen, *was* Sie gefragt wurden, *nachdem* Sie die Frage beantwortet haben – und manchmal nicht einmal dann. Zum Beispiel könnte ich von Ihnen wissen wollen, was die erste Person, mit der Sie am nächsten Tag sprechen, sagen wird. Dann werden Sie eben nicht vor dem nächsten Tag wissen, ob Sie »recht hatten«.

Solche Übungen zwingen Sie, mehr auf Ihre Intuition als auf Ihr logisches Denken zu vertrauen, obgleich Sie sich durchaus dazu verleiten lassen könnten, die wahrscheinlichste Antwort verstandesmäßig herauszufinden. Wichtig ist jedoch, daß Sie lernen, einen Zugang zu Ihren intuitiven Fähigkeiten zu finden, und nicht, daß Sie beweisen, wie intelligent Sie sind.

Manchen Menschen widerstrebt es, Intuitionsübungen blind zu absolvieren, weil sie ihnen unangenehm sind oder allzu schwierig erscheinen. Diese Reaktion ist vollkommen normal und lediglich ein Zeichen dafür, daß der Verstand frustriert ist (»Gib mir wenigstens einen Hinweis!«) und sich dagegen sträubt, die Kontrolle abzugeben, wenn auch nur für kurze Zeit.

Falls sich dieser Widerstand bei Ihnen bemerkbar macht, schreiben Sie einfach Ihre Reaktionen auf und folgen Sie den Anweisungen so gut Sie können. In jedem Fall sollten Sie die Fragen nicht nachsehen, bevor Sie die Übung zu Ende gemacht haben! Wenn Sie diese Regel befolgen, werden Sie Ihren Widerstand nach kurzer Zeit überwinden und Vertrauen zu Ihrem Feedback gewinnen, einfach weil Sie überrascht sein werden, wie treffend genau Ihre Antworten sind. Und das wird schließlich auch den hartnäckigsten Skeptiker überzeugen.

Führen Sie ein Tagebuch

Es ist wichtig, daß Sie Ihre Übungsresultate festhalten. Damit haben Sie nicht nur einen Maßstab für Ihre Fortschritte, sondern auch die Möglichkeit, frühere »Readings« zu repetieren (Anm. d. Übers.: Ein Reading ist eine Sitzung, in der bewußt mit Intuition gearbeitet wird). Sie werden höchst erstaunt sein, wie oft sich eine spontane Antwort als außerordentlich zutreffend, wenn nicht gar prophetisch erweist.

Und außerdem: Die schöpferischsten und produktivsten Menschen der Geschichte, von Leonardo da Vinci bis zu Thomas Edison, haben alle Tagebuch geführt, um ihre Beobachtungen und Gedanken aufzuzeichnen. Auch für Sie ist das Tagebuchschreiben eine ausgezeichnete Methode, um einen Zugang zu Ihren intuitiven und schöpferischen Talenten zu entwickeln.

Führen Sie also ein Tagebuch, das sich ganz Ihrer intuitiven Reise widmet. Da viele Übungen verlangen, daß Sie, ohne nachzudenken oder zu analysieren, Ihre spontanen intuitiven Eindrücke wiedergeben, gebe ich Ihnen den Rat, Ihre Antworten auf Kassettenrekorder aufzuzeichnen und anschließend abzuschreiben. Denn falls Sie nicht zufällig perfekt stenografieren können, wird es Ihnen praktisch unmöglich sein, im Aufschreiben mit dem Fluß Ihrer intuitiven Eindrücke Schritt zu halten. Sollten Sie keinen Kassettenrekorder zur Verfügung haben, notieren Sie Ihre Antworten in Stichworten und formulieren Sie diese später aus.

Passen Sie die Techniken und Übungen Ihren persönlichen Bedürfnissen an

Dieses Buch soll Ihnen bei Ihren geschäftlichen Transaktionen und Ihrem beruflichen Weiterkommen behilflich sein. Deshalb werde ich Ihnen in jedem Kapitel zeigen, wie Sie Ihre intuitiven Fähigkeiten auf die Situationen anwenden können, die Ihnen in Ihrem Berufsleben wahrscheinlich begegnen.

Falls Sie planen, ein Geschäft zu eröffnen oder eine Firma zu gründen, zeigt Ihnen dieses Buch, wie Ihre Intuition Ihnen helfen kann, Ihre Ideen zu verwirklichen. Oder falls Sie nach einer erfüllenden Arbeit suchen, gebe ich Ihnen Hinweise, wie Ihre Intuition dabei helfen kann, sie zu finden. Und falls Sie bereits einen guten Job haben, werde ich Ihnen zeigen, was Ihre Intuition dazu beitragen kann, ihn noch befriedigender zu gestalten.

Es steht Ihnen frei, einzelne Kapitel oder Übungen so abzuwandeln, daß Sie Ihrer eigenen speziellen Situation entsprechen.

Sind Sie beispielsweise im Bankwesen tätig, werden Sie meine Ausführungen natürlich diesem Bereich anpassen wollen, während sie jemand in einem medizinischen Beruf wieder anders verwenden würde. Der grundlegende Ablauf bliebe jedoch derselbe.

Möglicherweise stellen Sie fest, daß Ihre Intuition einem bestimmten Übungsablauf nicht so folgt, wie ich ihn strukturiert habe, und statt dessen bestimmte Schritte überspringt oder zu einem anderen Zeitpunkt vollzieht. Lassen Sie das ruhig zu. In solchen Abweichungen zeigt sich Ihr eigener intuitiver Stil, und der führt Sie letztendlich immer auf den für Sie besten Weg.

Nutzen Sie Ihre Intuition: Geht es in einem bestimmten Abschnitt darum, sich selbständig zu machen, Sie aber sind mit Ihrer Anstellung vollkommen zufrieden, bringt Sie das vielleicht auf ein paar gute Ideen, wie Sie Ihre Arbeit noch effizienter und zufriedenstellender erledigen können. Oder die neuen Perspektiven, die Ihnen in diesem Buch eröffnet werden, könnten Sie veranlassen, Ihre aktuelle Situation noch einmal kritisch zu überdenken.

Selbst wenn Sie eine Hausfrau sind, deren Aufgaben darin bestehen, das Familienleben zu organisieren, können Sie den Inhalt dieses Buches auf Ihre Situation beziehen. So ist Ihnen zum Beispiel vielleicht noch gar nicht bewußt geworden, daß Sie als Hausfrau die Chefin eines Teams von Teilzeitkräften sind, wobei Ihr »Personal« aus Ihrer Putzfrau, Ihrem Klempner, Ihrem Lebensmittelhändler, Ihrem Steuerberater etc. bestehen könnte.

Was Sie erwartet

Noch einmal: Dies ist ein praktisches Buch, und deshalb entdecken und erleben Sie Ihre Intuition am besten dadurch, daß Sie sie einsetzen. Und genauso, wie ich es in allen meinen Workshops mache, werde ich Sie gleich zu Beginn mit einer intuitiven Übung loslegen lassen. Sind Sie bereit?

Kapitel 2

Der intuitive Prozeß
auf einen Blick

Sie gebrauchen Ihre Intuition bereits
die ganze Zeit – Sie müssen nur noch lernen,
sie bewußt zu kontrollieren

Ihre Intuition ist ständig aktiv und versorgt Ihr Gehirn in jedem
Moment – wie jetzt gerade – mit Informationen. Ebenso wie Ihre
Atmung läuft dieser Prozeß automatisch ab. Das heißt, Ihre In-
tuition funktioniert, ohne daß Sie darüber nachdenken müssen.

Ob Sie sich dessen nun bewußt sind oder nicht, Sie haben Ihre
Intuition bei sämtlichen Entscheidungen eingesetzt, die Sie jemals getroffen haben – bei den richtigen wie den falschen. Läuft
die Intuition unbewußt ab, ist die Information, die sie Ihnen vermittelt, jedoch in keiner Weise geordnet oder strukturiert. Deshalb haben wir keine Ahnung, wie wir sie anwenden können,
und erzielen mit diesen »aus dem Bauch« getroffenen Entscheidungen nur zufällige Erfolge.

Doch das Unbewußte ist uns eben nicht bewußt. So lange Ihre
Intuition nicht bewußt von Ihnen gesteuert wird, besteht immer
die Gefahr, daß sie Sie in Richtung unbewußter Ziele führt, die
Sie lieber vermeiden würden.

Diese unbewußten Ziele sind Teil Ihrer »heimlichen Wünsche«. Da die Intuition nicht zwischen Ihren bewußten und Ihren unbewußten Zielen zu unterscheiden vermag, wird sie
ebenso effizient arbeiten, um eine *schlechte* Anlagemöglichkeit

für Sie zu finden – falls Ihr verborgener Wunsch darin besteht, Geld zu verlieren oder materiell abhängig zu bleiben –, wie sie es tun würde, um eine gute zu finden.

Mit anderen Worten: Sie können intuitive Informationen ebenso leicht für einen Mißerfolg wie für einen Erfolg nutzen. Da Ihr Ziel aber nun darin besteht, erfolgreicher zu werden, ist es wichtig, daß Sie lernen, Ihre Intuition bewußt zu lenken. Und wie Sie das machen, erfahren Sie in diesem Buch!

Was Intuition nicht ist

Ich habe dieses Buch geschrieben, um Ihnen zu zeigen, wie Sie sich Ihre Intuition in geschäftlichen und beruflichen Angelegenheiten zunutze machen können. Wenn Sie mich jedoch nach einer Definition von Intuition fragen, wäre das so ähnlich wie einen Komiker aufzufordern, das Wesen des Humors zu analysieren, oder einen Maler zu bitten, eine theoretische Abhandlung über die Schönheit zu verfassen. Ich könnte es wohl tun, aber ich bezweifle, daß eine Definition Ihnen helfen wird, Ihre Intuition zu gebrauchen, ebensowenig wie die theoretische Definition von Humor Sie oder mich zu einem Komiker machen würde.

Dennoch ist es wichtig, daß Sie eine ungefähre Vorstellung davon haben, was Intuition ist, damit Sie wissen, wovon in diesem Buch die Rede ist. Zum Thema Intuition gibt es nämlich eine ganze Menge Verwirrung, Mißverständnisse und esoterisches Wischiwaschi, und zwar hauptsächlich deshalb, weil dieser Begriff sehr vage und willkürlich auf eine Reihe völlig verschiedener kognitiver Prozesse angewendet wird.

So ist Intuition zum Beispiel nicht gleichbedeutend mit Kreativität, obwohl sie viele Aspekte mit dieser gemeinsam hat. Und natürlich kann die Intuition Ihre schöpferische Kraft in wesentlichem Maß fördern. Ihre Intuition kann Ihre Kreativität unterstützen, indem sie ihr ein Mehr an Informationen zur Verfügung stellt. Intuition hilft auch, ein reduziertes Schubladendenken zu vermeiden, indem sie überkommene Grenzen überschreitet und normalerweise verborgene Beziehungen zwischen den Dingen offenbart.

Intuition hat auch nichts mit »Schnelldenken« oder »Ratespielen« zu tun, denn auch das hieße, das Wesen der Intuition mit ihren Eigenschaften zu verwechseln. Um einen Zugang zu Ihren intuitiven Prozessen zu finden, ist es am Anfang erforderlich, das rational-logische Denken außer Kraft zu setzen – ich betone: am Anfang –, und deshalb wird Intuition häufig als ein »Herausplatzen mit allem, was einem gerade einfällt« oder als »bloßes Herumraten« abgetan. Doch nur, weil intuitive Eindrücke gewöhnlich dem rationalen Denken vorangehen, muß nicht alles, was rationalem Denken vorangeht, gleich intuitiv sein!

Ebensowenig bedeutet die Tatsache, daß sich intuitive Eindrücke nicht erklären lassen, weil sie nicht auf Logik oder Augenscheinlichkeit beruhen, daß es sich bei jedem unerklärlichen Gedanken oder Eindruck um Intuition handelt. Schließlich kann eine Entscheidung aus dem Bauch auch bloß auf einer Magenverstimmung beruhen.

Außerdem möchte ich noch den Unterschied betonen zwischen Intuition und der intuitiven Fachkenntnis von Experten. In jedem Berufszweig ist allgemein anerkannt, daß der Experte Informationen nicht nur besser verarbeitet und umsetzt als der Laie – sondern es auch anders tut. Es stimmt zwar, daß Experten häufig so wirken, als wüßten sie sofort die Antwort auf alle Fragen, einfach weil sie den Denkprozeß abkürzen können, indem sie auf ihren reichen Erfahrungsschatz zurückgreifen oder einfach über den Daumen gepeilt beurteilen. Aber im Grunde ist es eher so, daß die Sachkundigen nach vielen Jahren der Berufspraxis ein Gespür für ihr spezielles Gebiet entwickelt haben, das es ihnen ermöglicht, die jeweilige Situation auf einen Blick abschätzen zu können.

So weiß zum Beispiel ein Verkäufer oder eine Verkäuferin sofort, ob der Kunde, der soeben den Laden betritt, die Absicht hat, etwas zu kaufen, oder sich bloß umsehen möchte. Ähnlich verhält es sich mit dem Börsenmakler, der einen untrüglichen Riecher dafür hat, wann der Kurs einer Aktie steigt oder fällt, und mit der Naturwissenschaftlerin, die mit einem sechsten Sinn für die Richtigkeit wissenschaftlicher Hypothesen ausgestattet ist.

Die »B-Seite« der Intuition

Ich habe Ihnen dargelegt, was Intuition nicht ist, damit Sie eine bessere Vorstellung davon erhalten, was sie ist.

Branch Rickey, der legendäre Baseball-Manager, hat Glück einmal als »Bodensatz der Pläne« definiert. Mit anderen Worten: Das, was vom Erfolg übrigbleibt, wenn man all die Arbeit und Planung abzieht, die man dafür investiert hat, nennt man Glück.

Die Intuition läßt sich auf dem gleichen Weg definieren: Nehmen Sie Ihre mentalen Prozesse und ziehen Sie davon Ihr logisches Denken, Ihre Emotionen und Ihr Erinnerungsvermögen ab. Das, was übrigbleibt, ist Intuition.

Und was ist nun Intuition?

Das Wörterbuch definiert Intuition als »eine plötzliche Eingebung« und als »unmittelbares, nicht auf Reflexion beruhendes Erfassen eines Sachverhalts«. Ich sehe die Intuition als einen Prozeß, in dem Informationen zusammengetragen werden, der aber nicht auf der eigenen Verstandeskraft und den eigenen Sinnen beruht, diese jedoch erweitert.

Jeder Mensch hat fünf Sinne: Tastsinn, Geschmackssinn, Geruchssinn, Gesichtssinn und Gehörsinn. Zu Ihren mentalen Sinnesgaben gehören Ihre Phantasie, Ihre Gefühle, Ihre Erinnerungen und Ihre Vernunft. Die Intuition sammelt anderweitig unzugängliche Informationen und erschließt sie durch Ihre Sinne und durch andere Wahrnehmungsmechanismen wie Gedanken und Erinnerungen.

Diese zusätzliche Information wird dann zusammen mit Ihren Gedanken, Erinnerungen und körperlichen Empfindungen »in einen Topf geworfen« und formt Ihr bewußtes Erleben der Welt.

Was, wenn Ihre Sinne mehr erfassen als Sie glauben?

Intuition kann ein Instinkt für ganz bestimmte Dinge oder Vorgänge sein. Denken Sie zum Beispiel an erfolgreiche Kapitalanleger: Bei ihnen ist es beinahe so, als könnten sie hören, wie sich der Herzschlag des Aktienmarktes beschleunigt, und dementsprechend darauf reagieren. Wenn sie fühlen können, wie sich der Rhythmus verändert, dann wissen sie, daß sie sich auf eine bevorstehende Hausse oder Baisse gefaßt machen müssen. Und sie wissen es in genau dem Moment, in dem sie noch Zeit haben, ihre Eindrücke in Handlungen umzusetzen. Lassen sie sich aber von einem bestimmten Rhythmus mitreißen und verlieren damit ihre Distanz und Kontrolle, werden sie mit Sicherheit ein Verlustgeschäft machen.

Das hat nichts mit Magie zu tun, sondern wir alle spüren den Rhythmus unserer Umwelt auf eine viel tiefere Weise, als uns bewußt ist. Das nennen wir dann »Ahnung« oder »Instinkt«. Der einzige Unterschied zwischen der Intuition und dem, was wir für unser empirisches Denken halten, besteht darin, daß wir unsere Erkenntnisse bei der Intuition in uns selbst erzeugen oder erkennen und nicht aus äußeren Quellen beziehen. Unser Wissen kommt also »von innen«, und dann gehen wir »nach außen«, um es zu bündeln, zu interpretieren und zu verifizieren.

Wir empfinden uns häufig als von unserer Umwelt getrennt. Und deshalb nutzen wir unsere Sinne, um uns Informationen anzueignen. Wir gebrauchen Augen, Ohren, Nase, Mund und Hände, damit sie uns etwas über unsere Umwelt mitteilen.

Die Intuition reicht über den Wahrnehmungshorizont unserer Sinne hinaus. Mit der folgenden Übung können Sie lernen, regelmäßig in Verbindung mit diesem erweiterten Bereich Ihrer Sinne zu treten.

Tägliche Übung:
Stellen Sie sich etwas vor

Während Sie dieses Buch lesen, sitzen Sie wahrscheinlich in einem Sessel oder liegen im Bett. Ich möchte, daß Sie nun Ihre Aufmerksamkeit auf Ihren Körper, also Ihre Innenwelt richten.

Das System Ihrer Sinne, Nerven und Hormone versorgt Sie bis zu einem gewissen Grad mit Informationen über die Vorgänge in Ihrem Körper.

Für die meisten Menschen endet das »Ich« an ihrer Hautoberfläche, das heißt, ihre Haut trennt sie von der Außenwelt.

Stellen Sie sich jetzt vor, Sie wären bis auf Armeslänge von einer kugelförmigen Hülle umgeben, die repräsentiert, wie weit Ihr Tastsinn über Ihre Innenwelt hinaus reicht. Konzentrieren Sie sich auf Ihren Tastsinn und schauen Sie, welchen Bereich er umfaßt.

Nun stellen Sie sich eine etwas weiter gespannte Hülle vor, diesmal verkörpernd, wie weit sich Ihr Geruchssinn über Ihre Innenwelt hinaus ausdehnt. Da Sie Dinge aus größerer Entfernung riechen als ertasten können, schließt die zweite Hülle die erste ein. Konzentrieren Sie sich auf Ihren Geruchssinn und erkennen Sie, wieviel weiter er reicht als Ihr Tastsinn.

Dann stellen Sie sich eine weitere Hülle vor, diesmal eine viel, viel größere. Sie steht für den Bereich, den Ihr Gehörsinn über Ihre Innenwelt hinaus umfaßt. Konzentrieren Sie sich auf Ihren Gehörsinn und gehen Sie wieder der Frage nach, wie weit er über Ihren Tast- und Geruchssinn hinaus reicht. Je nachdem wie gut Ihr Gehör ist, kann es einen Bereich von mehr als einem Kilometer Durchmesser erfassen.

Und jetzt stellen Sie sich die letzte Hülle vor, eine die so weit wie ihre Augen reicht.

Alle diese Hüllen zusammen repräsentieren Ihre Umwelt.

Nun kehren Sie durch eine Hülle nach der anderen zurück zu Ihrer Innenwelt und spüren Sie dabei Ihren Körper.

Wiederholen Sie noch einmal die vorangegangenen Schritte aus Ihrer Innenwelt hinaus und erweitern Sie dabei mit jedem einzelnen Schritt den Wahrnehmungshorizont Ihrer Sinne. Wenn Sie bei der letzten Hülle angelangt sind, gehen Sie einen Schritt weiter: Stellen Sie sich vor, Ihre Sinne reichen weit, weit über Ihren Gesichtssinn hinaus und brächten Sie mit Erkenntnissen und Erfahrungen in Verbindung, die weit außerhalb Ihres Ichs liegen und erst auf dem Weg über Ihre Sinne zu ihm gelangen.

Dann wissen Sie, wie die Intuition funktioniert.

Lenken Sie Ihre Intuition in die richtige Richtung

Es ist viel einfacher, Ihre Intuition zu steuern, als Sie wahrscheinlich denken. Sie müssen den intuitiven Fähigkeiten, über die Sie ohnehin bereits verfügen, nur eine bestimmte Aufgabe geben.

Wie das? Indem Sie Ihrer Intuition eine Frage stellen: »Wie kann ich mein Darlehen umschulden?« oder »Welches Stellenangebot soll ich annehmen?«

Das ist alles, was Sie zu tun brauchen. Natürlich sollten Sie wissen, wie man die »richtigen« Fragen stellt. Hat Ihr Unterbewußtsein jedoch seine Arbeit getan, wird Ihre Intuition Sie mit allen Hinweisen versorgen, die sie aufbringen kann.

Der intuitive Prozeß in Stichworten

Das bewußte Arbeiten mit Intuition ist eigentlich ganz einfach:

- Zentrieren Sie sich.
- Konzentrieren Sie sich auf eine bestimmte Frage.
- Achten Sie auf die ersten Eindrücke, die Sie als Reaktion auf die Frage erhalten.
- Interpretieren Sie Ihre Eindrücke.
- Überprüfen Sie die Richtigkeit Ihrer Schlußfolgerungen.

Natürlich werden wir jeden einzelnen dieser Schritte in den folgenden Kapiteln noch ausführlich behandeln, aber jetzt lassen Sie uns gleich mit Ihrer ersten intuitiven Übung einsteigen.

Übung 1:
Der Apfel in der Hand

Zweck dieser Übung ist, daß Sie beobachten, wie Sie Intuition erleben. Sie wird Ihnen auch zeigen, wie schnell Sie in den intuitiven Prozeß hineinfinden.

Ich werfe Sie jetzt ins kalte Wasser. Machen Sie sich keine Gedanken über Sinn und Zweck dieser Übung, sondern versuchen Sie nur, meinen Anweisungen vorbehaltlos zu folgen.

Beginnen Sie mit Ihrem Intuitionstagebuch, indem Sie diese Übung – wie alle folgenden – darin festhalten.

Setzen Sie sich bequem hin. Um sich zu zentrieren, brauchen Sie nichts Besonderes zu tun, sondern einfach ein oder zwei Minuten lang wahrnehmen, was Sie eben gerade wahrnehmen (ich nenne diesen Vorgang im weiteren Verlauf »Bodycheck«):

- Welche Informationen erhalten Sie von Ihren Sinnesorganen?

- Welche Gedanken, Gefühle und Erinnerungen gehen Ihnen durch den Kopf?
- Wie fühlen Sie sich?

Nun strecken Sie eine Hand aus und stellen Sie sich vor, daß ein Apfel in ihr liegt. Nehmen Sie seine Größe, sein Gewicht, seine Farbe und seinen Geruch wahr.

Jetzt strecken Sie die andere Hand aus und spüren Sie darin einen anderen Apfel. Danach beantworten Sie die folgenden Fragen:

- Welcher Apfel ist größer: der erste oder der zweite?
- Um wieviel größer?
- Welche weiteren Einzelheiten nehmen Sie an dem zweiten Apfel wahr?

Schreiben Sie alle Ihre Wahrnehmungen auf, auch solche, die scheinbar keinen Sinn ergeben. Falls Sie nichts wahrnehmen, notieren Sie auch das. Wenn Sie etwas anderes als einen Apfel wahrgenommen haben (zum Beispiel eine andere Frucht), tragen Sie das ein.

Und nun Halt! Erst nachdem Sie alle Ihre Antworten aufgeschrieben haben (vergessen Sie nicht die Details), dürfen Sie umblättern und die Frage lesen, die Sie gerade intuitiv beantwortet haben. Sie ist als Fußnote abgedruckt.

Erörterung

Und so interpretieren Sie Ihre Eindrücke:
- Wenn Ihr zweiter Apfel größer war als der erste, haben Sie mit »höher« geantwortet. Das bedeutet, Ihre intuitive Antwort war, daß der amtliche Börsenkurs morgen höher sein würde als am heutigen Tag.

- Falls Ihr zweiter Apfel kleiner war als der erste, war Ihre intuitive Antwort »niedriger«.
- Waren beide Äpfel gleich groß, war Ihre Antwort »unverändert«.

Sie werden in den morgigen Börsennachrichten erfahren, ob Sie recht hatten.

Was hat die Größe von Äpfeln mit Aktienkursen zu tun? Ich habe den Apfel nicht gewählt, weil er eine besondere Bedeutung hat, sondern einfach deshalb, weil es eine Frucht ist, die sich leicht veranschaulichen läßt. Außerdem, und das ist noch wichtiger, hat ein Apfel mit Ihrer tatsächlichen Zielfrage nicht das geringste zu tun. Hätte ich Ihnen vorher mitgeteilt, daß es um den Aktienhandel geht, oder auch nur, daß Sie mit Ihrem Bild von den beiden Äpfeln eine bestimmte Frage beantworten, hätte sich Ihr Verstand mit spekulativen Überlegungen störend in den intuitiven Prozeß eingemischt.

Wie haben Sie sich gefühlt?

Ich wiederhole: Es kommt nicht so sehr darauf an, ob Sie recht hatten, sondern darauf, wie Sie die Übung *erlebt* haben.

- Haben Sie die Einzelheiten richtig erkannt? Haben Sie zum Beispiel die *Größenordnung* der Veränderung vorausgesagt? Haben Sie ein Gefühl für andere Faktoren, wie zum Beispiel Kursschwankungen, empfunden?
- Haben Sie während der Übung irgendwelche Ablenkungen wahrgenommen? Da jeder Eindruck eine wertvolle Information enthalten kann, sollten Sie auch diese Ablenkungen festhalten und später daraufhin untersuchen, ob sie Ihnen bestimmte Hinweise geben.
- Gab es noch andere Details, die Sie als Anhaltspunkte nutzen konnten? Hat zum Beispiel die Farbe der Äpfel gewechselt?

Und nun die wichtigste Frage: Fanden Sie die Übung schwierig? Viele meiner Kursteilnehmer finden sie schwierig – und erzielen doch erstaunlich genaue Resultate damit! Im Hinblick auf Schwierigkeit und Genauigkeit gibt es vier Möglichkeiten:

- Sie fanden die Übung leicht, und Ihr Reading war zutreffend. Bravo!
- Sie fanden die Übung leicht, aber Ihr Reading war nicht zutreffend. Wiederholen Sie die Übung während der nächsten Tage einige Male, um zu sehen, ob sich Ihre Ergebnisse dadurch verbessern.
- Sie fanden die Übung schwierig, aber Ihr Reading war zutreffend. Dann haben Sie es intuitiv richtig gemacht und müssen sich nur noch daran gewöhnen, bewußt mit Ihrer Intuition zu arbeiten.
- Sie fanden die Übung schwierig, und Ihr Reading war nicht zutreffend. Keine Sorge: Es dauert seine Zeit, bis man neue Fertigkeiten entwickelt hat. Auch Sie sollten diese Übung mehrmals wiederholen. Dann werden Sie sehen, daß es immer leichter und besser geht.

Für Anfänger besteht ein weiterer Vorteil dieser Übung darin, daß die intuitiven Eindrücke nur wenig »interpretiert« werden müssen. Sie müssen bedenken, daß die meisten beruflichen Entscheidungen wesentlich komplexer sind als eine simple Ja-Nein-Frage wie »Wird der Aktienindex zum morgigen Fixing höher sein als heute?« In späteren Kapiteln werden Sie allmählich zu weit komplizierteren Readings übergehen.

In der Zwischenzeit sollten Sie die vorangegangene Übung täglich wiederholen. Schreiben Sie dabei Ihre Eindrücke ins Tagebuch und überprüfen Sie am nächsten Tag Ihr Feedback. Das ist eine ausgezeichnete Methode, um Ihre intuitiven Fähigkeiten zu trainieren.

Sagen Sie ganz schnell: Was würden Sie tun?

Sie besitzen eintausend Stück einer Aktie, deren Notierung im Lauf des Tages um drei Prozent gesunken ist. Es ist Freitagnachmittag, zehn Minuten vor Börsenschluß. Sollen Sie Ihre Aktien jetzt sofort abstoßen oder mit Ihrer Entscheidung bis Montag warten, mit dem Risiko, daß die Aktie bis dahin noch weniger wert sein könnte?

Seit Wochen haben Sie zähe und ergebnislose Verhandlungen geführt, in denen man Ihnen jetzt ein letztes »Alles oder nichts«-Angebot macht und Ihnen nur ein paar Stunden Zeit zum Überlegen gibt. Sollen Sie das Angebot annehmen, es ablehnen oder versuchen, ein Gegenangebot zu unterbreiten?

Wir befinden uns häufig in Situationen, in denen eine umfassende intuitive Bestandsaufnahme, ganz zu schweigen von einer gründlichen logischen Analyse, undurchführbar oder unmöglich ist. Außerdem finden wir uns auch noch oft in wesentlich weniger kritischen Situationen mit der Notwendigkeit einfacher Ja- oder Nein-Entscheidungen konfrontiert (soll ich meinen neuen Computer noch diese Woche kaufen oder bis zum Ausverkauf nächsten Monat warten?), ohne jedesmal ein sorgfältig ausgearbeitetes Reading geben zu können.

In solchen Momenten brauchen Sie die »Schnellschuß-Technik«, um eine rasche Entscheidung treffen zu können. Da es sich hierbei um die vereinfachte Version eines kompletten Readings handelt, die nur ein geringeres Maß an Interpretation und Analyse verlangt, ist sie gewissermaßen ein Reading »mit Stützrädern«, bevor zu dem komplexeren Prozeß übergegangen werden kann.

Übung Nr. 1: Hier die Frage, die Sie beantworten haben: Wird der Aktienindex beim nächsten Börsenschluß höher oder niedriger sein?

Kapitel 2

Die vier Stufen der
Schnellschuß-Technik

Das Ziel dieser Technik besteht darin, Ihr intuitives Bewußtsein auf einen Ihrer Sinne zu konzentrieren. Solche Schnellschüsse beinhalten vier Schritte in folgender Reihenfolge:

1. Schritt: Zentrieren Sie sich.
2. Schritt: Konzentrieren Sie sich auf Ihre Frage.
3. Schritt: Nehmen Sie Ihre ersten Eindrücke wahr.
4. Schritt: Interpretieren Sie Ihre Eindrücke im Zusammenhang mit Ihrer Frage.

Mit etwas Übung wird dieser Prozeß automatisch ablaufen, und Ihre intuitiven Antworten werden sich rasch einstellen.

Der Hauptunterschied zwischen dem Schnellschuß und der Apfel-Übung liegt in der Geschwindigkeit und der Tiefenschärfe Ihrer Reaktionen.

Beispiel für einen Schnellschuß

Hier ein Beispiel von einem meiner Kursteilnehmer, einem Studenten, um Ihnen zu zeigen, wie ein Schnellschuß funktioniert. Die meisten Menschen wählen den Gesichtssinn oder den Tastsinn, da es diejenigen Sinne sind, die sich am leichtesten identifizieren und interpretieren lassen.

Frage: Wie kann ich erreichen, daß mein Doktorvater meinen Standpunkt besser versteht?
Eindrücke: Ich schließe meine Augen, um einen kurzen Bodycheck zu machen und öffne sie dann wieder. Mein Blick fällt auf eine sehr dekorative Lampe, und mir fällt auf, daß sie nicht eingeschaltet ist. Ich sehe einen Papierkorb und

stelle fest, daß ich mich außerhalb von ihm befinde (eine merkwürdige Beobachtung, wie ich hinzufügen möchte). Ich sehe die Herzen auf meinem Sofakissen.

Interpretation: Ich interpretiere meine Eindrücke so, daß jetzt nicht die Zeit für eine Auseinandersetzung mit meinem Doktorvater ist, da er zu viel um die Ohren hat. Das »Licht« ist nicht an. Er wird etwas von dem »Zeug« loswerden, das ihn jetzt belastet, aber ich gehöre nicht dazu. Unser beiderseitiges Vertrauen ist eine gute Grundlage für die weitere Kommunikation.

Erörterung

Hier hat die Intuition dem Studenten die optimale Antwort gegeben – ruhig abzuwarten und zu vertrauen –, obwohl es nicht unbedingt das ist, was er am liebsten tun würde.

Guter Rat, sei er intuitiv oder anderweitig zustande gekommen, ist oft schwer zu befolgen. Kommt Ihr Ratschlag von innen, also von Ihrer Intuition, müssen Sie ihn gegen ein äußeres Feedback abwägen. In diesem Fall sollte der Student vielleicht an all die Begebenheiten zurückdenken, bei denen sich sein Vertrauen in den Doktorvater bestätigt hat. Dieses Verbinden empirischer Daten mit intuitiven Reaktionen ist die effektivste Art, Ihre Intuition zu nutzen.

Sie können jeden Ihrer Sinne für einen Schnellschuß einsetzen

Möglicherweise ist Ihr Gesichtssinn nicht vorherrschend bei der Wahrnehmung Ihrer intuitiven Eindrücke. Dann können Sie auch jeden anderen Sinn für einen Schnellschuß gebrauchen.

Hier eine Erläuterung der Funktionsweise mit anderen Sinnen:

Frage: Wird die Bewerbung meiner Firma für das ausgeschriebene Projekt angenommen?

Eindrücke: Das erste, was ich nach meinem Bodycheck registriere, ist ein unangenehmer Druck auf der Brust und im Kopf. Dann ein Gefühl der Erleichterung, mehr als der Freude, im Rücken.

Interpretation: Ich verstehe meine Wahrnehmungen so, daß unsere Bewerbung zwar angenommen, doch nicht das für unsere Firma bringen wird, was ich erhofft hatte.

Frage: Welches Produkt ließe sich jetzt erfolgreich vermarkten?

Eindrücke: Das Gurgeln des Wassers in den Heizungsrohren. Die Geräusche, die mein Körper verursacht. Das Brummen meines Kassettenrekorders. Das Schließen einer Wagentür. Ein Piepton, möglicherweise ein Warnsignal. Meine Atmung.

Interpretation: Wir sollten ein Computerprogramm zur Kontrolle maschineller Arbeitsvorgänge entwickeln, das automatisch vor potentieller Überlastung warnt.

Frage: Wird sich unser Produkt besser verkaufen als das der Konkurrenz?

Eindrücke: Ein trockenes Gefühl in der Kehle, vermischt mit ein bißchen Süße von dem Rosinenbrot, das ich eben gegessen habe. Ich finde überall in meinem Mund Spuren des süß schmeckenden Teigs.

Interpretation: Ja, unser Produkt wird mehr Erfolg haben, weil es ein elementares Bedürfnis befriedigt

(Brot). Allerdings könnte das Geschäft am Anfang etwas langsam laufen (Trockenheit).

Frage: Sollen wir diesem Bewerber die Stelle als Marketingchef geben?

Eindrücke: Verbrauchte, abgestandene, schwere Luft. Kein Durchzug, keine Bewegung.

Interpretation: Die Antwort ist wohl offensichtlich: Nein!

Gebrauchen Sie Ihr Erinnerungsvermögen für einen Schnellschuß

Sie müssen sich bei der Wahrnehmung Ihrer intuitiven Eindrücke nicht auf ein einziges Sinnesorgan beschränken. Und Sie können auch auf Ihre Erinnerungen zurückgreifen, um intuitive Informationen für einen Schnellschuß zu sammeln.

Die Technik ist dieselbe, nur daß Sie hierbei die erste Erinnerung festhalten, die Ihnen als Reaktion auf eine Frage einfällt. Erinnerungen sind insofern nützlich für den intuitiven Prozeß, als sie viele verschiedene Arten von Sinneswahrnehmungen beinhalten, die wir bereits bis zu einem gewissen Grad verarbeitet haben. Wenn Ihre Intuition auf eine Erinnerung zurückgreift, um Ihnen Informationen zu übermitteln, sind Ihre Eindrücke somit bereits »vorgekaut« und teilweise interpretiert.

Denken Sie daran: Auch beim Schnellschuß beziehen Sie immer noch die intuitive Information ein

Der Schnellschuß dient dazu, Ihre Intuition anzuzapfen, wenn Sie nicht die Zeit für eine gründlichere Sondierung haben. Wenn Sie sich in seiner regelmäßigen Anwendung üben, hilft Ihnen das bei der Entwicklung Ihrer intuitiven Reaktionsfähigkeit.

Eine solche »Schnelleinschätzung« von Situationen durch Eindrücke, die ein Minimum an Interpretation erfordern, zwingt Sie, Ihre verstandesmäßige Urteilskraft zu umgehen. Damit will ich jedoch nicht sagen, daß Sie sich bei einer wichtigen Entscheidung nur auf einen Schnellschuß verlassen sollten, insbesondere wenn Sie noch Zeit haben, das fragliche Problem in allen Einzelheiten abzuwägen, sei es auf intuitiver, logischer oder emotionaler Ebene.

Sofern es geht, sollten Sie vielmehr eine Situation von möglichst vielen Blickwinkeln aus betrachten, um ein ausgewogenes Reading zu geben.

Intuition in Aktion

E ines Abends, als sich der Art Director einer New Yorker Werbeagentur auf dem Nachhauseweg befand, stieg ihm der Geruch von Hot Dogs in die Nase. Dieser Geruch löste die Erinnerung an einen Tag aus, den er vor vielen Jahren mit seinem Vater auf Coney Island verbracht hatte, und er konnte die Musik wieder hören, die damals auf der Strandpromenade gespielt wurde. Das war auch der Tag, als sein Vater ein Set mit zwei Taschenmessern für sich und ihn gekauft hatte. Vor seinem inneren Auge entstand das Bild dieses strahlend hellen Sonnentages, und aus der Erinnerung heraus erlebte er die Freude wieder, die er damals empfunden hatte.

Sein Glücksempfinden wurde jedoch rasch von anderen Dingen verdrängt, die ihn beschäftigten. Sein größter Kunde, ein Unternehmer aus der Bekleidungsindustrie, war unzufrieden mit der Werbekampagne, an der seine Agentur so viele Monate gearbeitet hatte. Er selbst hatte sogar eine Verabredung mit seinem Sohn abgesagt, um das ganze Konzept noch einmal gründlich zu überarbeiten, in der Hoffnung, diesen wichtigen Werbeetat retten zu können.

Zuhause angekommen, setzte er sich an seinen Schreibtisch und suchte nach Ideen für eine vollkommen neue Kampagne. Dabei fing er an, auf dem Blatt Papier mit einer Abbildung von der Produktlinie, die er bewerben sollte, gedankenlos vor sich hinzukritzeln, und daraus wurde dann eine Zeichnung von Coney Island und seinem Sohn.

Plötzlich kam ihm der zündende Gedanke: Die Produkte würden ansprechender wirken, wenn man sie in Verbindung mit Familienerinnerungen aus vergangenen Zeiten bringen würde. Das wäre das richtige Image für eine Kleiderkollektion, die pflegeleicht und tragbar sein sollte, aber gleichzeitig die einfache Eleganz des klassischen Stils hatte, die also vielseitig und zeitlos war.

Er begann eine Kampagne auszuarbeiten, die auf diesem Gedanken basierte und einen »Look« propagierte, der jede Altersgruppe ansprach. Die Ideen flogen ihm nur so zu, während er die Illustrationen zeichnete und dabei Bilder aus seiner eigenen Kindheit einfließen ließ.

Ein persönlicher Gewinn für den Art Director war, daß er nun an einer Kampagne arbeitete, mit der er sich so sehr identifizieren konnte, daß die Arbeit zum Vergnügen wurde. Und mehr noch: Er wurde dadurch an den Stellenwert erinnert, den seine eigene Familie für ihn hatte.

Erörterung

Hätte der Art Director gelernt, seine Intuition bewußt einzusetzen, so hätte er sie durch die Schnellschußtechnik steuern können. Aber so entdeckte er sie auf unbewußtem Weg.

Der eigentliche Kern der Intuition liegt in unseren fünf Sinnen – Gesichtssinn, Geruchssinn, Tastsinn, Geschmackssinn und Gehörsinn – sowie in den Gedanken und Erinnerungen, die durch unsere Sinne ausgelöst werden. Wenn wir der Intuition diese Prozesse zugänglich machen, geben wir ihr eine solide Grundlage, um Lösungen zu finden.

Varianten der Schnellschuß-Technik

Für diese Technik gibt es eine ganze Reihe wirkungsvoller Abwandlungen. In der alten Fernsehshow von Groucho Marx *You Bet Your Life* erhielten die Kandidaten einen Geldpreis, wenn sie das Wort – »Zebra« oder »Napfkuchen« oder was auch immer – sagten, das der Showmaster dem Publikum vorher bekanntgegeben hatte.

Eine Variante dieser Herangehensweise wäre: Bereiten Sie eine Frage an Ihre Intuition vor und suggerieren Sie dann Ihrem Unterbewußtsein, Sie mit Informationen zu versorgen, sobald Sie einem vereinbarten »Auslöser« begegnen. Beispiel: Sie könnten Ihre Intuition dahingehend steuern, daß der auf den nächsten Anblick der Farbe Lila unmittelbar folgende Gedanke oder Eindruck die intuitive Antwort auf Ihre Frage des Tages darstellt.

Sie können auch Ihre eigenen Varianten kreieren. Experimentieren Sie. Probieren Sie aus, was für Sie funktioniert und was nicht. Mit etwas Übung werden Sie feststellen, daß diese scheinbar simple Technik bei regelmäßiger Anwendung zu einem wirkungsvollen Instrument für eine erfolgreiche Entscheidungsfindung wird.

Die Einführung täglicher praktischer Übungen

Wie ich bereits im ersten Kapitel erwähnt habe, sind viele Übungen in diesem Buch zur regelmäßigen, wenn nicht sogar täglichen Anwendung gedacht. Wie ein jeden Morgen durchgeführtes

Gymnastikprogramm den Körper fit hält, sorgen diese täglichen Übungen dafür, daß Ihre intuitiven Fähigkeiten trainiert und verfeinert werden. Außerdem helfen Ihnen die regelmäßigen Übungen, eine engere Verbindung zu Ihrer Umwelt zu entwickeln. Die erste tägliche Übung bezog sich auf die Erweiterung Ihrer sensorischen Wahrnehmungen. Nun folgt die zweite:

Tägliche Übung:
der morgendliche Check-in

Nehmen Sie sich jeden Morgen ein paar Minuten Zeit, um Ihrer Intuition die Gelegenheit zu geben, alle für Sie wissenswerten Informationen abzurufen. Sie brauchen dazu keine speziellen Fragen zu stellen, beauftragen Sie einfach Ihre Intuition nur damit, Ihnen die Informationen zu vermitteln, die an diesem Tag nützlich für Sie sein werden.

Tragen Sie Ihre Eindrücke und Interpretationen in Ihr Tagebuch ein und schreiben Sie das Datum dazu. Sie sollten diese Aufzeichnungen in regelmäßigen Abständen durchsehen, denn möglicherweise enthüllen sie über die aktuellen Bezüge hinaus weitere Einzelheiten und Hinweise auf zukünftige Ereignisse.

Definieren Sie Ihre Arbeitswelt

(Sie ist größer als Sie glauben)

Und was ist Integrität?

Das Wörterbuch definiert Integrität als »Unbescholtenheit, Unbestechlichkeit, Unversehrtheit«. Das ist die eine Bedeutungsschiene des Wortes, aber ich beziehe mich hier nicht auf moralische Integrität, ich meine damit eine Harmonie im Austausch zwischen Ihnen und Ihren Ideen und Zielen, zwischen Ihnen und Ihrem Team sowie dem Umfeld, in dem Sie bestehen müssen.

Integrität ist die Fähigkeit eines Systems, als Ganzes effizient zu funktionieren, auch wenn es aus verschiedenen Elementen besteht. Sie können nicht produktiv sein, solange einzelne Aspekte – Ihre Werte, Überzeugungen, Handlungsmotive – gegeneinander arbeiten. Ebensowenig können Sie geschäftlich erfolgreich sein, wenn Sie nicht die Erfordernisse des Marktes erfüllen, oder wenn Ihre Produkte an den Erfordernissen des Marktes vorbeigehen.

Heißt das, alles in Ihrer Geschäftswelt müsse perfekt sein, damit Sie Erfolg haben können? Nein. Aber es heißt, daß die verschiedenen Wechselbeziehungen nach einem Mechanismus funktionieren müssen, der Kontakt, Austausch und Effizienz gewährleistet. Ein guter Finanzmanager weiß, daß man zwar auf jedem Markt Geld machen kann, aber nur unter der Voraussetzung, daß er sich in ausreichend engem Kontakt mit den Marktbedürfnissen befindet, um auf etwaige Veränderungen richtig reagieren oder sie sogar vorhersagen zu können. Die Intuition ermöglicht Ihnen, Ihr Umfeld deutlicher und umfassender wahrzunehmen, so daß Sie besser dafür gerüstet sind, auf Veränderungen adäquat zu reagieren.

In diesem Zusammenhang könnte eine Metapher hilfreich sein. Da der Gesichtssinn mein ausgeprägtester intuitiver Sinn ist, habe ich eine optische Wahrnehmung von Integrität: Ich sehe mein Rückgrat. Falls mein Handeln in irgendeiner Weise nicht im Einklang mit meinem Rückgrat ist – also mit meinen inneren Überzeugungen –, kann ich darin nicht erfolgreich sein.

Wenn Sie die Integrität als Ausgangspunkt Ihres Handelns betrachten, werden Sie ganz von selbst Ihr Umfeld, die Bedürfnisse Ihres Teams sowie Ihre eigenen Stärken und Schwächen in Ihre Überlegungen miteinbeziehen. Ebenso werden Sie berücksichtigen, was Sie Ihrer Umwelt an Einzigartigem zu geben haben, und was wiederum Ihre Umwelt zu Ihrer Integrität und folglich zu Ihrem Erfolg beizutragen hat.

Die Intuition trägt dem Wohl des Ganzen Rechnung. Und dieses Ganze umschließt die verschiedenen Aspekte Ihrer persönlichen Ziele, Ihrer Firma, Ihres Umfelds, des Marktes und der unterschiedlichen Marktbedingungen. Gleichzeitig schafft die Intuition ein Reaktionsmuster, mit dem Sie auf die permanenten Veränderungen all dieser Elemente effizient reagieren können.

Nur eine ganzheitliche Persönlichkeit führt zum Erfolg

In diesem Buch geht es darum, eine ganzheitliche Beziehung zu Ihrer Umwelt zu erhalten. Anders gesagt: Das Buch handelt von der Wiederentdeckung Ihrer Integrität. Wie können wir unsere verlorene Integrität neu entdecken? Antwort: Als erstes müssen wir unser kreatives und intuitives Selbst wiedergewinnen.

Mir ist klar, daß der Begriff Integrität heutzutage, wo Zynismus zum guten Ton gehört, einen antiquierten Beiklang hat, der in einem praxisbezogenen Ratgeber für beruflichen Erfolg unangebracht wirken mag. Leider ist es so, daß die meisten Menschen und die meisten Firmen den Zugang zu ihrer Integrität verloren haben, und das Resultat davon ist, daß ihre inneren Strukturen nicht zusammen, sondern häufig gegeneinander arbeiten.

Ist es da ein Wunder, daß wir keinen beruflichen Erfolg haben oder keine persönliche Erfüllung finden? Im ständigen Bemühen, »logisch« zu denken und »praktisch« zu handeln, versperren wir uns selbst den Zugang zu unseren Emotionen und Intuitionen. Außerdem haben wir uns häufig so weit von unserer Umwelt und unserer Gemeinschaft entfernt, daß wir uns damit der Anregungen und Ideen beraubt haben, die für uns lebenswichtig sind.

Wenn wir nicht wissen, wer wir sind und was unsere Ziele sind, wie können wir dann erwarten, unsere Arbeitswelt oder unseren Marktbereich zu verstehen, geschweige denn, darin Erfolg zu haben? Gleiches gilt für Firmen und besonders für marktbeherrschende Unternehmen, die so gewachsen sind und so viele verschiedene Produktionsbereiche umfassen, daß ihre ursprüngliche Vision verwässert wurde, wenn nicht gar vollständig verlorengegangen ist. Integrität ist absolut unverzichtbar für den Geschäftserfolg, sie ist so gar nicht das »unpraktische« oder »überflüssige« Element, für das sie allgemeinhin gehalten wird. Dabei möchte ich noch einmal betonen, daß es sich bei diesem Buch nicht um einen rührend-esoterischen Lobgesang auf die Intuition handelt, sondern um einen durch und durch praxisbezogenen Leitfaden für eine erfolgreiche Karriere oder Geschäftspolitik. Allerdings mag die Vorstellung, daß die erfolgversprechendste Methode für das eigene berufliche Fortkommen darin bestehen könnte, einen Schritt zurückzugehen und herauszufinden, was man wirklich will, oder eine abgerissene Verbindung zur eigenen Familie wieder aufzunehmen, möglicherweise ein wenig gewöhnungsbedürftig sein. Die kürzeste Entfernung zwischen zwei Punkten – also auch zwischen Ihnen und Ihrem Erfolg – ist nicht unbedingt die gerade Linie, die Sie sich vielleicht vorgestellt haben.

Wenn Sie beruflich oder geschäftlich erfolgreich sein wollen, sollte Ihr Ziel darin bestehen, Integrität zu erzielen; und zwar einerseits mit dem, was Sie tun möchten, und dem, was Sie anzubieten haben, und andererseits mit den Bedürfnissen Ihrer Mitarbeiter und Geschäftspartner, Ihres Marktes und Ihrer Umgebung. Einfacher ausgedrückt: Sie versuchen ein Haus zu bauen, in dem alle diese Elemente gemeinsam wohnen werden. Und wenn Ihnen das gelungen ist, können die Resultate ganz außerordentlich positiv sein.

Ein auf Integrität und einen Traum gegründetes Firmenimperium

Es war einmal ein junger Mann, der keinen sehnlicheren Wunsch hatte, als Künstler zu werden. Doch alle seine Freunde und Kollegen sagten, er habe kein Talent. »Du kannst nicht einmal eine Reklametafel malen, geschweige denn ein Bild!« meinten sie. »Du hast keine Zukunft als Künstler.«

Doch dieser junge Mann wußte es besser. Er hatte kein Atelier, nur eine Garage, in der es von Mäusen wimmelte, aber er arbeitete Tag und Nacht. Er benutzte die Mäuse als Modelle und zeichnete sie in allen Lebenslagen.

Aber die Leute sagten immer noch, er habe kein Talent und keine Zukunft. Gegen ihren Rat machte er sich auf den Weg nach Hollywood ... wo Walt Disney mit Hilfe von Micky und Minni Maus zum erfolgreichsten Cartoonisten aller Zeiten wurde.

Dies ist eine meiner Lieblingsgeschichten. Ihre Botschaft lautet: Vertraue auf deine Intuition. Arbeite im Einklang mit deinen Anlagen und Fertigkeiten, und du wirst Erfolg haben. Das Wichtigste im Leben ist nicht das Streben nach Geld. Geld wird vielmehr zu einem natürlichen Teil Ihres Lebens, wenn sich Ihre Ziele und Ihre Arbeit durch die Integrität miteinander verbinden.

Walt Disney nahm seinen Traum und nährte, beschützte und verwirklichte ihn, ungeachtet der Bedenken, die ihm von allen Seiten entgegengehalten wurden. Er hatte etwas, das er liebte, und fand dann einen Weg, wie er andere Menschen dazu bringen konnte, es ebenfalls zu lieben. So schuf er ein ungemein erfolgreiches Unternehmen, und er schuf es mit Integrität.

Kürzlich habe ich mit meinem Sohn, einer Freundin und deren Kindern *Disney World* besucht. Am meisten hat mich dort beeindruckt, daß die Integrität von Walt Disneys Gründungsvision bewahrt wurde, obwohl sich das Unternehmen zu einem weltumspannenden Medien- und Unterhaltungskonzern entwickelt hat. Doch trotz der riesigen Dimension dieses Imperiums äußerten sich alle Mitarbeiter, mit denen ich sprach, aufrichtig begeistert über ihre Arbeit. *Disney* stellt ihnen ein Forum für ihre Talente zur Verfügung und bindet sie in eine Firmenstruktur und Unternehmenswerte ein, die sie ansprechen. Und mehr noch: Weil die Werte der *Disney Corporation* für alle Welt klar sind, zieht sie solche Mitarbeiter an, die sich mit diesen Werten identifizieren. Und dadurch können sie wiederum die Bedürfnisse der Konsumenten, die sich ja von den gleichen Werten angesprochen fühlen, besser einschätzen und befriedigen. Inzwischen steht *Disney* jedoch vor einem Scheideweg: Während der Konzern weiterhin expandiert und neue Märkte besetzt, muß er der gefährlichen Versuchung widerstehen, seine Integrität zugunsten eines leichten und schnellen – aber zwangsläufig kurzfristigen – Profits aufs Spiel zu setzen.

Erörterung

Selbst wenn Sie nicht gerade vorhaben, einen multinationalen Konzern zu gründen, wird Ihnen dieses Buch zeigen, wie auch Sie erreichen können, was für Sie am wichtigsten ist, wie Sie herausfinden können, womit Sie gerne Ihren Lebensunterhalt verdienen möchten, oder wie Sie dem, was Sie bereits tun oder herstellen, mehr Sinn und Rentabilität abgewinnen. Um in dieser Welt wirklich Erfolg zu haben, müssen Ihre Handlungen in der Integrität wurzeln. Das heißt, Sie müssen ein Bewußtsein nicht nur für Ihre eigene Integrität, sondern ebenso für die Integrität Ihres Unternehmens, Ihrer Kunden, Ihres Marktes und Ihrer sozialen Gemeinschaft entwickeln.

Intuition ermöglicht Ihnen all das.

Warum nicht Sie?

Ein Mann wanderte viele Jahre lang auf der Suche nach Glück durch das Land. Dabei erwarb er sich einen großen Besitz, aber er konnte sich nicht daran freuen. Da ging er zu Jakob, weinte und klagte darüber, wie sehr er vom Leben betrogen worden sei. Schließlich sah er Jakob verzweifelt an und stöhnte: »Warum ich? Warum ich?« Und Jakob antwortete: »Warum nicht du? Überall sonst hast du ja schon gesucht.«

Dies ist eine kurze Geschichte aus dem Buch *Jacob the Baker* von Noah benShea. Noah ist Poet, Philosoph, Gelehrter und Schriftsteller. Er drückt es so aus: »Mein Herz weiß, was mein Verstand nur zu wissen glaubt.« Und das ist seine Geschichte:

Kurz vor meinem dreißigsten Geburtstag, nachdem ich fast ein Jahrzehnt lang öffentliche Reden gehalten hatte, begann ich zu spüren, daß meinen Äußerungen die Überzeugungskraft fehlte. Ich zermarterte mir das Hirn, um nach den gewohnten Quellen der Inspiration zu suchen, aber das Resultat kam mir unaufrichtig vor. Ich hatte das Gefühl, den Kontakt mit meiner eigenen Mitte zu verlieren.

Der höhere Sinn meiner Arbeit hatte immer darin bestanden, die Welt zu verbessern. Es war die von meinen Arbeitereltern auf mich überkommene Ethik, die mich daran erinnerte, daß ich mit Gaben gesegnet war, die einem größeren Zweck dienen sollten als meinem eigenen Wohlergehen.

Während alle meine »menschheitsbeglückenden« Absichten bis zu diesem Tag rein intellektueller oder verbaler Natur gewesen waren, kam mir nun der Gedanke, daß ich, wollte ich den Menschen wirklich etwas Gutes tun, den Hungernden Nahrung und den Obdachlosen ein Dach über dem Kopf geben müsse. Danach gab es einen ganz realen Bedarf.

Nach einer gewissenhaften Selbstprüfung kam mir die Idee, eine Bagel-Fabrik zu eröffnen. Bagels sind Brot, das Brot des Lebens, und schon im Talmud heißt es: »Ohne Mehl keine Thora.«

Und aus dieser Grundidee entstand dann ein Unternehmen für die Herstellung von Brotspezialitäten mit mehreren hundert Angestellten, das Kunden aus den gesamten Vereinigten Staaten mit seinen Produkten belieferte. Mehrere Jahre später verkaufte ich das Geschäft an eine Aktiengesellschaft, aber das war erst, nachdem ich auf Anregung eines Freundes die Figur eines Bäckers, dessen Leben große Ähnlichkeit mit meinem eigenen hatte, zum Protagonisten etlicher Bücher gemacht hatte, die ich in der Folgezeit verfaßte. Paradoxerweise verschaffte mir der intuitiv richtige Schritt hin zum Bäckerhandwerk nicht nur große Befriedigung, sondern er führte mich letztendlich auch wieder zu meinem Zentrum, der Literatur, zurück.

Meine Erfahrungen auf dieser Reise haben mich immer an die wunderbare Geschichte eines Mannes erin-

nert, der am Sabbatmorgen aufwacht und einen Topf ge-
füllt mit Gold unter seinem Bett entdeckt. Als er danach
greifen will, entfernt sich der Topf wie von Geisterhand
bewegt. Als er es nach ein paar weiteren Versuchen auf-
gibt und seine Seele und seine Gedanken dem Gebet zu-
wendet, kehrt der Topf mit dem Gold auf magische Weise
zu ihm zurück. Oder, mit dem Yaqui-Schamanen Don
Juan gesagt: »Folge dem Pfad mit dem Herzen.«

Suchen Sie in sich selbst

Es ist weder logisch noch intuitiv, zuerst nach einem Markt zu
suchen und dann sich oder sein Produkt diesem Markt anzupassen. Leider ist das aber häufig genau die Art, wie wir unsere Karriere verfolgen und unser Geschäftsleben gestalten. Es mag wie
eine vernünftige Herangehensweise aussehen, aber in Wahrheit
ist es bloß eine Sackgasse, die nirgendwohin führt und uns oft
sogar zurückwirft. Der richtige intuitive Prozeß bedeutet, daß
Sie in sich selbst oder in Ihrem Arbeitsgebiet nach jenen Qualitäten suchen, die auf Ihrem Markt gefragt sind, damit Ihnen Ihr
Markt das geben wird, was Sie zum Wachsen benötigen.

Im Italienischen gibt es ein Sprichwort, das lautet: »*Piano,
piano, si va lontano*«, was übersetzt bedeutet: »Langsam, langsam kommt man weit«. Wenn wir Zeit in eine bewußte und ge-
zielte Handlung investieren, wird uns das am Ende Zeit sparen
und bessere Resultate einbringen.

Um dauerhafte Erfolge zu erzielen, sollten Sie das kostbarste
Gut, das Sie besitzen – Ihre innere Integrität – nach außen bringen, statt zu versuchen, sie aus der Außenwelt zu beziehen. Immer wenn wir uns bemühen, aus unserer Integrität heraus zu
handeln, stärken wir unser inneres Selbst. Wenn Sie zu Ihrer Integrität und Ihren Werten stehen, wird das Ihrer Karriere immer
förderlich sein.

Wo Einzelpersonen und Firmen Fehler machen oder scheitern

Dauerhafter beruflicher Erfolg stellt sich ein, wenn Ihre Integrität so strukturiert ist, daß sie ein Produkt erzeugt und vermarktet, welches sich im Einklang mit den Marktbedürfnissen befindet.

Um es noch einmal zu wiederholen: Sie können auch erfolgreich sein, ohne Ihre persönliche und berufsbezogene Integrität zu berücksichtigen – aber dann werden Sie nicht Ihr gesamtes Potential ausschöpfen, dadurch nicht effizient arbeiten und wahrscheinlich bald keinen Erfolg mehr haben.

Der Fehler, den manche Einzelpersonen oder Firmen machen, besteht darin, daß sie nicht den Bedürfnissen ihrer Arbeits- oder Geschäftswelt gerecht werden oder sogar ihre eigenen vernachlässigen. Manchmal liegt der Fehler in der Kommunikation: Entweder, sie »mißverstehen« ihren Markt, oder es gibt so viele »Nebengeräusche« in ihrer Firma, daß sie ihren Markt nicht »hören« können. Und manchmal ist es eine Sache von Arroganz oder Bequemlichkeit: Sie glauben, sie hätten es nicht nötig, ihrem Markt zuzuhören, beziehungsweise sie wollen sich nicht die Mühe machen, ihre einmal gewählte Verkaufsstrategie zu ändern.

Ist die Kommunikation in einem Bereich erst einmal gestört, greift der Fehler oft auf andere Bereiche über. Nachdem eine Firma den Bezug zu ihrer eigenen Identität und ihren Werten verloren hat, dauert es nicht lange, bis sie auch den Bezug zu ihrem Markt verliert. Integrität heißt auch, daß die berufliche Situation Ihren persönlichen Bedürfnisprioritäten entsprechen muß. Wenn Sie etwas in Angriff nehmen, das nicht mit Ihrer Integrität übereinstimmt, können Sie es nicht zufriedenstellend durchführen, falls Sie es überhaupt durchführen können. Befinden Sie sich in einer beruflichen oder geschäftlichen Situation, die nicht Ihre Kernbedürfnisse erfüllt, haben Sie zwei Möglichkeiten: Erstens, Sie können versuchen, einen Sinn in Ihrer aktuellen Situation zu finden, oder Sie können zweitens einen neuen Weg einschlagen. Wir werden beide Möglichkeiten noch eingehend untersuchen.

Gleiches gilt, wenn eine Firma etwas tut oder produziert, das sich nicht in Übereinstimmung mit ihrem Markt befindet, wenn sie also den Kontakt zu ihrem Markt verloren hat. In diesem Fall muß die Firma die Verbindung zum Markt wiederherstellen, um herauszufinden, welche Produkte gefragt sind, und möglicherweise ein anderes Produkt anbieten, oder sie muß die Verpackung ihrer Produkte so ändern, daß sie besser ankommen.

Die *Apple Computer Corporation* beispielsweise bringt seit Jahren die gleiche leicht anwendbare Technologie auf den Markt und sieht nun ihre Marktanteile dramatisch schwinden. Vielleicht ist es so, daß die Kunden heutzutage vielseitigere und komplexere Computersysteme verlangen, und die Manager von *Apple* nicht bereit oder nicht fähig sind, ihnen zuzuhören.

Der wichtigste Schritt ist die Definition Ihrer Arbeitswelt

Nur allzuoft sehen Einzelpersonen und Firmen ihre Situation aus einem zu engen Blickwinkel. Nach dem Motto: »Ich suche diesen einen Job« oder »Wir bieten diesen einen Service an«. Wenn Sie im Berufsleben Erfolg haben wollen, müssen Sie Ihren Horizont erweitern.

Um auf allen Ebenen Ihres Tätigkeitsgebiets die Integrität zu wahren – und ohne Integrität sind Ihre Bemühungen vergeblich oder sogar kontraproduktiv –, müssen Sie permanent sowohl die einzelnen Elemente als auch das Ganze im Auge behalten. Grundsätzlich besteht Ihre Berufswelt aus vier Elementen: aus Ihnen selbst, den Menschen, mit denen Sie zusammenarbeiten, Ihrem Markt und Ihrem Umfeld. Denken Sie jedoch daran, daß diese Begriffe variabel und keine statischen Kategorien sind.

Wer sind Sie?

Sie sind die Person (oder Firma), die dem Markt ein bestimmtes Produkt oder eine bestimmte Dienstleistung anbietet. Sind Sie eine Einzelperson, sind Sie selbst das »Ich«. »Ich« kann aber auch für eine Firma oder eine andere Wirtschaftseinheit stehen. Falls Sie ein Geschäft besitzen oder führen, sind Sie sowohl das »Ich« als Einzelperson als auch das »Ich« als Firma.

An diesen veränderten Blickwinkel müssen Sie sich vielleicht zuerst gewöhnen, aber dann wird er Ihnen ganz natürlich vorkommen. Die Situation ist im Prinzip nicht viel anders, als würden Sie ein Unternehmen gründen, in dem sie gleichzeitig Eigentümer, Generaldirektor und Angestellter sind.

Wer ist Ihr Team?

Ihr Team besteht aus den Einzelpersonen oder Firmen, die Ihnen helfen, Ihr Produkt oder Ihre Dienstleistung auf den Markt zu bringen.

Arbeiten Sie im Angestelltenverhältnis, so besteht Ihr Team aus all den Menschen, die Ihnen helfen, Ihren Job zu tun. Beachten Sie aber, daß das Team hierbei nicht nur auf Ihre Kollegen beschränkt ist, sondern beispielsweise auch die Rezeptionistin einer Ihrer Zulieferbetriebe einschließen kann.

Falls Sie einen Arbeitsplatz suchen oder sich mit dem Gedanken tragen, ein Geschäft zu eröffnen, besteht Ihr Team aus den Personen, die Ihnen helfen, an Ihr Ziel zu gelangen. Das könnte zum Beispiel auch eine besonders freundliche Angestellte aus dem Copy-Shop sein, die Ihnen hilft, einen neuen Briefkopf zu entwerfen.

Und wenn Ihr »Ich« eine Firma ist, dann umfaßt Ihr Team nicht nur Ihre Zulieferer, Ihre Angestellten und Ihre Anteilseigner, sondern jede andere Einzelperson oder Organisation, die Sie bei der Markteinführung Ihres Produkts oder Ihrer Dienstleistung unterstützt.

Wer ist Ihr Markt?

Ihr Markt besteht aus all den Personen oder Firmen, die das wollen, was Sie anzubieten haben.

Falls Sie nach einem Job suchen, besteht Ihr Markt aus solchen Firmen, die Ihre Fertigkeiten und Erfahrungen brauchen.

Wenn Sie bereits für eine Firma arbeiten, besteht Ihr Markt nicht nur aus Ihrem derzeitigen Arbeitgeber, sondern aus jeder anderen Firma, die Ihre Qualitäten zu schätzen weiß.

Und wenn Sie eine Firma sind, besteht Ihr Markt aus denen, die wertschätzen, was Sie offerieren: aus Ihren bereits existierenden ebenso wie aus Ihren potentiellen Kunden.

Was macht Ihre Umwelt aus?

Ihre Umwelt ist all das, was entweder Sie oder Ihren Markt beeinflußt. Ich spreche hier also nicht von Umwelt im ökologischen Sinne. Die Umwelt, die ich meine, beinhaltet alles, von den Steuerbestimmungen über die allgemeine wirtschaftliche Lage, bis hin zu sozialen, kulturellen und politischen Trends.

Während Sie und Ihre Firma sich innerhalb Ihres Einflußbereichs befinden, haben Sie relativ wenig Einfluß auf Ihren Markt (obgleich Ihr Produkt Einfluß darauf haben könnte) und praktisch gar keinen auf Ihre Umwelt. Ihre Umwelt, Ihr Markt und Ihr Team haben jedoch einen sehr starken Einfluß auf Sie.

Sie können Ihre Arbeitswelt auf mehrere Arten definieren

Noch einmal: Es kommt darauf an, welchen Standpunkt Sie einnehmen und auf wessen Bedürfnisse und Wertvorstellungen Sie eingehen. Wenn ich bei einer Firma beschäftigt bin, sind das mein beruflicher Aufstieg und meine persönliche Befriedigung und das

Gehalt, das ich verdiene. Der »Markt« für meine Fertigkeiten und Leistungen beinhaltet nicht nur diese eine Firma, sondern jedes andere Unternehmen, das meine Qualitäten wertschätzt.

Um meine Bedürfnisse durchzusetzen, muß ich jedoch die Bedürfnisse meiner Firma berücksichtigen. Die Firma muß ein Produkt oder eine Dienstleistung verkaufen, die den Anforderungen ihres Marktes entspricht, damit sie wiederum die Bedürfnisse jener Strukturen erfüllen kann, von denen sie abhängt. Dazu gehören die Bedürfnisse ihrer Aktionäre, Zulieferer, Geschäftsverordnungen oder Produktionsrichtlinien – ebenso wie die ihrer Angestellten (mich eingeschlossen).

Lernen Sie die Bedürfnisse und Werte Ihrer Arbeitswelt kennen

Besitzen Sie eine Firma, müssen Sie folgende Elemente kennen: sich selbst, Ihre Firma, Ihre Produkte oder Dienstleistungen, Ihre Angestellten, Ihre Aktionäre, Ihre Geldgeber, Ihre Zulieferbetriebe etc. Darüber hinaus müssen Sie in Verbindung mit Ihrem gesamten Umfeld und mit dessen Einflußfaktoren bleiben.

Umgekehrt gilt: Arbeiten Sie im Angestelltenverhältnis, ist Ihre Hauptfrage die, wie Sie in der Firma aufsteigen können. Ihre Arbeitswelt besteht dann sowohl aus Ihren persönlichen Bedürfnissen und Zielen als auch aus Ihrer Firma und deren Fähigkeit, Ihre Qualitäten wahrzunehmen und Ihre Bedürfnisse zu befriedigen. Damit besteht Ihre Umwelt aus Ihrer Firma und der Abteilung, in der Sie sich selbst optimal verwirklichen können, *plus* den Einsatzmöglichkeiten für Ihre Talente, die außerhalb Ihrer Firma liegen.

Selbst wenn Sie arbeitslos sind oder noch nie einer Erwerbstätigkeit nachgegangen sind, können Sie diese Fragen als Fundament für ein Arbeitsmodell Ihrer potentiellen Tätigkeit benutzen. Ihre Arbeitswelt sind Sie selbst, Ihre Firma sind Ihre Talente und Kontakte, und Ihre Umwelt ist der potentielle Markt.

Wie Sie sehen, gilt es viele Aspekte Ihrer Arbeitswelt in Betracht zu ziehen. Mit der nächsten Übung sollen Sie lernen, sich auf die wichtigsten zu konzentrieren.

Übung 2:
Die Definition Ihrer Arbeitswelt, Teil I

Die Definition Ihrer Arbeitswelt soll Ihnen helfen, sowohl Ihre Ziele zu bestimmen als auch die Schritte festzulegen, die zu ihrer Verwirklichung nötig sind. Auch wenn dies keine intuitive Übung ist, sollten Sie Ihre Gedanken trotzdem im Tagebuch festhalten.

Was sind die wichtigsten Bestandteile Ihrer Arbeitswelt? Wenn es Ihnen die Antwort erleichtert, können Sie die obenstehenden Kategorien heranziehen: Sie selbst, Ihr Team, Ihr Markt und Ihr Umfeld. Lassen Sie sich Zeit. Möglicherweise brauchen Sie mehrere Tage dazu, um jeden Aspekt Ihrer Arbeitswelt gründlich zu beleuchten und zu identifizieren.

Diese Übung besteht aus drei Teilen. Nachdem Sie die verschiedenen Elemente Ihrer Arbeitswelt definiert haben, besteht der nächste Schritt darin, sich einen Zugang zu den individuellen Bedürfnissen und Werten zu verschaffen, aus denen sie sich zusammensetzt. Das wird im fünften Kapitel geschehen.

Sie können jeden beliebigen Standpunkt einnehmen

Die Arbeitswelt, die Sie von Ihrem Standpunkt aus definieren, wird sich von der Arbeitswelt unterscheiden, die Ihr Arbeitgeber oder Ihr Konkurrent definieren würde. Deshalb ist es sinnvoll, die vorangegangene Übung von unterschiedlichen Standpunkten aus zu wiederholen. Das wird Ihnen aufschlußreiche Einblicke in die Werte, Ziele und Strategien anderer gewähren.

Eine Intuitionsgeschichte

Von Kevin Huvane, dem Geschäftsführer der
Creative Artists Agency

Vor einiger Zeit habe ich mir ein Buch gekauft, das zwar von den Kritikern sehr gut aufgenommen wurde, aber kein kommerzieller Erfolg war. Ich las dieses Buch nicht aus beruflichem Interesse, sondern zu meinem Vergnügen. Das Buch war wirklich wunderbar. Nur, während ich es las, kam mir ständig das Bild eines meiner Klienten in den Sinn. Aber ich dachte mir nichts weiter dabei und hatte das Buch bald zu Ende gelesen.

Zwei Tage später rief mich eben dieser Klient an, um mir von einem Buch zu erzählen. Er wußte, daß es fast unmöglich sein würde, einen Film daraus zu machen, aber er schlug vor, es trotzdem zu versuchen. Es war natürlich das gleiche Buch, und wir haben daraus schließlich eine Verfilmung gemacht, die sowohl bei den Kritikern als auch beim Kinopublikum sehr gut ankam.

Ein anderes Mal steckte ich in komplizierten Verhandlungen mit einer Firma. Auf dem Papier sah das Unternehmen grundsolide aus, aber ich hatte so ein komisches Gefühl, das mich davon abhielt, das Geschäft abzuschließen. Und dieses Gefühl machte mich schließlich auf gewisse Unstimmigkeiten aufmerksam, die mir andernfalls wahrscheinlich entgangen wären.

Ich vertraue auf meine Intuition, weil sie mich noch in zahllosen anderen Situationen in die richtige Richtung gewiesen und mich vor Mißerfolgen bewahrt hat.

Nehmen Sie wahr, was Sie wahrnehmen

Unsere Intuition arbeitet die ganze Zeit – warum merken wir dann so wenig davon?

Wenn Sie Ihre Intuition für sich arbeiten lassen wollen, müssen Sie sie zunächst einmal wahrnehmen. Sie müssen aktiv Ihre Antennen ausfahren, um die Sprache Ihrer Wahrnehmungen zu verstehen.

Gerade jetzt, während Sie diese Worte lesen, bemüht sich Ihre Intuition, Ihr Gehirn mit wichtigen Informationen zu versorgen. Aber wenn das so ist, stellen Sie sich vielleicht die Frage, warum Sie nicht mehr davon mitbekommen.

Einmal deshalb, weil intuitive Botschaften selten so klar und grammatikalisch richtig daherkommen wie: »Kaufe fünfhundert Aktien von *General Motors* zum morgigen Eröffnungskurs.« Vielmehr drückt sich die Intuition meistens auf subtile und symbolische Weise aus.

Mehr noch: Wir sind so konditioniert, daß wir die Intuition unbewußt ausblenden, zusammen mit allen anderen Informationen aus unserer Innen- und Außenwelt, die scheinbar keinen Sinn ergeben. Da intuitive Eindrücke häufig der Logik oder Vernunft widersprechen, neigen wir dazu, sie automatisch zu ignorieren.

Vielleicht sind Sie sich Ihrer Intuition auch deshalb nicht bewußt, weil Sie sie mit etwas anderem verwechseln. Wenn Sie Intuition unbewußt anwenden, sind das, was Sie für zufällige oder »konfuse« Gedanken halten, in Wahrheit häufig intuitive Erkenntnisse. Wenn Sie sich beispielsweise in einer geschäftlichen Besprechung befinden, und Ihnen schießt das Bild von dem altersschwachen Kombiwagen, den Ihr Vater besaß, als Sie klein waren, durch den Kopf, dann verwerfen Sie es nicht gleich: Es könnte ein Hinweis Ihrer Intuition darauf sein, daß es Ihr eigenes Auto nicht mehr lange machen wird oder daß das bei der Sitzung besprochene Konzept veraltet ist.

Wenn Sie lernen, den intuitiven Prozeß zu beherrschen, kann es sein, daß Sie entdecken, daß Sie immer schon intuitiv waren, ohne es zu wissen.

Sie brauchen eine Ausgangsbasis, bevor Sie Ihre Eindrücke interpretieren

Halten Sie einen Moment lang inne, bevor Sie daran gehen, Ihre Eindrücke zu interpretieren, *und zwar als Antwort auf Ihre Frage.* Da Sie Eindrücke wahrnehmen, bevor und während Sie die Frage lesen, liegt ein Teil Ihrer Antwort darin, in welcher Form sich Ihre Wahrnehmungen *verändern.*

Nehmen wir einmal an, bevor Sie die Frage lesen, nehmen Sie die Kochdünste Ihres Abendessens, eine Schwere im rechten Bein und ein allgemeines Gefühl der Gereiztheit wahr. Dann lesen Sie die Frage, und plötzlich fällt Ihr Blick auf eine blaue Tasse, die vor Ihnen auf dem Schreibtisch steht. Diese blaue Tasse ist die intuitive Antwort auf die Frage. Aber sofern Sie nicht eine rasche Momentaufnahme davon machen, was Sie vorher registriert haben, könnten Sie die Essensgerüche, die Schwere im rechten Bein oder Ihre Gereiztheit fälschlicherweise für Ihre intuitive Antwort halten.

Bevor Sie mit dem intuitiven – oder auch dem logischen – Wahrnehmungsprozeß beginnen, müssen Sie sich klar machen, was in Ihnen vorgeht. Falls Sie also müde und erschöpft von einem harten Tag sind und ein intuitives Reading beginnen, könnten Ihre Eindrücke durch diese Stimmung gefärbt werden.

Übung 3:
Der Bodycheck

Wie bereits erwähnt: Ein Bodycheck ist nichts anderes als eine kurze Bestandsaufnahme dessen, was in diesem Moment in Ihnen und um Sie herum vor sich geht. Ich nenne es Bodycheck, obwohl Sie dabei *alle* Ihre Eindrücke wahrnehmen, nicht bloß Ihre körperlichen Empfindungen. Beantworten Sie folgende Fragen:

- Was nehmen Ihre fünf Sinne in diesem Moment wahr?
- Wie fühlen Sie sich körperlich?
- Wie ist Ihre allgemeine Stimmung?
- Welches Gefühl ist in diesem Augenblick vorherrschend?
- Welche Gedanken oder Erinnerungen gehen Ihnen durch den Kopf?

Mehr brauchen Sie bei dieser Übung nicht zu tun, und das Ganze sollte nur ein paar Sekunden dauern. Später müssen Sie Ihre Antworten nicht mehr festhalten, aber beim ersten Mal empfiehlt es sich, sie ins Tagebuch zu schreiben oder auf Kassette aufzunehmen.

Beispiel eines Kursteilnehmers

»Ich rieche mein Aftershave. Ich sehe die Zeitung vor mir liegen. Ich fühle mich benommen, unkonzentriert. Ich spüre den Geschmack von Pfefferminz im Mund. Ich höre, wie der Wind gegen das Fenster bläst. Ich frage mich, warum ich mich mit einem Freund gestritten habe und ob ich die Sache nicht irgendwie einrenken kann, weiß aber nicht, wie. Gerade hat das Telefon geläutet. Mein augenblicklich vorherrschendes Gefühl ist Schläfrigkeit. Mir fallen die Briefe ein, die ich heute eigentlich hätte abschicken sollen. Meine allgemeine Stimmung ist Zerstreutheit.«

Erörterung

Ich finde es immer wieder verwunderlich, wie wenig sich die meisten Menschen bewußt sind, was in ihrer Umgebung und in ihnen selbst vor sich geht. Sie wissen nicht, was sie riechen, schmecken, sehen, hören und spüren, kennen nicht ihre Gedanken und Gefühle, ihre Erinnerungen und Träume.

Hat man sich seine den intuitiven Eindrücken vorausgehenden Empfindungen und Wahrnehmungen aber einmal bewußtgemacht, spielen sie wahrscheinlich eine geringere Rolle bei jeder Art von Entscheidungsfindung, als wenn sie unbewußt blieben. Dabei geht es einfach um ein Wahrnehmen dessen, was Sie empfinden. Sollte Ihre Stimmung pessimistisch sein, wäre es gut, wenn Sie sich das bewußtmachen, denn das bloße Registrieren dieses Zustands wird seinen Einfluß mindern.

Tägliche Übung:
der Bodycheck

Ein Bodycheck bereitet Sie für intuitive Informationen vor und ist deshalb ein unerläßlicher Bestandteil der bewußten Anwendung Ihrer Intuition. Da zu seiner Durchführung nur ein paar Sekunden erforderlich sind, können Sie diese Technik jederzeit trainieren. Dabei brauchen Sie Ihre Wahrnehmungen nicht aufzuzeichnen. Bei regelmäßiger Anwendung wird Ihnen diese Übung helfen, sich Ihre intuitiven Fähigkeiten stärker bewußtzumachen.

Entwickeln Sie Ihr allgemeines Bewußtsein

Intuition ist eine Gabe, mit der Sie Informationen sammeln und verarbeiten.

Um bewußte Kontrolle über Ihre Intuition zu erlangen, müssen Sie anfangen, Ihre allgemeine Bewußtheit zu entwickeln. Damit meine ich nicht nur, daß Sie sich Ihrer äußeren Umgebung bewußter werden müssen (das wird Ihnen mit Hilfe der Übungen gelingen), sondern vielmehr, daß Sie sich bewußtmachen müssen, was Sie wahrnehmen und wie Sie es wahrnehmen. Denken Sie zum Beispiel einmal über folgende Fragen nach:

- Was nehmen Sie im allgemeinen am stärksten wahr: Ihre Gedanken, Erinnerungen, Gefühle oder Körperempfindungen? Und was nehmen Sie am wenigsten wahr?
- Was beachten Sie mehr: Ihre Innenwelt oder Ihre äußere Umgebung?
- Neigen Sie dazu, ein bestimmtes Sinnesorgan vorzuziehen?
- In welchen Situationen und auf welche Weise verändern sich diese Aspekte?

Auch wenn Sie meinen, Sie wüßten bereits ziemlich gut über die Vorgänge in Ihrer Innen- und Außenwelt Bescheid, ist es leider so: Wir werden derart mit sinnlichen Wahrnehmungen bombardiert, daß wir uns daran gewöhnt haben, weite Teile unserer Umgebung auszublenden.

Darüber hinaus wird unser Denken nicht nur von den äußeren Sinneswahrnehmungen, sondern auch von inneren Vorgängen überlagert. Jeder Moment unseres Lebens ist angefüllt mit Erinnerungen, Gedanken, Ängsten, Hoffnungen sowie zahllosen anderen Empfindungen und Emotionen. Diese inneren Vorgänge gehen auf Kosten der bewußten Wahrnehmung unserer Umwelt.

Antworten Sie ganz schnell:
Was haben Sie gerade eben gedacht?

Die beste Geistesverfassung ist ein konzentriertes Bei-Sich-Sein, und doch befinden wir uns nur sehr selten in diesem Zustand. Selbst in Momenten, in denen wir uns unserer Umwelt am stärksten bewußt sind, sind wir häufig außerstande zu sagen, woran wir gerade denken. Wenn ich Sie jetzt fragen würde, woran Sie gerade gedacht haben, müßten Sie wahrscheinlich nachdenken, obgleich sich meine Frage auf eben jenen Prozeß bezog, den Sie für die Beantwortung der Frage vollziehen müssen.

Die folgende Übung soll Ihnen helfen, Ihre allgemeine Bewußtheit zu entwickeln, und das ist ein wichtiger erster Schritt zur Entwicklung Ihrer intuitiven Bewußtheit.

Übung 4:
Beschreiben Sie Ihre Eindrücke

Diese Übung ist gleichermaßen einfach und schwierig. Sie ist einfach, weil Sie dazu nur berichten müssen, was Sie in Ihrer Innen- und Ihrer Außenwelt wahrnehmen. Und sie ist schwierig, weil Sie dahingehend konditioniert sind, daß Sie gewisse »überflüssige« oder »ablenkende« Aspekte Ihrer Wahrnehmung ausblenden. Ihre Eindrücke müssen aber keinen Sinn ergeben. Viel wichtiger ist es, daß Sie alles miteinbeziehen, was Sie wahrnehmen.

Versuchen Sie nicht, Ihr Bewußtsein in irgendeiner Weise zu steuern, und lassen Sie diesen Prozeß sich ganz natürlich entfalten, ohne eine »Checkliste« Ihrer verschiedenen Sinnesorgane, Ihrer Erinnerungen, Gedanken und Gefühle durchzugehen. Registrieren Sie einfach nur, was Sie wahrnehmen.

Und falls Sie gar nichts wahrnehmen – nehmen Sie auch das wahr!

Beispiel eines Kursteilnehmers

»Im Radio spielen sie Oldies. Ich rieche den Kaffeeduft aus der Küche. Mein Gesicht juckt ein bißchen; ich habe mich seit ein paar Tagen nicht rasiert. Meine Fingernägel müßten geschnitten werden. Und ich könnte auch mal wieder einen Haarschnitt gebrauchen. Ich vermisse meinen Vater. Ich habe zuviel zu Abend gegessen. Ich spüre das Gewicht meines Füllers und höre, wie er beim Schreiben über das Papier kratzt. Ich sitze unbequem, aber es kommt mir gerade zu kompliziert vor, meine Körperhaltung zu verändern. Mein Mund ist ein wenig trocken. Etwas Kaffee, am besten Eiskaffee, wäre jetzt schön.«

Erörterung

Bei dieser Übung können Sie gar nichts falsch machen, so lange Sie alles registrieren, was Sie wahrnehmen, ohne Ihre Eindrücke auf irgendeine Weise zu steuern. Sie brauchen nur ein paar Minuten für diese Übung und können sie zu jeder beliebigen Tageszeit durchführen. Allerdings sollten Sie sie regelmäßig machen, da alles Folgende darauf aufbaut.

Tägliche Übung:
Sich ganz auf das »Hier und Jetzt« einlassen

Nehmen Sie sich sooft wie möglich ein paar Minuten Zeit für eine bewußte Momentaufnahme aller Ihrer Wahrnehmungen. Das können Sie jederzeit tun, zum Beispiel auf dem Nachhauseweg von der Arbeit, oder während Sie auf Ihren Frühstückskaffee warten. Sie brauchen Ihre Beobachtungen nicht immer ins Tagebuch zu schreiben, obwohl es sicher nützlich wäre, sie zu notieren, wenn Sie die

Gelegenheit dazu haben. Noch einmal: Der wichtigste Punkt bei dieser Übung ist, daß Sie registrieren, was Sie wahrnehmen – sei es in Gedanken oder in Ihrem Tagebuch –, und das kontinuierlich und ohne Unterbrechungen.

Als nächstes befassen wir uns mit dem Warum

Nun, da Sie genauer wissen, was und wie Sie wahrnehmen, kommen wir zu einer noch interessanteren Frage: *Warum* nehmen Sie wahr, was Sie wahrnehmen? Machen Sie sich auf eine verblüffende Erkenntnis gefaßt.

Was, wenn alles, was Sie wahrnehmen, eine Bedeutung hat?

In jedem Augenblick werden Ihre Sinne mit Informationen aus Ihrer Umgebung überschwemmt: mit optischen, akustischen, Geruchs- und Geschmackseindrücken und körperlichen Empfindungen, ganz zu schweigen von der intuitiven Information, die wir so nebenbei aufnehmen. Und außerdem kommen auf mentaler Ebene noch all unsere Gedanken, Gefühle und Erinnerungen hinzu.

Zum Glück wird uns dieses Durcheinander aber nur zu einem ganz geringen Teil bewußt, denn sonst wären wir von der verwirrenden Vielfalt dieser Informationen schlichtweg überfordert und außerstande, überhaupt noch einen klaren Gedanken zu fassen.

Aber irgendwie schafft es unser Gehirn, sich in diesem Chaos zurechtzufinden. Denn es blendet die meisten Informationen, die es erhält, einfach aus und bringt uns nur einen kleinen Rest

zu Bewußtsein. Ich möchte, daß Sie sich einmal Folgendes überlegen: Wie entscheidet das Gehirn, welche Informationen es an
unser Bewußtsein weitergibt und welche nicht?

Wir nehmen nur wahr, was eine persönliche Bedeutung für
uns hat, denn die Dinge an sich bedeuten rein gar nichts. Ein Kie-
selstein am Wegesrand hat für mich keine Bedeutung, aber wenn
mein kleiner Sohn ihn aufhebt und mir als Geschenk überreicht,
erhält dieser Stein einen Wert für mich.

Auf unser Thema bezogen, heißt das: »Bedeutung« ist definiert als die Art und Weise, wie das, was wir wahrnehmen, dazu
beiträgt, unsere Fragen zu beantworten.

Falls nötig, tun Sie so, als ob

Um es noch einmal zu wiederholen: Alles, was Sie wahrnehmen, ist von Bedeutung. Falls Ihnen plötzlich ein Kinderlied
einfällt, hat diese Tatsache eine Bedeutung. Und selbst wenn Sie
spüren, daß Ihre Nase juckt, steckt hinter dieser Beobachtung
ein tieferer Sinn. Der Trick besteht nur darin, zu wissen, wie Sie
dieses Jucken im Zusammenhang mit Ihrer Frage interpretieren
sollen.

Für die meisten Leute ist das ein vollkommen neuer Gedanke,
den sie nur schwer akzeptieren können. »Sie meinen, *alles*, was
ich wahrnehme, hat eine Bedeutung?« werde ich immer wieder
ungläubig gefragt. »Sogar, wenn meine Nase juckt?«

Jawohl, selbst das ist bedeutsam. Aber wenn es Ihnen immer
noch schwerfällt, diesen Gedanken zu akzeptieren, tun Sie doch
einmal so, als hätte alles einen tieferen Sinn. Habe ich recht, eröffnen Sie sich damit einen Zugang zu Ihrer Intuition und ver-
mehren Ihre Informationsquellen. Habe ich unrecht, werden
Sie sich zumindest Ihrer Umgebung bewußter werden. Falls Sie
nicht an die Intuition glauben, gestehen Sie wenigstens die
Möglichkeit zu, daß Sie unbewußt mehr wissen, als Sie glauben.

Tägliche Übung:
Welche Fragen beantworten Sie?

Das Ziel der vorangegangenen Übung bestand darin, wahrzunehmen, was in Ihrer Innen- und Außenwelt vor sich geht. Dabei haben Sie erfahren, daß all diese Wahrnehmungen eine Bedeutung haben oder anders gesagt: eine Information enthalten, die der Beantwortung einer Frage dient. Der Zweck dieser Übung besteht nun darin, herauszufinden, welche Fragen Sie stellen wollen.

Machen Sie es sich zur Gewohnheit, alles aufzuschreiben, woran Sie *in diesem Moment gerade* denken. Dann notieren Sie die Dinge, an die Sie während der letzten Stunden, Tage und Monate immer wieder gedacht haben. Ergibt sich daraus ein Muster? Wenn ja, welches?

Die Intuition versorgt Sie fortwährend mit Informationen, um Ihnen zu helfen, Ihre Fragen zu beantworten. Welche Fragen stellen Sie? Welche Fragen *sollten* Sie stellen?

Was braucht diese Person oder Firma oder Klientel?

(Achtung: Sie weiß es vielleicht selber nicht!)

Angebot und Nachfrage: Die Universalformel

Ob Sie nun als Einzelperson auf der Suche nach einem Job sind oder als multinationaler Konzern ein neues Produkt entwickeln und auf dem Markt einführen wollen, das Erfolgsgeheimnis liegt in jedem Fall darin, zu verstehen, was die andere Seite will, und dann einen Weg zu finden, wie man das in Übereinstimmung bringen kann mit dem, was man selbst will und anzubieten hat.

Wenn Sie eine Stelle suchen, dann müssen Sie herausfinden, was die in Ihrem Arbeitsgebiet tätigen Firmen brauchen, und es in Einklang mit dem bringen, was Sie anzubieten haben.

Wenn Sie eine Firma sind, müssen Sie herausfinden, was Ihr Markt will, und es dann darauf abstimmen, was Sie anzubieten haben.

Beachten Sie, daß diese Formel für jeden Aspekt des Wirtschaftslebens gilt. Zusätzlich zu dem, was die Kunden wollen, muß ein Unternehmen noch herausbekommen:

- was die Investoren wollen
- was die Zulieferer wollen
- was die Angestellten wollen

Und will die Firma, daß ihre eigenen Bedürfnisse erfüllt werden, muß sie auf allen diesen Ebenen einen Weg finden, wie sie den Bedürfnissen der jeweils anderen Seite entsprechen kann.

Intuition in Aktion

Edward C. »Ned« Johnson III. vertraute auf seinen »Instinkt«, der ihm sagte, er könne mit hochverzinslichen Wertpapieren neue Investoren für seine Firma *Fidelity* gewinnen. Trotz seines attraktiven Angebots stellte sich jedoch heraus, daß es sich für ihn nicht lohnte, die Wertpapiere über einen Broker zu verkaufen, da die überzogene Provision seine gesamte Rendite verschlungen hätte.

Also setzte er seine Intuition ein, um eine andere Lösung zu finden. Und die war, sein Angebot in Zeitungen zu annoncieren und die Wertpapiere direkt an die Kunden zu verkaufen – und zwar per Telefon. Diese beiden Innovationen haben den amerikanischen Investmentfondsmarkt vollkommen umgekrempelt.

Treten Sie in Verbindung mit Ihrem Markt und dessen Werten

Es scheint fast so, als wäre es ganz leicht, herauszufinden, was Ihr Markt will. Sie brauchen doch bloß die Leute zu fragen, richtig? Falsch. Das Problem bei Umfragen und Marktstudien ist, daß sie eher passiv und reaktiv als aktiv sind. Eine Firma würde nicht überleben, wenn sie nur darauf warten würde, daß der Markt sagt, wo es langgeht.

Und das noch größere Problem bei der Marktforschung liegt

darin, daß die Leute manchmal selber nicht wissen, was sie wollen. (Andererseits wissen sie immer genau, was sie *nicht* wollen – ein Punkt, den es zu bedenken gilt, falls Sie jemals eine Marktumfrage machen.)

Angenommen, Sie hätten die Leute im Jahr 1880 gefragt, ob sie ein motorisiertes Fahrzeug wollten, dann hätte es wahrscheinlich noch Jahrzehnte gedauert, bis das Auto entwickelt worden wäre.

Oder denken Sie an Kopiergeräte. Als die Firma *Xerox* mit diesem Geschäft anfing, tat sie es trotz einer Marktanalyse, die für dieses Produkt einen weltweiten Umsatz von nur 50 Millionen Dollar jährlich voraussagte (und sich damit um schlappe 1000 Millionen verschätzte). Oder falls *Sony* die Leute 1980 gefragt hätte, ob sie ein tragbares Stereogerät bräuchten, hätte der »Walkman« vermutlich nie das Licht der Welt erblickt.

Herauszufinden, was der Markt will, ist also nicht bloß eine Sache von Marktforschung oder Zielgruppenbefragung. Sie werden mittels Logik und Analyse allein keinen besonders tiefen Einblick in die Bedürfnisse und Ziele anderer erhalten. Vergessen Sie nicht: Wir sind alle nur Menschen, und damit sind viele unserer Bedürfnisse und Werte unbewußt, widersprüchlich und häufig irrational.

Auch wenn Ihr Markt nicht immer genau weiß, was er will – Sie sollten es besser wissen. Sie müssen in Verbindung sein mit dem, was Ihr Markt braucht oder was er zu brauchen glaubt. Und genau hierbei kann Ihnen die Intuition unschätzbare Dienste leisten.

Fühlen Sie sich in der Ichform ein

Ihre Intuition ermöglicht Ihnen, sich in einen Markt (in eine Person, eine Firma oder was auch immer) hineinzuversetzen und seine Bedürfnisse vorauszusehen, indem Sie sie als Ihre eigenen wahrnehmen. Statt einen Gegenstand oder ein Thema zu analysieren, was immer eine distanzierte Position erfordert, *werden Sie selbst* zu Ihrem Untersuchungsobjekt.

Bei uns in den Vereinigten Staaten sagt man: »Wenn man wissen will, was eine andere Person wirklich denkt oder fühlt, muß man in ihre Schuhe schlüpfen.« Die Ichform geht allerdings noch weiter, weil sie bedeutet, daß diese Schuhe zu *Ihren* Schuhen werden.

Das heißt weit mehr, als sich in jemanden oder etwas hineinzufühlen oder damit zu identifizieren. Sie gebrauchen alle Ihre Sinne ebenso wie Ihr Gedächtnis, Ihren Verstand, Ihre Intuition und Ihre Gefühle, um der oder das andere zu »sein«. In der Ichform sollten Sie imstande sein zu wissen, was die andere Person denkt, fühlt und empfindet. Indem Sie zu dem werden, den Sie besser verstehen wollen, können Sie dessen Bedürfnisse, Gedanken und Emotionen direkt und aus erster Hand erfahren.

Mit der Ichform ist die Fähigkeit gemeint, ganz in eine Situation zu schlüpfen und dann all Ihre Sinneswahrnehmung auszuwerten. Und das Eigenartige daran ist: Sobald Sie etwas verkörpern, trägt Ihr Intellekt seinen Teil dazu bei, indem er Sie auf reale Fakten hinweist, die Ihre intuitiven Eindrücke bestätigen.

Verwenden Sie die Ichform, um sich in jede beliebige Sache oder Person zu verwandeln

Diese Technik hat nichts mit Hokuspokus zu tun. Sonst hätten auch nicht einige der größten Wissenschaftler sie angewendet, um die Rätsel unserer Realität zu ergründen. So ist Einstein zu einem Lichtstrahl »geworden« und hat damit die Relativitätstheorie entwickelt. Dr. Jonas Salk »wurde« sowohl zum Poliovirus als auch zum Abwehrsystem des Körpers und hat dadurch den Polioimpfstoff entwickelt.

Wir borgen uns diese Technik und übertragen sie auf die Arbeitswelt, wo sie ebenso wirkungsvoll einsetzbar ist, um jede beliebige Person oder Sache zu verstehen. Wir haben alle schon unsere Intuition gebraucht, um »so zu tun«, als wären wir jemand anderer, aber in der Ichform können Sie diese Möglichkeit dahingehend ausweiten, daß Sie alles werden können, was mit Ihnen zu tun hat:

- eine Person
- ein Markt
- ein Job
- eine Firma
- eine Aktie
- ein Wirtschaftszweig
- ein Produkt
- eine Situation

Sobald Sie selbst der Markt (oder das Produkt oder der Wirtschaftszweig oder die Person) »sind«, wissen Sie nicht nur, was er/sie will, sondern auch, wie Sie ihm/ihr das, was Sie anzubieten haben, überzeugend vermitteln müssen.

In der Ichform bringen Sie Ihre Intuition und Vorstellungskraft ein, um sich voll und ganz mit einer Person oder einer Sache zu identifizieren. Das führt uns wieder zum Thema Integrität.

Übung 5:
Definition Ihrer Arbeitswelt – Teil II

Das ist der zweite Teil einer Übung, mit der wir im dritten Kapitel (Seite 60) begonnen haben. Da die meisten Menschen als Angestellte arbeiten, werden wir uns hier mit deren spezifischen Bedürfnissen, denen ihrer Firma und denen ihrer Umwelt befassen. Sie werden aus drei verschiedenen Perspektiven Fragen zur Definition Ihrer Arbeitswelt beantworten: als Einzelperson, als Ihre Firma und als Ihre Umwelt. Dabei sollen Sie sich auf jene Elemente beziehen, die Sie bereits im ersten Teil dieser Übung definiert haben.

Machen Sie zunächst einen Bodycheck, um Ihre Mitte zu finden. Dann fangen Sie an. Lassen Sie die Antworten auf die Fragen einfach entstehen, statt nach ihnen zu suchen. Schreiben Sie sie alle auf, auch die, die scheinbar keinen Sinn ergeben.

Falls Sie zur Zeit nicht berufstätig sind, mögen Ihnen die Antworten auf die Fragen über Ihre Firma konstruiert oder sogar abwegig vorkommen. Das ist normal. Lassen Sie diese Gefühle zu, aber notieren Sie trotzdem die Informationen, die Sie auf diesem Weg erhalten. Wenn es Ihnen hilft, können Sie diese Fragen aus dem Blickwinkel einer Firma stellen, für die Sie gerne arbeiten würden.

Es könnte sein, daß Sie die Antwort auf eine Frage spüren oder sehen, oder Sie könnten die Erinnerung an einen Moment aus Ihrer Vergangenheit als Antwort nehmen.

Gelegentlich kann es vorkommen, daß Sie äußere Ablenkungen wahrnehmen, wie etwa eine zuschlagende Tür oder Verkehrslärm. Weil auch solche »Ablenkungen« wertvolle Hinweise enthalten können, notieren Sie auch diese. Schalten Sie vorübergehend Ihr rationales Denken aus und registrieren Sie einfach nur alles, was Sie wahrnehmen.

Nachdem Sie Ihre Eindrücke festgehalten haben, sollen Sie Ihren Intellekt wieder einsetzen, um sie zu erklären und zu interpretieren. Unser Intellekt setzt sich zusammen aus der Deutung unserer Sinneswahrnehmungen, aus unseren Erinnerungen oder Erfahrungen sowie aus den Ansichten und Meinungen, die wir aus diesen Erfahrungen gewonnen haben.

Die untenstehenden »Ichformen« helfen Ihnen, sich mit jedem Aspekt Ihrer Arbeitswelt zu identifizieren und die verschiedenen Bedürfnisse und Werte als Ihre eigenen zu betrachten. Machen Sie sich vorläufig keine Gedanken darüber, ob sämtliche Kategorien oder Fragen einen Sinn ergeben. Sie befinden sich am Anfang eines Prozesses, und da sollen Sie zuerst einmal ein paar Fingerübungen machen.

Ich als Einzelperson
- Was wollen Sie?
- Was brauchen Sie?
- Was ist Ihre größte Begabung?
- Was ist Ihr größtes Hindernis?
- Mit welchem Lebensbereich sind Sie am zufriedensten?
- Was fehlt in Ihrem Leben?
- In welchem Lebensbereich würden Sie sich für das kommende Jahr am ehesten eine Veränderung wünschen?
- Was betrachten Sie als Ihre Lebensaufgabe?

Ich als Firma
- Was bin ich?
- Was brauche ich in diesem Moment, um erfolgreich zu sein?
- Mit welchen Schwierigkeiten bin ich zur Zeit konfrontiert?
- Was sind meine Möglichkeiten?
- Was steht mir im Weg?
- Wer oder was ist mein größtes Potential?
- Was könnte ich anders machen, um meinen Erfolg zu sichern?
- Wofür stehe ich inhaltlich?

Ich als Umwelt (das Umfeld oder der Markt meiner Firma)
- Was spricht mich an?
- Was fehlt?
- Was will ich?
- Was will ich nicht?
- Was brauche ich?
- Was langweilt mich?
- Wie kann ich Informationen am besten aufnehmen?

Die Definition Ihrer Arbeitswelt – Teil III

Nachdem Sie Ihrer Intuition die Gelegenheit gegeben haben, Sie mit Informationen zu versorgen, lassen Sie sich die folgenden Fragen durch den Kopf gehen:

- Was wollen und brauchen Sie in diesem Moment?
- Was sind Ihre Stärken?
- Was sind Ihre Schwächen?
- Inwieweit soll sich Ihr Leben im nächsten Jahr verändern?
- Was ist Ihre Lebensaufgabe?
- Was sind Ihre beruflichen Möglichkeiten?
- Wo fühlen Sie sich in Ihren Möglichkeiten behindert?
- Wer oder was ist Ihr größtes Potential?
- Was könnten Sie anders machen, um beruflich dauerhaft erfolgreich zu sein?
- Was ist Ihr Karriereziel?
- Was haben Sie, was der Markt will?
- Was haben Sie, was der Markt nicht will?
- Was bringt Ihren Markt dazu, Ihre Produkte oder Ideen attraktiv zu finden?
- Was langweilt Ihren Markt?

Jetzt nehmen Sie sich Ihre Aufzeichnungen zu der ersten Definitionsübung vor und integrieren Sie sie in die Definition Ihrer Arbeitswelt, die Sie im zweiten Teil der Übung gegeben haben. Finden Sie für jede Kategorie (Sie, Ihre Firma, Ihr Umfeld) eine Definition, die auf Ganzheitlichkeit und Integrität beruht.

Verbinden Sie anschließend die einzelnen Kategorien zu der Beschreibung einer Arbeitswelt, die für Sie Integrität darstellt. In dieser Welt tun Sie, was Sie gerne tun möchten, und Ihre Potentiale werden so eingesetzt, daß sie etwas erzeugen, was Ihr Markt haben will. Notieren Sie Ihre Beschreibung, und zwar im Präsens, selbst wenn sie sich auf die Zukunft bezieht.

Ich erwarte nicht von Ihnen, daß Sie alle Kategorien vollkommen in Einklang bringen oder sich restlos im klaren darüber sind, was Sie wollen, geschweige denn darüber, was Ihre Firma oder Ihr Markt will. Alle diese Fragen sollen nur der Orientierung über Ihre eigenen Grenzen und Möglichkeiten dienen.

Beispiel einer Kursteilnehmerin

»Ich male mir eine Firma aus, in der ich meine umfassenden Reiseerfahrungen und zahlreichen Kontakte nutzen kann. Inspiriert von den vielen Selbsterfahrungskursen, die ich während der letzten Jahre gemacht habe, nehme ich das Entdecken neuer Fertigkeiten und Potentiale in das Konzept auf. Ich bringe die Leute an exotische Orte, an denen sie sich gleichzeitig zu Hause fühlen und neue Lebenserfahrungen machen können. Solche alternativen Bildungsreisen würden es mir ermöglichen, meine Reiseleidenschaft und mein Bedürfnis, andere an meinen Erfahrungen teilhaben zu lassen, in Einklang zu bringen und damit meinen Lebensunterhalt zu verdienen.«

Erörterung

Der intuitive Prozeß bringt die jedem »Ich« innewohnenden Werte hervor. Was ist Ihnen wirklich wichtig? Was arbeitet gegen Sie? Stellen Sie fest, daß ein Aspekt wichtiger für Sie ist als andere? Wie leicht oder schwer ist es Ihnen gefallen, in die einzelnen Identitäten hineinzuschlüpfen? Und warum?

Wir werden auf diese Fragen in späteren Kapiteln noch näher eingehen.

Machen Sie das Einbeziehen der Bedürfnisse anderer zu einem automatischen Reflex

Ich erlebe häufig, daß Menschen und Unternehmen brillante Ideen für Produkte oder Dienstleistungen haben, die sie aber nicht verkaufen können, weil sie sich nicht die einfache Frage stellen: »Was wollen die Leute?« Sie vergessen, daß der Markt ein *integraler Bestandteil* ihres Geschäfts ist und nicht ein abstraktes Ding, dem sie etwas verkaufen. Als Einzelperson im Angestelltenverhältnis sollten Sie bedenken: Ihr Markt ist Ihre Firma. Wenn Sie etwas verkaufen, dann sind Ihre Kunden Ihr Markt.

Die beiden folgenden Übungen sollen Ihnen helfen, diese Perspektive dauerhaft zu verinnerlichen, um sich zunächst die Bedürfnisse von Einzelpersonen und dann die von größeren Zielgruppen zu vergegenwärtigen.

Tägliche Übung:
Wir spielen Unternehmer

Selbst wenn Sie für eine Firma arbeiten und gar nicht die Absicht haben, sich selbständig zu machen, können Sie Ihren Markt trotzdem vom unternehmerischen Standpunkt aus betrachten. Nehmen wir an, Ihre Firma stellt Babynahrung her. Dann sind nicht Babys Ihr Markt, sondern Mütter und Väter und Großeltern.

Verwenden Sie die Ichform, um selbst zu Ihrer Zielgruppe zu werden, und finden Sie heraus, wie Sie deren Bedürfnissen noch besser entsprechen können. Tun Sie dabei so, als würden Sie ein neues Unternehmen für die Herstellung von Babynahrung ins Leben rufen. Was antwortet Ihnen Ihre Intuition auf die Frage, was Ihr Markt braucht?

Vergessen Sie nicht Ihr Umfeld

Obwohl Sie nicht Ihrer Umwelt, sondern dem Markt etwas anbieten, müssen Sie bei der Festlegung Ihrer Ziele und Strategien auch das Umfeld berücksichtigen. Das trifft besonders auf unsere heutige Zeit zu, in der jedes Umfeld plötzlichen und einschneidenden Veränderungen unterworfen ist, die eine gute Idee immer wieder zunichte machen können. Wahrscheinlich ist es bereits zu spät, um in das Geschäft mit Computern einzusteigen – um nur ein Beispiel zu nennen –, da der Computermarkt hart umkämpft und die Gewinnspannen inzwischen zu gering sind.

Auch in dieser Frage besteht die beste Methode, mit Ihrem Umfeld in Kontakt zu bleiben – und damit sicherzustellen, daß es nicht gegen Sie arbeitet –, darin, Ihre Intuition einzusetzen, um selbst zu Ihrem Umfeld zu werden, beziehungsweise um dessen Werte zu verkörpern.

Hüten Sie sich
vor verdeckten Motiven

Verdeckte Motive sind Ziele, Bedürfnisse oder Wünsche, die uns nicht bewußt sind und die unsere Fähigkeit beeinträchtigen, ehrlich zu uns selbst und anderen zu sein. Wir alle haben verdeckte Motive (man kann sie auch als »tiefere Beweggründe« bezeichnen), und das meine ich durchaus nicht abwertend. Verdeckte Motive sind nämlich nicht unbedingt finstere Absichten, die man vor anderen zu verbergen sucht. Aber natürlich verbergen Menschen gelegentlich ihre wirklichen Ziele, zum Beispiel wenn sie in geschäftlichen Angelegenheiten miteinander verhandeln.

Allerdings gibt es auch verdeckte Motive, die uns selbst nicht bewußt sind, und diese gilt es unbedingt aufzudecken.

Solche unbewußten Ziele, Bedürfnisse oder Wünsche stehen fast immer in direktem Konflikt mit denen, über die wir uns im klaren sind. Wenn wir uns selbst, unser Team und unser Umfeld wirklich verstehen wollen, ist es daher von entscheidender Wichtigkeit, daß wir uns unsere verdeckten Motive bewußt machen.

So wie jeder Mensch bewußte und unbewußte Ziele verfolgt, trifft das auch auf große Unternehmen zu. Die *Apple Computer Corporation* beispielsweise hat aller Welt verkündet: »Hallo! Wir sind jung! Wir sind unkompliziert! Wir sind präsent!«

Aber das stimmt gar nicht mehr! Das Unternehmen muß nun lernen, zu bewahren, was es als wertvoll und wesentlich für seine Identität erachtet und dabei gleichzeitig über jene Aspekte seiner Identität hinauszuwachsen, die vom Markt nicht länger geschätzt werden. In diesem Lernprozeß wird die notwendige Verbindung hergestellt zwischen dem »Firmenunterbewußtsein« – also den Grundwerten, ohne die das Unternehmen nicht funktionieren kann – und den Bedürfnissen des Marktes.

Tägliche Übung:
Was braucht diese Person jetzt?

Jedesmal, wenn Sie heute in Kontakt mit einer anderen Person treten, registrieren Sie Ihre ersten drei Wahrnehmungen.

Wählen Sie als nächstes zwei der persönlichen »Ich«-Fragen, die Sie vorher beantwortet haben und stellen Sie sie im Hinblick auf die andere Person. Zum Beispiel: Was braucht er oder sie jetzt? Was ist seine oder ihre Lebensaufgabe?

Diese Übung ist besonders wichtig und hilfreich, wenn Sie jemanden kennenlernen. Wann immer das der Fall ist, formulieren Sie eine Ihrer persönlichen »Ich«-Fragen aus dessen Blickwinkel.

Die gleiche Methode funktioniert auch im Umgang mit neuen Situationen oder Dingen: einer neuen Zielgruppe, einer neuen Firma, einer neuen Branche oder sogar einem neuen sozialen Umfeld. Verwenden Sie die Ichform, um zu Ihrem Zielobjekt zu werden, und stellen Sie Ihre Fragen aus dessen Sicht.

Die Bedürfnisse Ihres Marktes verändern sich

Ein genaues Verständnis Ihrer Arbeitswelt – und insbesondere Ihres Marktes – ist ein wesentlicher Faktor für den Erfolg Ihrer Handlungen und Strategien. Wenden Sie in regelmäßigen Abständen die hier gelernten Techniken an, um zu jedem Zeitpunkt den Finger am Puls aller Elemente Ihrer Arbeitswelt zu haben und damit etwaige Veränderungen vorhersehen und entsprechend reagieren zu können. Wir werden diesen Punkt später noch genauer untersuchen.

Eine Intuitionsgeschichte

Ich arbeite seit zwanzig Jahren in der Parfumbranche und habe viele überaus erfolgreiche Duftstoffe auf den Markt gebracht, wie zum Beispiel *Obsession* und *Eternity*. Ich wußte immer, daß ich sehr intuitiv bin, weil ich häufig berufliche Entscheidungen getroffen habe, die auf intuitiven »Ahnungen« basierten; und meistens bin damit sehr gut gefahren.

Die wichtigste intuitive Entscheidung traf ich vor vier Jahren, als ich meine eigene Firma gründete. Ich arbeitete damals im Management von *The Limited* und hatte gerade die Badeserie *Victoria's Secret* entwickelt.

Während einer Besprechung mit meinem Boss, dem Aufsichtsratsvorsitzenden, wurde mir plötzlich klar, daß es an der Zeit war, meinen Job aufzugeben und eine eigene Firma aufzubauen. Ich hatte keine genaue Vorstellung, wie dieses Unternehmen aussehen sollte. Ich wußte nur, daß dies genau der richtige Moment dafür war.

Ich rief meinen besten Freund an, um ihm von meiner Entscheidung zu erzählen. Er glaubte, ich hätte mich an diesem Tag mit meinem Chef gestritten, und mein Wunsch nach einer eigenen Firma sei nur eine Art Trotzreaktion. Also lud er mich zum Abendessen ein, damit wir darüber reden könnten, bevor ich »eine Dummheit machen würde«.

Ich ging mit ihm in ein Restaurant und erzählte ihm die ganze Geschichte. Da erkannte er, daß mein Entschluß keine wütende oder enttäuschte Reaktion auf die Unterredung mit meinem Chef war. Am Ende des Abends sagte mein Freund, er sei nun wirklich davon überzeugt, daß ich wisse, was ich tue, und daß er mich unterstützen werde.

Ich nahm mir das folgende Wochenende Zeit, um mich innerlich vorzubereiten, und am Montag reichte ich meine Kündigung ein. Niemand verstand es so richtig. Aber wie schon in vielen früheren Situationen wußte ich genau, daß ich das Richtige tat.

Innerhalb von sechs Wochen hatte ich meine ersten beiden Abnehmer unter Vertrag, gefolgt von vier weiteren nach Ablauf eines Jahres. Nach sechs Monaten stellte ich eine Sekretärin ein und bezog neue Büroräume. Mit der Hilfe meines Teams von insgesamt neun Angestellten habe ich mittlerweile auf einem hart umkämpften Markt zufriedenstellende Umsatzzahlen und Gewinne erzielt.

Kapitel 6

Stellen Sie eine Frage, um Ihre Intuition zu fokussieren

Sie sollten genau wissen, welches Ziel Sie anvisieren

Dazu müssen Sie Ihre Fragen präzise formulieren. Eine der schwierigsten Aufgaben bei der Steuerung Ihrer Intuition besteht darin, den Gegenstand Ihrer Betrachtung zu kennen. Diese Aufgabe wird noch komplexer, wenn Sie versuchen, eine Frage so zu vereinfachen, daß man sie mit Ja oder Nein beantworten kann.

Nehmen wir an, Sie erwägen den kurzfristigen Erwerb einer bestimmten Aktie. Eine intuitive Betrachtung des betreffenden Unternehmens vermittelt Ihnen den Eindruck sowohl von wachsenden Umsätzen als auch von Neueinstellungen für die kommenden Monate. Ausgehend von diesen Eindrücken schließen Sie, daß der Aktienkurs steigen wird.

Dann werden Sie vermutlich überrascht sein, wenn Sie feststellen müssen, daß der Kurs dieser Aktie dramatisch gesunken ist. Dabei mag Ihre intuitive Information über das Unternehmen vollkommen korrekt gewesen sein, aber Ihr Fehler lag darin, daß Sie Ihre Intuition nicht auf die allgemeine wirtschaftliche Situation des Unternehmens, sondern auf dessen *Aktienkurs* hätten ausrichten müssen.

Ein anderes Beispiel: Der gesamte Börsenmarkt wartet auf die neuen Arbeitsmarktdaten, die in einer Woche von der Regierung bekanntgegeben werden sollen. Dann lautet die Frage, die Sie stellen sollten, nicht etwa: »Ist die Arbeitslosigkeit im letzten Quartal zurückgegangen?«, sondern: »Wie wird der Aktienhandel nächste Woche auf die Bekanntgabe der Beschäftigungszahlen reagieren?«

Gleiches trifft für jede Art von beruflicher oder wirtschaftlicher Entscheidung zu. (Weitere Tips für die Vorhersage von Entwicklungen im Aktienhandel finden Sie in Kapitel 22.)

Schreiben Sie Ihre Fragen auf

Das menschliche Gedächtnis ist ziemlich chaotisch strukturiert, und der Versuch, unsere Gedanken zu rekonstruieren, gleicht der Suche nach einem Schlüssel in einem unaufgeräumten Zimmer. Indem Sie Ihre Fragen aufschreiben, zwingen Sie sich, bewußter zu fragen, und Sie geben Ihrer Intuition damit ein greifbareres Ziel.

Ihre Fragen werden variieren

Wenn Sie Ihre Intuition einsetzen, ist es entscheidend, daß Sie klar und deutlich formulieren, was Sie wissen wollen. Ihre Intuition kann Sie ziemlich zuverlässig auf alles aufmerksam machen, was für Sie von Bedeutung ist. Trotzdem empfiehlt es sich, Ihre Fragen in einer zielgerichteten und sorgfältigen Weise zu formulieren und sich dabei nur auf die jeweils aktuelle Situation zu beziehen.

Ein Immobilienmakler beispielsweise muß bei seinen Fragen drei Elemente berücksichtigen: die Verkäufer, die Käufer und die Immobilie. Hier eine Liste einiger Musterfragen, zuerst solcher in bezug auf die Verkäufer:

- Was ist ihr Mindestpreis?
- Gibt es außer der Höhe des Kaufangebots noch andere Kriterien, die die Verkäufer zum Abschluß des Geschäfts veranlassen könnten?
- Warum verkaufen sie?

Und nun einige Fragen zu den Käufern:
- Welche Merkmale der Immobilie, Lage oder Nachbarschaft sind für sie am wichtigsten?
- Was ist ihr Höchstpreis?

Und zuletzt die wichtigste Frage, die sich ein Makler über eine Immobilie stellen sollte:
- Gibt es einen »Haken« an dem Objekt?

Im Hinblick auf die letzte Frage sollten Sie bedenken, daß es zwar wichtig ist, so präzise wie möglich zu sein, doch manchmal sollten Sie Ihre Frage so formulieren, daß sie auch annäherungsweise beantwortet werden kann. Zum Beispiel könnte es ein großes Problem sein, an dem Ihre Bemühungen eventuell scheitern – wie ein Vorpfandrecht der Steuerbehörde, von dem keiner weiß –, oder ein kleines Problem – wie gelegentlich auftretende Feuchtigkeit im Keller.

Falls Sie also Ihre Intuition auf eventuell ausstehende Steuerschulden des Verkäufers fokussiert haben, könnte es leicht passieren, daß Sie den intuitiven Impuls übergehen, den Verkäufer nach dem Zustand des Kellers zu fragen. Zwar würde ein Immobilienmakler eine feuchte Stelle an der Wand spätestens bei der Besichtigung der Immobilie mit einem potentiellen Käufer entdecken, aber dann könnte es passieren, daß der Interessent einen Rückzieher macht. Geht der Makler aber seinem intuitiven Hinweis nach, hätte er Zeit, dem Verkäufer zu raten, jetzt ein paar hundert Dollar für die Reparatur des Schadens zu investieren und damit eine spätere Preisminderung zu vermeiden.

Wenn Sie nicht wissen, was Sie fragen sollen, konzentrieren Sie sich auf das Resultat

Es wird gelegentlich vorkommen, daß Sie nicht wissen, was Sie fragen sollen, etwa wenn Sie mit dem Gegenstand Ihrer Untersuchung nicht vertraut sind. Wenn das der Fall ist, fragen Sie nach dem von Ihnen gewünschten Resultat. In unserem Beispiel vom Immobiliengeschäft mag ein Neuling in dem Job noch nicht alle speziellen Fragen kennen, die es zu beachten gilt, aber er könnte seine Intuition fragen: »Was muß ich wissen, um dieses Haus zu verkaufen?«

Denken Sie in solchen Situationen auch daran, Ihre Intuition zu befragen, ob Sie das vorgesehene Resultat überhaupt anstreben sollen. Fragen Sie zum Beispiel: »*Soll* ich dieses Haus verkaufen?«

Sie können alles fragen, was Sie wollen

Das Hauptmerkmal der Intuition liegt wie gesagt darin: Weil sie weder an Ihre Sinnesorgane noch an Ihr logisches Denken gebunden ist, kann sie Ihnen Dinge über Menschen und Situationen mitteilen, die jenseits Ihrer unmittelbaren Wahrnehmung liegen, oder über die Sie möglicherweise nichts wissen.

Was heute an der Ecke Broadway und Fifth Avenue in New York City passiert, ist Realität, auch wenn Sie nicht in New York, sondern in einer anderen Stadt, einem anderen Land oder auf einem anderen Kontinent leben. Sie brauchen nicht erst nach den einzelnen Fakten zu suchen. Es ist alles da. Sie brauchen es nur zu finden und zu verstehen.

Noch einmal: Wenn es Ihnen schwerfällt, das zu akzeptieren – tun Sie so, als ob

Solange Sie nicht selbst erlebt haben, wie ungeheuer effektiv die Intuition im Alltag sein kann, mögen Sie daran zweifeln, daß Ihre Intuition Ihnen exakte Informationen über etwas – einen Menschen, eine Firma, ein Ereignis, eine Situation – vermitteln kann, über die Sie nichts wissen. Sie werden sogar feststellen: *Je weniger* Informationen Sie über etwas haben, desto leichter ist es für Ihre Intuition, frei und ungehindert zu funktionieren.

Das ist keine Glaubensfrage; in den folgenden Kapiteln werden Sie Übungen absolvieren, bei denen Sie diese Gabe unter Beweis stellen können. Bis dahin können Sie, wenn es Ihnen hilft, einfach so tun, als könne Ihre Intuition weit mehr, als Sie für möglich halten.

Ihre Eindrücke mögen keinen Sinn ergeben – vorläufig ...

Es ist nicht mehr so leicht, zu beschreiben, was Sie wahrnehmen, wenn Sie dabei eine bestimmte Frage im Sinn haben. Bei den ersten Übungen haben Sie lediglich registriert, was Sie wahrnehmen, ohne daß Sie ein bestimmtes Ziel verfolgt hätten. Durch eine Frage wird dieser Prozeß verkompliziert, weil Sie nun erwarten, daß Ihre Eindrücke in bezug auf diese Frage einen Sinn ergeben.

Nehmen wir an, Ihre Frage lautet: »Wird der Aktienmarkt für die nächsten sechs Monate eine sichere Geldanlage bieten?« Und das erste, was Sie wahrnehmen, ist der Verkehrslärm vor Ihrem Fenster. Dann könnte es sein, daß Sie versucht sind, diesen Eindruck – bewußt oder unbewußt – als bloße Ablenkung oder als irrelevant abzutun.

Aber er ist nicht irrelevant! Vielleicht ist Ihnen die Bedeutung des Verkehrslärms in diesem Moment nicht klar, aber darüber brauchen Sie sich vorläufig keine Gedanken zu machen. Das

Deuten und Interpretieren Ihrer Eindrücke folgt erst später, jetzt sollen Sie nur aufschreiben, was Sie wahrnehmen, egal ob es für Sie einen Sinn ergibt oder nicht.

»Störend« ist eine logische und keine intuitive Kategorie

Ihre Intuition trifft keine Urteile wie »Das lenkt nur ab«, oder »Das ergibt keinen Sinn«. Sobald Sie also feststellen, daß etwas Ihr Reading »stört« oder »ablenkt« – eine zuschlagende Tür, ein Husten im Nebenzimmer, das summende Geräusch einer Neonröhre über Ihnen, ein lästiges Jucken an Ihrem rechten Ellbogen –, ist das ein Hinweis darauf, daß Ihr logisches Denken sich einmischt und seinen Senf dazu gibt.

Also ist da tatsächlich etwas, das sich störend auf Ihre Intuition auswirkt: Ihr logisches Denken.

Mehr noch: Gerade die »Ablenkungen« sind oft besonders bedeutsam

Jeder Eindruck, der sich Ihnen förmlich aufzwingt, den Sie einfach wahrnehmen *müssen*, ist ein deutliches Signal Ihrer Intuition. Ihr logisches Denken neigt dazu, alles, was es als störend empfindet, als unwesentlich abzutun. Und das ist ein ziemlich verläßlicher Hinweis darauf, daß es sich um wertvolle intuitive Informationen handelt.

Der Trick besteht darin, alles kontinuierlich aufzuzeichnen

Sobald Sie Ihre Frage gestellt haben, fangen Sie an, Ihre Eindrücke aufzuzeichnen, bis Sie ein Versiegen des Informationsflusses bemerken. Dann wissen Sie, daß Ihre Intuition Ihnen zur Beantwortung Ihrer Frage alles vermittelt hat, was ihr zur Verfügung stand.

Kontinuierliches Sprechen (oder Aufschreiben, falls Sie nicht mit einem Kassettenrekorder arbeiten), ohne auch nur das geringste auszulassen, ermöglicht Ihrer Intuition, »ihre Arbeit zu tun«, indem sie Ihr logisch-analytisches Denken ausschaltet.

Da es oft ziemlich schwierig ist, das logische Denken im Zaum zu halten, zeige ich Ihnen untenstehend einige Techniken dafür. Um es noch einmal zu wiederholen: Sie blenden Ihr logisches Denken *nur vorübergehend* aus. Nachdem Sie Ihre Eindrücke *vollständig* festgehalten haben, setzen Sie Ihr Urteilsvermögen wieder in Kraft, um Ihre intuitiven Eindrücke zu deuten und festzustellen, wie die Logik Ihre Frage beurteilt.

Wenn Sie nicht vorwärtskommen, erfinden Sie einfach etwas!

Wieso? Weil Sie nicht wirklich etwas erfinden werden, sondern Ihrer Intuition lediglich gestatten, Informationen zu sammeln. Ihr Verstand geht immer den Weg des geringsten Widerstands; und es ist viel leichter, einen Zugang zu Ihrer Intuition zu finden, wenn Sie einfach nur das beschreiben, was Sie wahrnehmen, als Ihr logisches Denken dafür zu bemühen, etwas zu »erfinden«.

Und wieder: Falls es Ihnen schwerfällt, das zu akzeptieren, tun Sie so, als ob

Nachdem Sie Ihrer Intuition eine Frage präsentiert haben, wird alles, was Sie denken, erinnern, wahrnehmen oder auf irgendeine andere Weise erfahren, zu einer Information, die Ihnen bei der Beantwortung Ihrer Frage hilft. Das mag am Anfang gewöhnungsbedürftig sein. Und deshalb sollten Sie daran denken:

Auch wenn Sie nur vorgeben, sich auf diesen Prozeß einzulassen, sind Ihre intuitiven Eindrücke bedeutsam – das heißt relevant – für die Auswertung Ihrer Wahrnehmungen und damit für Ihre Frage. Sie werden in kurzer Zeit lernen, Ihre Wahrnehmungen sorgfältig zu untersuchen und zu belegen.

Doch was wäre, wenn Sie nicht einmal die Frage kennen, die Sie beantworten?

Das läßt sogar diejenigen zweifeln, die sonst unerschütterlich an die Intuition glauben. Ich hoffe, Sie haben sich inzwischen an den Gedanken gewöhnt, daß Ihre Intuition Ihnen Informationen vermitteln kann, die Ihnen helfen, jede erdenkliche Frage zu beantworten. Wir werden jetzt den intuitiven Prozeß auf eine höhere Ebene bringen: Ich werde Sie dazu auffordern, Ihre Sinne, Gedanken und Erinnerungen auf eine neue Weise zu gebrauchen. Sie werden eine Frage beantworten, die Sie nicht einmal kennen – zumindest nicht bewußt.

Möglicherweise ist dies für Sie die schwierigste Aufgabe, die ich Ihnen bis jetzt gestellt habe. Und deshalb gilt auch hier wieder: Erlauben Sie sich, *so zu tun*, als sei dies möglich, wenigstens für die Dauer der nächsten paar Übungen. Und danach werden Sie sicher feststellen, daß Sie gar nichts vorzugeben *brauchen*.

Einführung des »blinden Readings«

Um bei der Überprüfung unserer *Theorien* über Intuition objektiv und wissenschaftlich vorzugehen, werden die nächsten beiden Übungen »blind« absolviert. Wenn Wissenschaftler die Richtigkeit ihrer Hypothesen und Theorien überprüfen wollen, tun sie das häufig mit sogenannten Doppelblindstudien, bei denen sowohl ihnen als auch den Probanden der Gegenstand ihrer Untersuchungen verborgen bleibt. Der Zweck dieser Methode besteht darin, sicherzustellen, daß sie die Resultate ihrer Experimente nicht unbewußt beeinflussen oder manipulieren.

Indem wir ein »blindes Reading« geben, sorgen wir dafür, daß wir weder unsere intuitiven Eindrücke noch unsere Interpretationen beeinflussen können – und sei es auch noch so geringfügig.

Übung 6:
Die Umschlag-Technik, Teil I

Hier brauchen Sie die Mithilfe eines Freundes oder einer Freundin. Das sollte kein Problem sein, da diese Übung für alle Beteiligten sehr spannend ist. Lassen Sie Ihren Freund/Ihre Freundin den Namen einer bestimmten Person auf einen Zettel schreiben und diesen in einen Umschlag stecken.

Versuchen Sie nicht, durch Raten oder Kombinieren auf die Identität der Person zu kommen. Denken Sie daran: Intuition hat nichts mit Raten zu tun. Die Person, deren Name aufgeschrieben wurde, sollte jemand sein, über den Ihr Freund/Ihre Freundin einiges weiß, aber Sie selbst müssen die Person nicht kennen. Es würde die Übung sogar noch interessanter machen, wenn Sie gar nichts über die fragliche Person wüßten. Der Grund, warum Ihr Freund/Ihre Freundin diese Person gut kennen sollte, ist der, daß er oder sie Ihnen damit ein besseres Feedback über die Richtigkeit Ihres Readings geben kann.

Um mit der Übung zu beginnen, machen Sie einen Bodycheck und zentrieren Sie sich. Wenn Sie damit fertig sind, nehmen Sie den Umschlag in die Hand und lassen Sie Ihre Intuition die Person beschreiben, deren Name auf dem Zettel steht. Ja, mir ist klar, daß Sie nicht wissen, wen Sie da beschreiben – aber Ihre Intuition weiß es. Halten Sie einfach Ihre Eindrücke und Interpretationen fest, und das so detailliert, wie Sie möchten (je mehr Einzelheiten, desto besser).

Während Sie Ihre intuitiven Eindrücke beschreiben, sollte Ihr Freund/Ihre Freundin das, was Sie sagen, auf Kassettenrekorder aufnehmen oder mitschreiben. Stellen Sie jedoch vorher klar, daß er oder sie keinerlei Feedback – weder positiv noch negativ – geben darf, während Sie sprechen.

Ich betone das, weil die andere Person sonst dauernd unbewußte Hinweise gibt: durch ein wissendes Lächeln, ein leichtes Kopfschütteln und ähnliches. Möglicherweise hilft es Ihnen, wenn Sie Ihrem Gegenüber den Rücken zukehren, bis Sie zu Ende gesprochen haben.

Erst nachdem Sie Ihr Reading – also die Beschreibung und Interpretation Ihrer Eindrücke – beendet haben, dürfen Sie den Umschlag öffnen. An dieser Stelle kann Ihr Freund/Ihre Freundin Ihre Eindrücke kommentieren (wobei Sie bedenken sollten, daß Sie auf Einzelheiten gestoßen sein könnten, von denen Ihr Gegenüber nichts wußte).

Die meisten Leute, die diese Übung in meinen Workshops gemacht haben, waren hinterher äußerst verblüfft über die Genauigkeit ihrer intuitiven Informationen. Das heißt natürlich nicht, daß sie in allen Punkten voll ins Schwarze getroffen hätten, aber die häufigste Reaktion war: »Woher habe ich das bloß gewußt?«

Vergessen Sie nicht, Ihre Eindrücke und Interpretationen, zusammen mit dem Namen der Zielperson und den Kommentaren Ihres Freundes/Ihrer Freundin in Ihr Intuitionstagebuch zu schreiben.

Die Umschlag-Technik, Teil II

Wiederholen Sie diese Übung mit einer Frage (auf die Ihr Freund/Ihre Freundin die Antwort weiß) und einer Firma (die Ihr Gegenüber ebenfalls gut kennt). Wenn Sie genügend Zeit haben, können Sie eine Reihe unterschiedlicher Zielobjekte ausprobieren. Sie können diese Übung auch in verschiedenen Zeitrahmen versuchen, also in der Vergangenheit sowie der aktuellen Gegenwart. Sie können auch die Zukunft wählen, obwohl Sie dabei natürlich kein unmittelbares Feedback erhalten.

Wenn möglich, sollten Sie diese Technik täglich üben. Je mehr Feedback Sie bekommen, desto mehr bewußte Kontrolle erlangen Sie über diesen Prozeß, der im allgemeinen völlig unbewußt abläuft.

Zur Erinnerung:

Ignorieren Sie die »Ablenkungen« nicht! Es sind meistens Eindrücke, die Ihr Unterbewußtsein Ihnen aufdrängt, und sie wirken nur deshalb ablenkend, weil Sie ihre Bedeutung oder ihren Sinn noch nicht verstehen.
Und wenn Sie gar nichts empfinden – erfinden Sie etwas!

Beispiel einer Kursteilnehmerin

»Ich spüre eine schwerfällige Person, die sich nicht gut fortbewegen kann. Ich sehe den Anfangsbuchstaben K. Die Person erinnert mich an einen Onkel, der das schwarze Schaf der Familie war und es zu nichts gebracht hat. Ich fühle, daß diese Person versucht, einen Fehler zu vertuschen, den er oder sie vor wenigen Monaten begangen hat; ich sehe den Monat Februar vor meinem geistigen Auge. Der Fehler hatte damit zu tun, daß etwas übel zugerichtet zurückgelassen wurde, wie bei einem Unfall mit Fahrerflucht. Ich habe ein unangenehmes Gefühl in bezug auf diese Person. Ich glaube, ich möchte nichts mit ihr zu tun haben.«

Ihre Interpretation

Diese Aktie bringt es nicht. Vielleicht beginnt der Name des Vorstandsvorsitzenden mit einem K, oder es könnte auch der Anfangsbuchstabe eines neuen Produkts sein. Im Februar ist etwas mit dieser Aktie geschehen, das es näher zu untersuchen gilt. Sie scheint keine gute Investition zu sein. Ich habe das Bild einer Blockade, und es könnte im Zusammenhang mit dieser Aktie sogar noch verborgene Gefahren geben.

Erörterung

Wie ist es Ihnen mit Ihren beiden Umschlägen ergangen? Das Feedback Ihres Freundes/Ihrer Freundin wird Ihnen helfen, den Zugang zu Ihren intuitiven Fähigkeiten zu vertiefen. Hier ein paar Fragen, die Sie mit Ihrem Gegenüber besprechen könnten:

- In welchen Punkten lagen Sie richtig?
- In welchen Punkten haben Sie sich geirrt oder lagen sogar völlig daneben? Warum?
- Wie zutreffend waren Ihre Interpretationen im Vergleich mit Ihren ursprünglichen Eindrücken?
- Wie zutreffend waren die von Ihnen »erfundenen« Eindrücke?
- Wie relevant waren die von Ihnen wahrgenommenen »Ablenkungen«?

Bedenken Sie immer folgende Möglichkeit: Obwohl Ihr Gegenüber im Moment mehr über den fraglichen Gegenstand weiß als Sie, könnte es sein, daß erst lange nach der Übung ersichtlich wird, was Ihre Eindrücke bedeuten oder wie zutreffend sie waren. So haben Sie vielleicht das Gefühl, daß sich die betreffende Firma in finanziellen Schwierigkeiten befindet, aber diese Tatsache könnte erst mit der Veröffentlichung des nächsten Jahresberichts allgemein bekannt werden. Oder Sie könnten etwas über eine Person erwähnen, das Ihr Gegenüber nicht wahrgenommen hat.

Nun, da Sie etwas Übung mit einem »blinden Reading« über Dinge haben, mit denen Sie in keinerlei Beziehung stehen, werden Sie sich im folgenden Reading mit einem Thema beschäftigen, von dem Sie selbst betroffen sind.

Übung 7:
Ein blindes Solo-Reading

Auf der nächsten Seite befindet sich die zu dieser Übung gehörige Frage. Lesen Sie sie aber nicht, bevor Sie die Übung beendet haben. Statt dessen sollten Sie die Möglichkeit erwägen, daß Ihre Intuition bereits die zur Beantwortung der Frage relevante Information kennt.

Beginnen Sie mit einem Bodycheck. Dann atmen Sie tief durch und fangen Sie an, Ihre Eindrücke zu beschreiben. Gehen Sie davon aus, daß Ihre Sinnesorgane bereits nach der Antwort auf die Frage suchen. Wenn Sie fertig sind, interpretieren Sie die Bedeutung Ihrer Sinneseindrücke. Da Sie keine Frage haben, von der Sie sich dabei leiten lassen könnten, werden Sie darauf vertrauen müssen, daß Ihr Unterbewußtsein die Frage kennt.

Tun Sie das allein für sich, bevor Sie das folgende Beispiel lesen, um sich nicht davon beeinflussen zu lassen.

Beispiel eines Kursteilnehmers

»Ich bemerke die frische Luft, die durch das Fenster gekommen ist, das ich gerade geschlossen habe. Ich sehe eine grüne Mineralwasserflasche mitten in einem großen Durcheinander stehen. Ich habe ein Läuten im Ohr, und ich höre das Summen meiner Haushaltsgeräte, besonders den Kühlschrank. Ich schmecke etwas Bitteres und möchte es loswerden. Ich spüre einen Schmerz im Nacken.

Ich sage mir selbst, daß alles gut wird. Ich denke daran, wie weit entfernt ich von den Menschen, Orten und Aktivitäten bin, die mir viel bedeuten. Ich frage mich, ob mein Leben von nun an immer so sein wird, oder ob es nur eine vorübergehende Phase ist.

Mein vorherrschendes Gefühl ist Anspannung, eine mentale Anspannung (falls das überhaupt ein Gefühl ist), und ein wenig Wut. Mein Körper fühlt sich steif an von der Untätigkeit. Ich erinnere mich an den Klang von Musik und Gesang. Ich erinnere mich daran, wie ich als Kind im Garten spielte, während im Haus das Abendessen gekocht wurde. Mir kommt der Gedanke, daß ich nicht hineingehen will, auch wenn die Zeit zum Spielen vorbei ist.

Ich fühle mich vorsichtig optimistisch.«

Seine Interpretation

Meine Wahrnehmungen drehen sich hauptsächlich um Spannung, Durcheinander und Ablenkung. Und dann gibt es noch ein paar Wahrnehmungen zu dem Bedürfnis zu spielen, kreativ zu sein, mich zu bewegen oder Dinge zu verändern. Ein Gefühl von Lähmung oder Entfremdung von dem, was meine Vitalität fördert.

Wenn ich mir die Frage ansehe, weiß ich genau, was mein Hindernis ist. Das bestätigt etwas, das mich schon seit einer ganzen Weile belastet. Meine Arbeit fühlt sich schleppend und stagnierend an. Ich arbeite in einem Familienbetrieb, aber es ist nicht mehr viel von der Familie übrig im Geschäft. Ich empfinde großes Unbehagen in bezug auf meine berufliche Tätigkeit, obwohl mein Lebensunterhalt davon abhängt.

Ich respektiere die Firma und die Menschen, die sie gegründet haben, durchaus. Es widerstrebt mir, meine eigenen kreativen Ideen und Vorstellungen in etwas einzubringen, das sich seit Generationen bewährt hat. Die Tatsache, daß einige Mitarbeiter von meinem Vater eingestellt wurden, als ich noch ein kleines Kind war, gibt mir das Gefühl, mich an Regeln und Konventionen halten zu müssen, die mir aufgezwungen wurden.

Ich hätte der Firma mehr zu geben, aber ich fürchte die Widerstände gegen neue Ideen von seiten der alten Garde, und ich habe emotional nicht genug in das Geschäft investiert, um die notwendigen Veränderungen im Alleingang durchzusetzen.

Erörterung

Hier ist die Frage, die Sie beantwortet haben: »Wer, was oder wo sind die derzeitigen Hindernisse für meinen beruflichen oder finanziellen Erfolg?«

In diesem Fall können natürlich nur Sie allein die Richtigkeit Ihres Readings beurteilen. Das macht es allerdings nicht unbedingt leichter, da einige Hindernisse möglicherweise in Ihnen selbst liegen. Das heißt, sie könnten aus den verdeckten Bedürfnissen bestehen, über die wir bereits gesprochen haben.

Denken Sie auch daran, daß selbst die äußeren Hindernisse möglicherweise nicht sofort deutlich erkennbar sind. So könnte eine Person oder eine Firma, die Sie für einen Verbündeten gehalten haben, in Wirklichkeit ein Konkurrent sein – oder einer werden.

Zur Erinnerung

Wiederholen Sie dieses Reading von Zeit zu Zeit, da sich sowohl die zugrundeliegenden Fakten als auch Ihre Interpretationen derselben ändern können und deren Relevanz nicht immer gleich offenkundig sein muß.

Was will ich?

(Sie können – und sollen – alles haben)

Worum es in diesem Buch geht

Im Italienischen gibt es ein Sprichwort, das lautet: »*Campar' per lavorar' lavorar' per poter' campar*«, was bedeutet: »Ich lebe, um zu arbeiten, und arbeite, um zu leben.«

Das trifft wohl auf die meisten von uns zu. Der größte Teil unseres Alltags ist der Arbeit gewidmet, und deshalb ist es wichtig, daß wir uns bei dem, was wir tun, um unseren Lebensunterhalt zu verdienen, lebendig fühlen und Freude empfinden.

Sie müssen wissen, warum Sie etwas tun. Und Sie müssen mögen, was Sie tun. Ihre Arbeit soll sich im Einklang befinden mit Ihnen, Ihrem Markt und den Menschen, mit denen Sie arbeiten.

Das gilt gleichermaßen für Firmen wie für Einzelpersonen.

Warten Sie nicht auf eine Krise oder einen Glückstreffer

Die meisten Menschen verändern sich beruflich erst dann, wenn sie ihren Job verlieren, wenn ihnen ein besserer angeboten wird oder wenn sie so unzufrieden sind, daß sie kündigen. Damit lassen wir uns eine Menge Gelegenheiten entgehen, wie wir uns weitaus behutsamer selbst verwirklichen und weiterentwickeln können.

Wir sollten beständig auf der Suche nach einem Job sein – selbst wenn wir schon einen haben. Um erfolgreich zu sein, sollte man sich selbst und seine berufliche Situation immer wieder neu definieren:
- Welche meiner Eigenschaften lassen sich am besten vermarkten?
- Wo und wie kann ich wirklich etwas bewirken?
- In welchem Arbeitsumfeld fühle ich mich am wohlsten und kann mich am besten verwirklichen?

»Du bist mir fast unheimlich!«

Das hat eine Freundin einmal zu mir gesagt. Ihre Firma war vor einiger Zeit von einem anderen Unternehmen aufgekauft worden, und sie wußte nicht, ob ihre Stelle gestrichen würde oder nicht. Es spielte zu diesem Zeitpunkt keine Rolle, daß sie ihre Arbeit nicht mochte und daß ihr neuer Chef keine Ahnung hatte, was sie überhaupt tat. Sie hatte eine sechsjährige Tochter, ihr Mann hatte sich gerade selbständig gemacht, und deshalb war sie auf diesen Job angewiesen.

Eines Nachmittags hatte sie mich besucht, um mit mir über ihre Arbeitssituation zu reden und meinen Rat einzuholen. Ich sagte ihr, sie werde zwar ihre Stelle verlieren, müsse sich aber bis Juni oder Juli keine neue suchen. Allerdings solle sie schon einmal damit anfangen, sich zu überlegen, was sie mit ihren vielen Talenten Besseres anfangen könnte.

Während ich an diesem Kapitel schrieb, rief sie mich an und sagte: »Du bist mir fast unheimlich! Ich habe eben meinen Job verloren. Mein Chef hat mir unter irgendeinem Vorwand gekündigt. Aber wie du es vorhergesagt hast, muß ich noch bis Ende Juli bleiben, damit mir meine Abfindung ausbezahlt werden kann.«

Ich riet ihr nochmals (so wie ich es jetzt Ihnen rate), diese Gelegenheit zu nutzen, um eine Arbeit zu finden, die ihr gefällt.

Eine Intuitionsgeschichte

Wenn ich so zurückdenke, kann ich sagen, daß ich zwar immer schon an die Existenz von intuitivem Wissen geglaubt habe, aber trotzdem nie gedacht hätte, es sei auf praktische Weise anwendbar. Deshalb war ich früher der Meinung, daß mir meine Intuition nie wirklich nützen könne. Aber das hat sich vor ungefähr zwei Jahren geändert.

In meinem Büro standen wir damals alle ziemlich unter Druck, was typisch ist für Unternehmen, bei denen Führungswechsel und finanzielle Umstrukturierungen stattgefunden haben. Ein Freund, der im Vorstand eines anderen Unternehmens tätig war, kannte Laura Day und ihre Arbeit und empfahl mir, sie zu Rate zu ziehen. Und das tat ich auch. Ich war am Anfang ein wenig skeptisch, aber bereit, etwas Neues auszuprobieren. Ich traf mich mit ihr und sagte ihr, daß ich einige Fragen an sie hätte bezüglich meiner Arbeit. Ohne daß sie sich weitere Informationen von mir geben ließ, begann Laura Day daraufhin, die allgemeine Situation in meiner Firma zu schildern. Ihre Beschreibung war erstaunlich genau, aber schließlich hätte sie heutzutage auf beinahe jedes Unternehmen zutreffen können. Dann ging sie jedoch dazu über, in einer Fülle von Einzelheiten über mehrere zukünftige Begebenheiten – wie etwa Sitzungen – zu sprechen. Ihre Informationen waren so detailliert, als ob sie die Ereignisse tatsächlich voraussehen könnte und bei ihnen anwesend sein würde. Es war absolut unglaublich, und doch stellte ich später jedesmal fest, daß die Situationen genauso eintraten, wie sie sie beschrieben hatte.

Der Grund, warum ihre intuitiven Darstellungen so ungemein hilfreich für mich waren, lag in den Details. Zum Beispiel sagte sie einmal: »Wenn eine bestimmte

Person (deren Namen sie sogar nannte) Sie auf eine bestimmte Weise ansieht, dann werden Sie wissen, daß es sich hierbei um eine äußerst wichtige Sitzung handelt. Andernfalls wird die Besprechung keine besondere Bedeutung haben.« Dann hat sie mich noch auf ein spezielles Signal hingewiesen, welches bedeuten würde, daß die Sitzung von vielen verdeckten Zielen und Bedürfnissen bestimmt sei und in einer wichtigen Entscheidung meines Vorgesetzten resultieren werde. Sie hatte vollkommen recht, und ohne diesen Anhaltspunkt hätte ich nichts davon gemerkt. Zum Schluß gab sie mir noch ganz konkrete Tips und Anregungen, wie ich mich während der Konferenzen präsentieren und mit wem ich mich verbünden beziehungsweise wen ich meiden solle. Auch mit diesen Ratschlägen lag sie richtig. Das Ganze bedeutete einen sehr wichtigen Karriereschritt für mich, da mir im Endeffekt wesentlich mehr Kompetenzen und finanzielle Mittel übertragen wurden.

Finden Sie heraus, wer Sie sind und was Sie wollen

Sind Sie sich dessen, was in Ihrer Umgebung vor sich geht, erst einmal bewußt, können Sie auch viel schneller und besser auf intuitivem Weg herausfinden, welche Ziele Sie haben und wie Sie diese erreichen können.

In dem Kinderbuch *Bist du meine Mama?* schlüpft ein Vogeljunges aus dem Ei, während seine Mutter auf Futtersuche ist. Es verläßt das Nest, um sie zu suchen, und fragt jedes Tier, das ihm begegnet: »Bist du meine Mama?« Eines antwortet: »Nein, ich bin nicht deine Mama, ich bin ein Hund.« Ein anderes erwidert: »Nein, ich bin nicht deine Mama, ich bin eine Katze.«

Der junge Vogel wandert immer weiter. Schließlich findet er seine Mutter, und zwar, nachdem er rausgekriegt hat, was er alles *nicht* ist. Indem er das tut, findet er zu sich selbst (und zu seiner Bestimmung als Wurmfresser).

Auf ähnliche Art und Weise können Sie Ihre Ziele und Prioritäten definieren: indem Sie entdecken, was Sie wollen und was nicht, was Sie tun sollten und was nicht, was Sie sind und was nicht.

Vielen Menschen ist unklar, was sie wirklich tun möchten, und es ist schwierig, wenn nicht gar unmöglich, das Unbewußte durch direktes und logisches Befragen aufzudecken (was meistens lediglich aufdeckt, daß wir *nicht wissen*, was wir wollen). Lassen Sie uns also vorgehen wie dieser kleine Vogel und unsere Intuition einsetzen, um die Antwort zu finden. Die folgenden Übungen sollen Ihnen helfen, herauszufinden, was Sie wirklich gerne tun möchten.

Übung 8:
Was wollen Sie wirklich tun?

Mit dieser Übung können Sie rasch feststellen, was Sie gerne tun würden. Notieren Sie Ihre intuitiven Antworten zu folgenden Fragen:

- Was sind die ersten beiden Geschichten oder Märchen, die Ihnen spontan einfallen? Welche ihrer Einzelheiten sind Ihnen besonders deutlich im Gedächtnis geblieben?
- Welche drei Aktivitäten würden Sie wählen, wenn Sie heute alles tun dürften, worauf Sie Lust haben?
- Welches sind die ersten drei Wörter, die Ihnen einfallen?

Beispiel eines Bekannten

Erste Frage: Rotkäppchen und der Zauberer von Oz. Das Märchen von Rotkäppchen und dem Wolf gibt es auf Video, und ich habe vor, es für die Kinder auszuleihen. Der Zauberer von Oz ist mein Lieblingsmärchen. Ich erinnere mich besonders an die Ziegelsteinstraße und das Lied von Elton John *Goodbye Yellow Brick Road*. Ist irgendwie seltsam.

Zweite Frage: radfahren, vielleicht ein Picknick machen, Basketball oder irgendein anderes Ballspiel spielen.

Dritte Frage: Park, anstreichen, Holzpolitur.

Erörterung

Ich habe diese Übung mit jemandem ausprobiert, der mit intuitivem Training keinerlei Erfahrung hatte, und der zu dieser Zeit versuchte, sich als Baumaler selbständig zu machen. Er hatte Schwierigkeiten, sein Geschäft in Gang zu bringen. Ich bat ihn, mir ein paar einfache Fragen zu beantworten, wobei ich nichts von Intuition sagte.

Hinterher fand er, seine Antworten gäben einen deutlichen Hinweis darauf, daß er seine Tätigkeit nach draußen verlagern sollte. Und das befand sich auch stärker in Einklang mit seinen Bedürfnissen und entsprach seiner Integrität damit mehr, als das Streichen von Innenräumen, das er bis dahin gemacht hatte. Seine Beschreibungen enthielten entweder Bilder von Farben oder von Aktivitäten im Freien, und deshalb war seine Interpretation sicher eine gute Eingebung und eine positive Veränderung, die es ihm ermöglichte, seine berufliche Tätigkeit erfolgreicher und befriedigender zu gestalten.

Mit der folgenden Übung können Sie noch gründlicher sondieren, was Sie beruflich tun wollen.

Übung 9:
Das Spielwarengeschäft

Stellen Sie sich vor, Sie wären ein Kind in einer Spielzeughandlung. Machen Sie sich das Geschäft, die Waren und sich selbst als Kind darin in allen Einzelheiten sinnlich wahrnehmbar. Während Sie das tun, überlegen Sie sich die folgenden Fragen:

- Welche Art von Kind sind Sie?
- Wonach suchen Sie?
- Welche Spielsachen sprechen Sie an?
- Welche sehen Sie sich näher an, ohne sie dann zu nehmen?
- Mit welchen beschäftigen Sie sich am meisten und warum?
- Können Sie die Spielsachen mit nach Hause nehmen?
- Werden morgen noch mehr Spielsachen für Sie da sein?
- Was würden Sie verändern, um das Geschäft noch schöner zu machen?
- Was könnten Sie tun, damit das Geschäft wirklich floriert?
- Würde der Eigentümer Ihnen erlauben, das zu tun?
- Wie ist der Name des Geschäfts?
- Wie ist Ihr Name?

Erörterung

Häufig kann »das Kind in Ihnen« die Grenzen des rationalen Denkens aufheben und damit die intuitiv richtige Antwort finden. Wenden Sie sich an diese Instanz, so daß Sie in deren Welt der unbegrenzten Möglichkeiten entdecken, was Sie jetzt tun wollen.

Sehen Sie sich alle Informationen, die Sie bisher gesammelt haben, sorgfältig an, denn Sie können darin wertvolle und konkrete Hinweise finden, wie etwa den Namen einer Firma oder einer Person, die Ihnen einen Job anbieten könnte oder die Beschreibung Ihres nächsten Produkts oder Marktes. Wenn Sie die Intuition in Ihre Denkprozesse integrieren, werden Sie feststellen, daß Ihre Bildsprache immer weniger metaphorisch und immer reicher an konkreten Einzelheiten wird.

Diese Übung ist hilfreich, wenn Sie jetzt keine Stelle haben, oder wenn Sie sich an Ihrem Arbeitsplatz nicht wohl fühlen – denn sie vermittelt Ihnen Informationen über die Art von Arbeit, die Ihnen liegen würde.

Diese Übung ist ebenfalls nützlich, wenn Sie bereits tun, was Sie tun möchten, denn sie hilft Ihnen, mehr davon zu tun.

Tägliche Übung:
Das Sammelalbum Ihrer Interessen

Schreiben Sie einen Monat lang täglich auf, was Sie interessiert, was Sie in Ihrer Freizeit tun, eigene Ideen oder die Ideen und Aktivitäten anderer Leute, von denen Sie sich inspiriert fühlen. Kleben Sie außerdem Zeitungsartikel ein, die Ihnen aufgefallen sind, oder Bilder, die Sie ansprechend finden.

Gehen Sie nach einem Monat das ganze Album sorgfältig durch und interpretieren Sie die darin enthaltenen Informationen auf die gleiche Weise wie jede andere intuitive Information. Indem Sie alle Einzelteile wie bei einem Puzzle zusammentragen, sehen Sie, welche Muster und Richtungen sich herauskristallisieren, und erhalten damit eine genauere Vorstellung davon, wo Ihre Interessen liegen.

Erörterung

Mit dieser Übung werden Ihnen Begriffe, Bilder und Ideen zugänglich gemacht, auf die Ihr Unterbewußtsein anspricht. Dieser Prozeß ist hilfreich, selbst wenn Sie bereits einen guten Job haben. Indem Sie entdecken, was Ihre wahren Interessen sind, erkennen Sie auch, welche Ihrer Ziele Sie möglicherweise unbewußt sabotieren. Diese Information ermöglicht Ihnen, Ihre Ziele und Werte bewußter anzustreben und umzusetzen.

Die wichtigsten verdeckten Motive, die es aufzudecken gilt, sind Ihre eigenen

Um in einer Gruppensituation – sei es ein wichtiges Verhandlungsgespräch oder ein ganz gewöhnlicher Arbeitstag im Büro – erfolgreich arbeiten zu können, müssen Sie die verdeckten Motive der anderen kennen. Aber während es leicht und vielleicht ganz natürlich ist, die Motive der anderen kritisch zu hinterfragen, fällt uns das bei unseren eigenen Motiven nur selten ein! Gehen Sie beispielsweise auf eine Sitzung über die jüngsten Veränderungen im Handelsgesetz, die Ihre Firma betreffen, und Ihr verdecktes Bedürfnis ist, Applaus zu bekommen, weil Sie diese Veränderungen die ganze Zeit haben kommen sehen, werden Sie abgelenkt sein. Sie werden an dieser Sitzung nur mit halber Kraft teilnehmen. Noch wichtiger: So wären Sie für die verdeckten Motive einer anderen Person angreifbar. Oder möglicherweise besteht Ihr heimliches Bedürfnis darin, für den Geschäftsabschluß, an dem Sie seit Monaten gearbeitet haben, Anerkennung zu erhalten, obgleich er im Licht der neuen Gesetzgebung nicht mehr so profitabel zu sein scheint. Auch in diesem Fall würden Sie sich verwundbar machen. Nehmen wir an, Ihr Unternehmen hat mit Absatzschwierigkeiten zu kämpfen, obwohl Sie sich nach besten Kräften bemüht haben. Eine Erklärung, die es zu untersuchen gälte, könnte sein, daß Sie von dem verdeckten Motiv geleitet werden, erfolglos zu bleiben. Vielleicht kommt es daher, daß Sie glauben, den Erfolg nicht zu verdienen. Oder vielleicht gehen Sie unterbewußt davon aus, daß Ihr geschäftlicher Erfolg Ihr Familienleben gefährden würde.

Verdeckte Motive stehen häufig für einen Konflikt zwischen den verschiedenen Sphären Ihrer Arbeitswelt. Möglicherweise sind Sie ja selbst schon auf ein paar Ihrer heimlichen Bedürfnisse gestoßen, als Sie die Fragen zur Definition Ihrer Arbeitswelt auf Seite 73 beantwortet haben.

Viele Frauen in problematischen Beziehungen machen sich beruflich selbständig, um unabhängiger zu werden. Auf der rationalen Ebene ist das ihr Ziel. Und doch scheitern sie häufig auf der ganzen Linie. Und warum? Weil sie nicht wirklich bereit sind, die Verantwortung für sich selbst zu übernehmen. Unbewußt wollen sie lieber abhängig bleiben, und deshalb arbeitet ihre Intuition nicht für sie, sondern gegen sie.

Ihr Denken und Fühlen wird nicht von Ihnen beherrscht, sondern von Ihrem Unterbewußtsein. Aber wenn Sie sich ernsthaft um eine bewußte Handlungsweise bemühen, haben Sie gute Chancen auf Erfolg.

Sind Sie sich erst einmal eines verdeckten Motivs bewußt – ganz gleich, was es ist –, können Sie sich in Ihren Entscheidungen viel besser davon freimachen. Und Sie können durchaus über Ihre verdeckten Motive hinauswachsen.

Manchmal brauchen Sie Ihre Ziele nur anders darzustellen

Es ist ungeheuer wichtig, daß Sie Ihre Integrität verstehen. Wenn Sie dauerhaft erfolgreich sein wollen, können Sie es sich nicht erlauben, gegen sich selbst und Ihre Ziele zu arbeiten.

Es gab Zeiten, in denen ich meine Intuition auf eine Art und

Weise einsetzte, die zwar nicht meiner Integrität entsprach, aber dringend notwendig war, um zu überleben. Zum Beispiel, indem ich eine Arbeit nur um des Geldes willen annahm. Dazu mußte ich mich förmlich selbst »austricksen«. In den meisten Fällen geht es jedoch darum, daß man das, was man tun möchte, so umgestaltet, daß es sich im Einklang mit der eigenen Integrität befindet. Wir sind ganzheitliche Wesen, und doch bilden wir uns immer wieder ein, wir könnten nur einen Teil unseres Potentials nutzen und den Rest vernachlässigen oder verleugnen.

Wenn Sie beispielsweise im Verkauf Erfolg haben wollen, aber eher schüchtern sind, müssen Sie einen Weg finden, wie Sie das miteinander vereinbaren können. Sie sind zwar wirklich schüchtern, aber Sie sind auch aufrichtig. Aufrichtigkeit verkauft sich gut. Sorgen Sie also dafür, daß das, was Sie verkaufen, mit Ihrer Persönlichkeit übereinstimmt, so daß Sie Ihre Energie nicht damit vergeuden, gegen sich selbst zu arbeiten. So könnten Sie zum Beispiel Beratungsleistungen verkaufen. Das dauert zwar seine Zeit, weil Sie bei Ihren potentiellen Klienten zunächst eine Vertrauensbasis aufbauen müssen, aber das ist ja etwas, was Sie als aufrichtiger Mensch ausgezeichnet können.

Sie müssen auch lernen, Ihre Ziele so zu planen, daß Sie nicht in einen inneren Konflikt geraten. Bei mir ist es zum Beispiel so, daß mein Bedürfnis nach körperlicher Bewegung mit meinem Bedürfnis zu arbeiten kollidiert. Deshalb habe ich auf meine Aerobic-Stunden verzichtet und mache jetzt lieber Yoga, da ich das besser und nutzbringender in meinen Arbeitsablauf integrieren kann.

Integrität erfordert Arbeit *und* Vergnügen

Einer weitverbreiteten Ansicht nach kommt die Arbeit vor dem Vergnügen. Aber diese Haltung stärkt unsere Leistungsfähigkeit nicht, sie *schwächt* sie vielmehr, weil sie eine Situation schafft, in der wir von unseren widerstreitenden Bedürfnissen in entgegengesetzte Richtungen gezogen werden. Der springende Punkt bei der Integrität ist jedoch, daß wir uns von allen unseren Antriebskräften – oder zumindest so vielen wie möglich – in dieselbe Richtung ziehen lassen.

Deshalb müssen Sie sich wirklich im klaren darüber sein, ob Ihre bewußten Ziele und unbewußten Bedürfnisse vereinbar sind. Sie müssen einen eventuellen Konflikt im voraus erkennen, so daß Ihr bewußtes Denken und Handeln verhindert, daß Ihr Unterbewußtsein Sie in eine Richtung drängt, die Sie nicht einschlagen wollen.

Unterziehen Sie sich einer kritischen Selbstprüfung: Wann haben Sie Ihre besten Entscheidungen getroffen, sowohl in beruflicher als auch in privater Hinsicht? Welches Lebensgefühl hatten Sie zu dieser Zeit? Was waren Ihre Ziele? Schreiben Sie eine kurze, stichwortartige Geschichte darüber.

Sie wollen sicher viel

Vielleicht wollen Sie so viele Dinge, daß Sie nicht einmal wissen, wo Sie anfangen sollen.

Es ist wichtig, daß Sie unter Ihren verschiedenen Möglichkeiten Prioritäten setzen. Diese können sich auf die Marktanforderungen oder Ihre eigenen Bedürfnisse beziehen. Auch hier gibt es für gewöhnlich eine kreative Lösung, die Ihnen erlaubt, so viele Bedürfnisse wie möglich miteinander in Einklang zu bringen.

Entscheiden Sie vorläufig nur, was Sie wollen

Eine gute Freundin von mir pflegt sich häufig auf die ausgefallensten Projekte zu kaprizieren, mit denen wir sie ständig aufziehen. Einmal ging es um die Rolle in einem Film, ein anderes Mal darum, den Mann ihrer Träume zu finden (und das in Los Angeles!) und eine Familie zu gründen.

Das Komische daran waren nicht ihre Vorstellungen an sich, sondern daß sie überzeugt davon war, sie würden sich genau so verwirklichen, wie sie es geplant hatte. Ich nannte das einmal scherzhaft ihre »Plan-Psychose«.

Nun war es aber so, daß ihre optimistischen Erwartungen so häufig erfüllt wurden, daß es ihr um so schwerer fiel, mit den seltenen Enttäuschungen fertigzuwerden. In solchen Momenten empfand sie sich als vollkommene Versagerin und fiel in das schwarze Loch der »Ich kann nichts und bin nichts«-Depression. Ich hatte den Eindruck, das waren die Momente, in denen ihr Unterbewußtsein eine Art Barriere vor ihrem Ziel errichtete und ihr damit etwas beibrachte, was sie noch zu lernen hatte: das gelegentliche Scheitern. Jedenfalls schien sie ihre Lektion gut gelernt zu haben, denn ich habe es nie erlebt, daß sie weniger bekam als sie wollte.

So zu tun als ob, ist eine starke mentale Kraft, die es uns erlaubt, mit dem »Unmöglichen« zu experimentieren.

Überlegen Sie sich, was Sie verändern wollen

Sie müssen nicht jetzt entscheiden, was Sie »für den Rest Ihres Lebens« tun wollen. Unsere beruflichen Interessen ändern sich im Lauf der Zeit, und wir müssen unsere Karriereplanung diesen Veränderungen anpassen, wenn wir unser Potential voll ausschöpfen wollen.

Ein großer Teil der heute so verbreiteten Unzufriedenheit mit der eigenen Berufswahl kommt daher, daß man sich weigert, Veränderungen zu akzeptieren und sich ihnen anzupassen. So versuchen viele Menschen den gleichen Job zu finden, den sie gerade verloren haben, wo sie doch einen viel besseren finden könnten, wenn sie ihre Intuition einsetzten.

Kapitel 8

Interpretieren Sie Ihre Eindrücke

Nehmen Sie Ihre Eindrücke zuerst wahr und interpretieren Sie sie dann

Das Wahrnehmen Ihrer intuitiven Eindrücke ist wie das Auslegen der vielen Teile eines Puzzles. Der nächste Schritt besteht darin, die Teile zusammenzufügen, um das Gesamtbild zu erkennen beziehungsweise um zu sehen, inwieweit die Wahrnehmungen Ihre Frage beantworten können.

Dazu ein praktisches Beispiel: Eine Finanzberaterin, die einen Geschäftsabschluß aushandeln muß, notiert sich ihre Eindrücke:
- das Bild eines Obstbaums
- das Geräusch von singenden Vögeln
- der Name »Paul«
- ein Gefühl von emotionaler Wärme
- eine Tür, die nicht richtig schließt
- das blutige Steak, das ihr zum Mittagessen serviert wurde

Hier ist ihre Interpretation dieser Eindrücke:
- Das Bild eines Obstbaums: Der Geschäftsabschluß könnte langfristig lohnend sein, auch wenn er nicht sofort »Früchte trägt«.
- Singende Vögel: Das Verhandlungsziel könnte sich im Frühling verwirklichen.

- Der Name Paul: Sie sollte auf jemanden mit diesem Namen achten.
- Ein Gefühl von emotionaler Wärme: Sie kann versuchen, sich auf persönlichere Weise in die Verhandlungen einzubringen.
- Eine Tür, die nicht richtig schließt: Es könnte Schwierigkeiten beim Vertragsabschluß geben.
- Das blutige Steak, das ihr serviert wurde: Sie muß sich besser vorbereiten, um das Geschäft abzuschließen.

Natürlich muß unsere Finanzberaterin diese Eindrücke nicht gleich umsetzen. Beachten Sie, daß einige von ihnen unvollständig sind. Zum Beispiel ist unklar, welche Rolle »Paul« in den Verhandlungen spielen wird, und ob sein Einfluß positiv oder negativ sein wird. Trotzdem ist sie jetzt besser gewappnet. Indem sie ihre intuitiven Eindrücke ernst nimmt, ist sie nämlich aufmerksamer für potentielle Möglichkeiten und Gefahren und kann daher mit mehr Selbstvertrauen in die Verhandlungen gehen.

Überprüfen Sie Ihre Eindrücke von Zeit zu Zeit

Bedenken Sie, daß der Sinn oder die Relevanz eines bestimmten intuitiven Eindrucks für eine ganze Weile verborgen bleiben kann. In unserem vorangegangenen Beispiel von der Finanzberaterin könnte »Paul« zum Beispiel erst nach Monaten in Erscheinung treten, falls überhaupt.

Mehr noch: Während Sie mit der Zeit durch das Trainieren Ihrer intuitiven Fähigkeiten neue Erfahrungen machen und neue Perspektiven gewinnen, werden Sie in Ihren Eindrücken Aspekte entdecken, die Ihnen bei Ihrer ursprünglichen Interpretation entgangen waren. Ganz ähnlich verhält es sich, wenn wir uns einen Film zum zweiten Mal ansehen und dabei mit Sicherheit Dinge erkennen, die wir beim ersten Mal nicht bemerkt haben.

Immer, wenn Sie zu den Aufzeichnungen Ihrer früheren Eindrücke zurückkehren, wird Ihnen das ein Aha-Erlebnis vermitteln. Das ist ein weiterer Grund, warum es so wichtig ist, daß Sie Ihre Übungen in einem »Intuitionstagebuch« festhalten.

Mit etwas Übung werden Sie lernen, Ihre Eindrücke noch während des Aufzeichnens zu interpretieren

Um es noch einmal zu wiederholen: Bis Sie eine gewisse Routine und Vertrautheit im Umgang mit Ihren intuitiven Fertigkeiten entwickelt haben, ist es besser, das Aufzeichnen und das Interpretieren getrennt zu halten. Indem Sie sich durch die Readings und entsprechende Feedbacks in der Anwendung Ihrer Intuition üben, werden Sie lernen, beides zu verbinden.

In der bewußten Arbeit mit der Intuition bekommt man am Anfang eine solche Fülle von Bildern und Metaphern, die interpretiert werden müssen, daß sich viele Leute davon überfordert fühlen. Mit der Zeit und zunehmender Übung beginnt dieser Prozeß dann unbewußt und automatisch abzulaufen. Und eines Tages werden Sie feststellen, daß Sie Ihre Eindrücke bereits interpretieren, *während* Sie sie aufzeichnen, und ein Reading wird Ihnen so leicht und natürlich vorkommen wie eine Unterhaltung.

Kapitel 9

Was kann – und will –
ich anbieten?

(Es ist immer mehr, als Sie glauben)

Treten Sie in Verbindung mit Ihrem Selbst und dem, was Sie zu bieten haben

Eine präzise Definition Ihres »Selbst« und dessen, was Sie zu bieten haben, ist der allerwichtigste Faktor auf dem Weg zum Erfolg. Um Ihre persönliche Integrität zu wahren, müssen Sie Ihrem Markt eine Qualifikation anbieten, die Sie ihm wirklich anbieten *wollen*.

Sie haben sicher viele Stärken und Fähigkeiten, aber das heißt noch lange nicht, daß Sie alle von ihnen beruflich ausüben möchten. Wenn Sie ein Maler sind, würden Sie wahrscheinlich nicht den Verkehr regeln oder Bücher verkaufen wollen, obwohl Sie zu beidem durchaus geeignet sein mögen.

Ganz gleich, ob Sie eine Einzelperson oder eine Firma sind, Ihr Markt muß in dem, was Sie zu bieten haben, einen Wert sehen.

Bestandsaufnahme Ihrer Fertigkeiten und Stärken

Nachdem Sie wissen, was Sie tun wollen, müssen Sie als nächstes herausfinden, was Sie dem Markt anbieten können. Sie haben bereits damit begonnen, indem Sie die ersten Definitionsfragen (siehe Seite 73) beantwortet und Ihre Antworten regelmäßig aktualisiert haben.

Mit der folgenden Übung sollen Sie Ihre Selbstbefragung vertiefen:

Übung 10:
Was Sie mitbringen

Der erste Teil dieser Übung besteht darin, daß Sie alle Ihre Kenntnisse und Stärken auflisten, die Ihnen einfallen. Das können ganz alltägliche Dinge sein. Zum Beispiel: Sie fabrizieren tolle Karnevalskostüme oder die schönsten Tischdekorationen. Sie können in zwölf verschiedenen Sprachen »Guten Tag« sagen, mit drei Bällen jonglieren, komplizierte Kopfrechenaufgaben lösen oder alle möglichen Tierstimmen nachmachen.

Lassen Sie Ihrer Phantasie freien Lauf. Haben Sie keine Angst, albern oder banal zu sein. Es ist auch in Ordnung, wenn Sie ein bißchen angeben. Nehmen Sie, was Sie haben, und machen Sie aus allem einen Vorzug, auch wenn andere es nicht dafür halten, und sogar dann, wenn Sie es eigentlich selbst nicht für einen Vorzug halten würden.

Eine Fertigkeit oder Stärke kann andere nach sich ziehen. Wenn Sie zum Beispiel von sich sagen, daß Sie eine gute Mutter sind, benennen Sie die Fähigkeiten, die das beinhaltet. Zum Beispiel: Ich kann gut vermitteln. Ich kann gut pflegen. Ich kann gut zuhören. Ich kann aus alltäglichen Dingen etwas Besonderes machen. Ich kann Menschen gut motivieren.

Der zweite Teil der Übung besteht darin, daß Sie sich diese Liste Ihrer Fertigkeiten und Stärken vornehmen und daraus eine Beschreibung Ihrer beruflichen Qualifikationen machen. Sie werden überrascht sein über die Vielzahl von Möglichkeiten, die sich dabei ergeben.

Im dritten Teil der Übung sollen Sie herausfinden, wie und wo Sie diese Qualifikationen am besten vermarkten können.

Erörterung

Nehmen Sie sich Zeit für diese Übung. Sie müssen sie auch nicht in einem Zug machen. Außerdem ist es manchmal schwierig, den eigenen Fähigkeiten auf die Spur zu kommen. Wir haben zu wenig Abstand zu ihnen.

Eine Freundin von mir kam in diesem Zusammenhang einmal darauf, daß eine ihrer Fähigkeiten ist, in aller Ruhe die Zeitung zu lesen. Und das ist ihre Geschichte:

Intuition in Aktion

Vor ein paar Jahren quittierte ich meine leitende Stelle in der Datenverarbeitung eines führenden Unternehmens, weil ich erstens erkannte, daß ich den Glauben an die Firma verloren hatte, und mir zweitens klar wurde, daß ich nur Aufstiegschancen hatte, wenn ich kräftig taktierte und manipulierte, und das lag mir nicht besonders.

Plötzlich und zum ersten Mal entdeckte ich, daß ich ohne Orientierung und ohne Ziel lebte. Ich hatte die Firma zwar freiwillig verlassen, aber meinen nächsten Schritt hatte ich mir nicht überlegt. Deshalb mußte ich zu meinem Erstaunen feststellen, daß ich gar nicht wußte, was mein Berufsziel war, und das mit vierunddreißig Jahren. Ich versuchte, eine hinreichend intellektuelle Erklärung für meine Situation zu finden, aber das führte nur zu einer vollständigen Denkblockade. Es wurde so schlimm, daß ich den ganzen Tag im Nachthemd zu Hause rumsaß und Zeitung las, ohne überhaupt nach einem Job zu suchen.

Ich wurde bald so verzweifelt, daß ich bereit war, alles zu tun, um meine Situation zu verändern. Also fing ich mit dem Naheliegendsten an und sagte zu mir: »In einem derart gestörten Zustand wie deinem kann dein übergeordnetes Ziel nur darin bestehen, eine Dusche zu nehmen und dich anzuziehen!« Damit hatte ich mich selbst überrumpelt, und ich mußte lachen. Der Rest war vergleichsweise einfach.

»Wenn du noch eine Woche zu leben hättest«, fragte ich mich, »und du könntest in diesem Monat jedes Projekt angehen und auch abschließen, das du möchtest, was würdest du tun?«

»Schreiben«, war sofort meine Antwort.

»Gut, und was würdest du schreiben?«

»Ein Theaterstück. In der Tradition der großen amerikanischen Dramatiker.«

»Hast du schon einmal ein Stück geschrieben?«

»Nein.«

»Und wieso glaubst du, daß du das kannst?«

»Ich weiß es einfach. Ich kann gut schreiben, und zwar besonders Dialoge in vielen verschiedenen Stilen und Genres.«

»Worüber würdest du schreiben?«

»Über eine Geschichte, die ich heute in der Zeitung gelesen habe.« (Sie sehen, meine Freundin hatte mit gutem Grund den ganzen Tag Zeitung gelesen.)

»Und was hält dich davon ab?«

»Ich muß Geld verdienen.«

»Wie könntest du denn deinen Lebensunterhalt so verdienen, daß es dem entsprechen würde, was du am liebsten tust und was du am besten kannst?«

»Ich könnte Vorträge und Reden für Wirtschaftsbosse und Politiker schreiben, weil das so ähnlich ist wie das Schreiben von Dialogen.«

Dieses innere Zwiegespräch dauerte nur wenige Minuten. Aber in dieser kurzen Zeit entdeckte ich einen Weg, wie ich materiell erfolgreich werden könnte, indem ich das tat, was ich wirklich tun wollte. Meine Intuition hat mich auf die richtige Idee gebracht, und dann benutzte ich meinen gesunden Menschenverstand, um sie in die Tat umzusetzen.

Erörterung

Heute besitzt diese Frau ihre eigene Firma und verdient eine Menge Geld damit, Texte für Wirtschaftsunternehmen und Personen des öffentlichen Lebens zu schreiben. Damit ist sie inzwischen zu einer bekannten Spezialistin für Public Relations geworden und hat mit vielen einflußreichen Persönlichkeiten zusammengearbeitet. Diese Kontakte nutzte sie wiederum dazu, um an die besten Theaterproduzenten und -regisseure heranzukommen und das Stück, das sie dann doch noch geschrieben hat, groß rauskommen zu lassen.

Innerhalb weniger Minuten hat sie unter Einsatz ihrer Intuition ihr Berufsleben vollkommen umgekrempelt. Statt eine eigene Firma zu gründen, hätte sie mit derselben Herangehensweise natürlich auch einen befriedigenden Job finden können. Aber so funktioniert die Intuition eben: Sie verwendet alles, was Sie ihr zur Verfügung stellen, als Material, und seien es Zeitungsartikel. Sie benutzt alle Ihre Eindrücke, sogar solche, denen Sie keine weitere Beachtung schenken, wie eben etwas, das Sie beiläufig in der Zeitung gelesen haben.

Jedes Detail in Ihrem Leben, jeder Moment des Tages, ist Nahrung für Ihre Intuition. Ihre Aufgabe besteht nun darin, aufmerksamer für die Mitteilungen Ihrer Intuition zu werden.

Machen Sie sich keine Gedanken darüber, ob Sie »qualifiziert« sind – Ihre Fähigkeiten werden sich automatisch in Richtung Ihrer Interessen entwickeln

Man hat uns beigebracht zu glauben, jede Ausbildung müsse einem genau festgelegten Lehrplan folgen. Doch einige der erfolgreichsten Menschen waren und sind Autodidakten mit nur wenig formaler Ausbildung in ihrem speziellen Gebiet.

Ich nenne das »Lernen durch Osmose«. Der Zustand von Aufgeschlossenheit, Neugierde und Begeisterung, mit dem Menschen ihre Interessen verfolgen, ist die intuitivste und ganzheitlichste Lernmethode, die es gibt. Manchmal weiß man nicht einmal, welchen Studienzweig man gewählt hat, bis man schon kurz vor dem Abschluß steht.

Von mir persönlich weiß ich, daß meine Intuition die spezielle Gabe und Sprache ist, die meiner Integrität am besten entspricht. All Ihre Wahrnehmungen, Erklärungen und Deutungen sind Teil eines Lernprozesses; und jedes dieser Elemente können Sie effektiv für sich erschließen, indem Sie es durch Ihre intuitive Linse betrachten.

Seien Sie kompromißbereit

Sie sollten das, was Sie wollen, entschieden und eindeutig angehen. Erst dann sollten Sie versuchen, die Schnittstelle zu finden zwischen dem, was Sie anzubieten haben, und dem, wofür der Markt zu zahlen bereit ist. Natürlich müssen Ihre Ziele auch realistisch sein. Wenn Sie fünfzig sind, wird aus Ihnen wahrscheinlich keine berühmte Ballerina mehr werden. Auf der anderen Seite könnten Sie vielleicht erfolgreich eine Tanzschule gründen oder eine Tanzgruppe für Teilnehmer über fünfzig. (Das hätte sicher eine phantastische PR-Resonanz!)

Kurzfristig gesehen müssen Sie jedoch möglicherweise Abstriche bei Ihren Traumberufen machen. Während der letzten Jahre habe ich mit vielen Schauspielern gearbeitet, von denen einige große Stars wurden. Diejenigen aber, die weit weniger Erfolg hatten, zeigen schlaglichtartig den bei der beruflichen Selbstverwirklichung am häufigsten begangenen Fehler: Sie blieben auf das fixiert, was sie dem Markt bieten wollten (»Ich bin eine seriöse Schauspielerin und spiele nicht in Boulevardkomödien«), ohne zu erkennen, was der Markt brauchte.

Heutzutage wollen alle Leute schlank sein, und daher gibt es einen riesigen Markt für Schlankheitsprodukte aller Art. Angenommen, Sie sind Computerprogrammierer, dann gibt es auch für Sie einen Markt innerhalb dieses Bereichs – wenn Sie das wollen. Sie könnten nämlich ein verhaltensorientiertes Ernährungsprogramm entwickeln mit einer auf die individuellen Bedürfnisse des Benutzers zugeschnittenen, interaktiven Software.

Entwerfen Sie realistische Szenarien

Was wir bisher gemacht haben

Sie haben mit einem Bodycheck begonnen, um sich zu zentrieren und darauf vorzubereiten, intuitive Informationen zu empfangen. Dann haben Sie Ihre Intuition auf eine konkrete Zielfrage ausgerichtet und alles aufgezeichnet, was Sie als Reaktion auf diese Frage wahrgenommen haben. Im letzten Kapitel sind Sie dazu übergegangen, Ihre Eindrücke zu interpretieren.

Ich habe Sie darauf hingewiesen, daß Sie sich nicht zu bemühen brauchen, etwas wahrzunehmen, sondern einfach alles, was Sie wahrnehmen, bewußt registrieren sollen – auch die »Ablenkungen«. Im folgenden werden Sie nun lernen, diesen Prozeß auf mehr oder weniger systematische Weise noch genauer zu steuern, indem Sie Ihre Aufmerksamkeit auf spezielle Fragen richten. Ich sage »mehr oder weniger systematisch«, weil es auf eine Art geschehen soll, die den natürlichen Fluß der intuitiven Information nicht unterbricht.

Einführung der intuitiven Befragung

Wie Sie inzwischen wissen, bedeutet es weit mehr als einfach einem Instinkt oder einer Ahnung zu folgen, wenn Sie Ihre Intuition einsetzen. Seine Ahnungen hinterfragt man nämlich nur selten.

Nehmen wir einmal an, Sie haben da so eine Ahnung, daß der Hauptkonkurrent Ihrer Firma demnächst ein neues Produkt auf den Markt bringen wird, das Ihren Marktanteil empfindlich schmälern würde. Diese Angelegenheit erfordert mit Sicherheit eine sorgfältige empirische Untersuchung, trotzdem sollten Sie Ihre Intuition nicht ausklammern. Sondern fragen Sie sie lieber nach weiteren Details: Was ist das für ein Produkt? Welche Ihrer Kunden würden Sie dadurch verlieren? Sollen Sie jetzt mit einer Preissenkung für Ihr eigenes Produkt in die Offensive gehen? Wann genau wird das Konkurrenzprodukt auf den Markt kommen?

Das ist ein Beispiel für die intuitive Befragung. Sie stellen eine Frage und erhalten Informationen, die Sie auf neue Fragen bringen, welche wiederum zu weiteren Informationen führen, und so weiter. Es ist im Grunde ähnlich wie bei der Indizienkette in einem Kriminalfall. Das heißt, Sie nehmen einfach Ihre ursprüngliche Ahnung »unter die Lupe«, um sie besser zu verstehen.

Entwerfen Sie vollständige, zusammenhängende und überprüfbare Szenarien

Es ist wichtig, nach weiteren Details zu fahnden, damit Ihnen mehr Informationen zur Verfügung stehen, die Sie in Ihren Entscheidungsprozeß einbeziehen können. Im allgemeinen verhält es sich so: Je länger wir über eine Sache nachdenken, desto mehr verwirren sich unsere Gedanken, da wir mehr Fragen ersinnen als unser logisches Denkvermögen sortieren und verarbeiten kann.

Bei der Intuition verhält es sich genau umgekehrt: Während Sie Ihre Eindrücke sammeln, fügen Sie immer mehr Puzzleteile zusammen, und allmählich läßt sich das vollständige Bild erkennen.

Und woher wissen Sie, wann Sie genügend Informationen gesammelt haben? Das ist zwar individuell verschieden, aber meistens werden Sie ein natürliches Versiegen Ihrer Eindrücke feststellen. Falls Ihre Eindrücke jedoch einander zu widersprechen scheinen, ist das als deutlicher Hinweis darauf zu werten, daß Sie noch weitere Fragen stellen müssen, um den Widerspruch aufzulösen.

Sie fragen sich zum Beispiel, ob Sie ein lukratives Job-Angebot annehmen sollen, was bedeuten würde, daß Sie Ihre derzeitige Arbeitsstelle aufgeben müßten. Sie betrachten das Angebot auf intuitive Weise und fühlen sich von dem schönen Schein einer Kerze angezogen, doch dann haben Sie die Empfindung, sich daran die Hand zu verbrennen. In diesem Fall müßten Sie Ihrer Intuition weiterführende Fragen stellen, um die widersprüchliche Botschaft zu entschlüsseln. Möglicherweise wird die Firma, die Ihnen das Angebot gemacht hat, Sie in einem Jahr wieder entlassen oder sogar in Konkurs gehen. Das wären offensichtlich Fragen, die es näher zu untersuchen gilt.

Noch wichtiger ist die Tatsache, daß Sie die zusätzlichen Informationen dazu verwenden können, um Ihre intuitiven »Treffer« auf eine objektive, fast schon wissenschaftliche Weise zu verifizieren.

Sie sind Einkäufer eines großen Bekleidungshauses und versuchen, sich über den Trend der nächsten Saison zu klarzuwerden. Ihr Instinkt sagt Ihnen, daß die Rocksäume fallen werden. Wie können Sie diesen Eindruck überprüfen? Nun, eine Möglichkeit wäre, Ihre Intuition über die kommende Schuhmode zu befragen. Und was passiert? Jetzt sagt Ihnen Ihr Instinkt, daß hohe Stiefel groß in Mode kommen werden. Aber hohe Stiefel passen nur zu kurzen Röcken, nicht zu langen. Das bedeutet, Sie müssen jetzt »mit der Lupe« nach weiteren Indizien fahnden, um zu sehen, ob Sie diesen Widerspruch aufklären oder, falls nicht, ob Sie erkennen können, welcher Ihrer intuitiven Eindrücke der richtige war.

Zur Erinnerung

Ihre intuitiven Eindrücke sind immer richtig, aber Ihre Interpretation kann irreführend sein.

Einführung der zeitlichen Dimension

Mit der zeitlichen Dimension ist ein überprüfbares Szenario in chronologischer Folge gemeint. Während ein einfaches Szenario aus detaillierten Eindrücken zu einem bestimmten Gegenstand oder Ereignis besteht, ist mit der zeitlichen Dimension eine Aufeinanderfolge von Ereignissen verbunden, die zu dem fraglichen Ereignis hinführen.

Es ist ratsam, jedes wichtige Ereignis durch andere Ereignisse »einzukreisen«. Durch solche Markierungspunkte erhalten Sie Hinweise darüber, was das jeweilige Ereignis einleitet, wann Sie eingreifen sollten und ob es sich tatsächlich ereignen wird. Während Sie intuitive Eindrücke zur Gegenwart meist überprüfen, um anschließend entsprechend handeln zu können, ist es dann, wenn Sie Eindrücke über zukünftige Ereignisse verifiziert haben, meistens zu spät zum Handeln.

Die zeitliche Dimension ist gewissermaßen Ihr Frühwarnsystem. Da viele – wenn nicht gar die meisten – Ihrer beruflichen Entscheidungen mit einem gewissen Maß an Planung verbunden sind, ist die zeitliche Dimension eine unschätzbare Hilfe für die Entscheidungsfindung.

Wie die zeitliche Dimension funktioniert

Sie erhalten einen intuitiven Eindruck über ein wichtiges Ereignis, das in der Zukunft stattfinden wird, nur müssen Sie irgendwann vor diesem Ereignis – wenn nicht sogar sofort – bestimmte

Schritte unternehmen. Um Ihren Eindruck zu überprüfen, befragen Sie nun Ihre Intuition zu anderen Ereignissen, die schließlich zu dem in Frage stehenden führen. Diese Ereignisse müssen in keiner unmittelbaren Beziehung zueinander stehen, aber sie müssen dem Hauptereignis vorangehen.

Nehmen wir an, Sie erhalten den Hinweis, daß die unbedeutenderen Ereignisse A und B vor dem wichtigen Ereignis C stattfinden. Daraufhin versuchen Sie, weitere intuitive Eindrücke über die beiden vorausgehenden Vorfälle zu erhalten. Möglicherweise stoßen Sie dabei wiederum auf andere, in die zeitliche Dimension integrierbare Ereignisse oder auf Informationen darüber, warum der von Ihnen erfragte Ausgang wahrscheinlich eintritt (oder nicht). Falls sich die Ereignisse A und B nicht so entwickeln, wie Sie es erwartet hatten, dann wird wahrscheinlich auch das Hauptereignis C nicht erwartungsgemäß stattfinden.

Ein Beispiel

Nehmen wir an, ich habe den Eindruck, daß der Kurs einer bestimmten Aktie, die einen großen Teil meines Anlagevermögens ausmacht, im nächsten Monat dramatisch fallen wird, und ich möchte jetzt wissen, ob ich meine Aktien verkaufen soll. Ihr Kurs war stetig gestiegen, seit das Unternehmen eine neue Firmenübernahme bekanntgegeben hatte, aber jetzt erteilt mir meine Intuition den warnenden Hinweis, daß die Firma Schwierigkeiten mit einem ihrer Patente bekommen wird.

Mein Problem ist nun folgendes: Wenn ich auf eine Bestätigung für die Patentschwierigkeiten warte, könnte der Aktienkurs noch weiter absacken, und ich versäume die Gelegenheit zum günstigen Verkauf. Also muß ich meine Intuition nach Ereignissen fragen, die den Patentschwierigkeiten vorausgehen, und dieses Ereignis mit so vielen Details untermauern wie möglich.

Nachdem ich mir die Situation intuitiv betrachtet habe, habe ich den Eindruck, daß der japanische Yen ein oder zwei Wochen vor den drohenden Schwierigkeiten des betreffenden Unternehmens an Wert verlieren wird. Ich erhalte ebenfalls die Information, daß es wenige Tage vor dem Fallen des Aktienkurses zu Überschwemmungen in Kansas kommen wird.

Mit diesem Szenario habe ich ein Frühwarnsystem, das es mir ermöglicht, rechtzeitig zu handeln: Falls der Yen billiger wird, und es gibt Überschwemmungen im Mittelwesten, ist der Rest des Szenarios vermutlich richtig, und ich habe jetzt noch die Zeit, meine Aktien zu verkaufen. Falls der Yen jedoch an Wert gewinnt, und der Mittelwesten erlebt eine Dürre, dann liege ich mit dem Rest meines Readings wahrscheinlich ebenfalls daneben, und ich kann an meinem Aktienbestand getrost festhalten.

Die zeitlich vorangehenden Ereignisse müssen keineswegs mit dem von Ihnen erfragten Resultat in Zusammenhang stehen. Es sind lediglich Markierungspunkte, die Ihnen erkennen helfen, ob Sie mit Ihrer Interpretation richtig liegen oder nicht. Yen-Preis, Überschwemmungen im Mittelwesten und das Übernahmeprojekt des Unternehmens haben wahrscheinlich nichts miteinander zu tun (obwohl man das so genau ja auch nicht sagen kann). Aber das Arbeiten mit der zeitlichen Dimension dieser Einzelfaktoren ermöglicht mir, Warnsignale zu installieren, die mich im vorhinein auf eine drohende Gefahr hinweisen.

Schlagen Sie über die Stränge! Spielen Sie!

Mit der zeitlichen Dimension zu arbeiten ist spannend, weil Sie währenddessen aufschlußreiche Feedbacks erhalten. Wie immer besteht auch hier der Trick darin, das logische Denken auszuschalten und einfach weiterzureden.

Es könnte sein, daß Sie anfangen, in der Vergangenheitsform zu sprechen. Bleiben Sie dabei. Es kann nützlich sein, sich in die Zukunft zu versetzen und vom Zeitpunkt des Hauptereignisses aus auf die unbedeutenderen Ereignisse zurückzublicken, die auf dieses Ereignis hingeführt haben. Damit wird Ihre zeitliche Dimension zu einer Rückschau.

Hier ein Beispiel dafür, wie jemand im Januar die Zukunft so sieht, als betrachte er sie rückblickend zwölf Monate später: »Im Juli kam es im Süden Rußlands zu Unruhen, die auf den Mittleren Osten übergriffen und die Schiffswege in dieser Region unpassierbar machten. Wie gut, daß wir im April den Weitblick hatten, unseren Warentransport auf Frachtflugzeuge zu verlegen...«

Das Entwerfen überprüfbarer Szenarien mit zeitlicher Dimension beruht auf wissenschaftlichen Methoden

Ein elementarer Bestandteil jeder wissenschaftlichen Methode ist das objektive Überprüfen einer Hypothese; und eine Hypothese läßt sich nur anhand von Voraussagen verifizieren: Wenn A passiert, dann wird B passieren. Beachten Sie auch, daß Wissenschaftler davon ausgehen, daß ihre Hypothese richtig ist. Erst wenn Fall A eintritt, Fall B aber ausbleibt, verwerfen sie ihre Annahme.

Bei der Anwendung unserer Intuition gehen wir auf gleiche Weise vor. Wir behandeln unsere intuitiven Eindrücke als Hypothesen und testen sie dann auf ihre inhaltliche und zeitliche Folgerichtigkeit. Indem wir einen logischen Zusammenhang zwischen unseren Eindrücken herstellen, schaffen wir uns ein objektives System zur Überprüfung unserer Schlußfolgerungen.

Wie finde ich die optimale Übereinstimmung zwischen meinen Bedürfnissen und denen des Marktes?

(*Ausgewogenheit*, bei der jede Seite gewinnt,
ist die kreative Lösung, um Integrität zu erreichen)

Es findet sich immer eine passende Verbindung

Jeder kann seinen Lebensunterhalt mit einer Arbeit verdienen, die er oder sie gerne tut. Oft ist es sogar so, daß man seinen Lebensunterhalt *nur* auf einem Gebiet verdienen kann, das Wert und Bedeutung für einen hat.

Suchen Sie nach der optimalen Verbindung. Wenn sich Ihre Fähigkeiten und Interessen auf das Korbflechten beschränken, dann setzen Sie Ihre Intuition ein, um herauszufinden, welche Farben und Formen bei den Kunden am besten ankommen, für welche Zwecke die Körbe geeignet sein sollen und wie Sie sie am besten vermarkten können. Wenn Sie diese Faktoren ausreichend analysieren und erforschen, sind Sie auf dem besten Weg zu einem rentablen Job oder sogar dem Beginn eines erfolgreichen Unternehmens.

Ziehen Sie die Bedürfnisse Ihrer Firma oder Ihres Marktes in Betracht, ohne Ihre eigenen zu ignorieren

Obgleich es die Integrität erforderlich macht, ein Gleichgewicht herzustellen zwischen unseren inneren Bedürfnissen und den äußeren, von denen unser beruflicher Erfolg abhängt, sollten Sie Ihre Aufmerksamkeit besonders auf erstere richten: Ihre inneren Bedürfnisse. Das Unvermögen, zu den eigenen Bedürfnissen zu stehen – und sich nicht so sehr auf die anderer Personen oder Elemente unserer Arbeitswelt zu fokussieren –, ist häufig ein Grund dafür, daß viele Menschen in ihrer Arbeit unzufrieden sind und sich darin gefangen fühlen. Das trifft besonders auf Frauen zu.

Einer Beraterin, mit der ich während vieler Jahre zusammenarbeitete, fiel irgendwann auf, daß ich außerstande war, ein bestimmtes Geschäft abzuschließen. Sie meinte, ich sei zu sehr darauf fixiert, was mein Geschäftspartner brauchte, und riet mir, meine Aufmerksamkeit wieder stärker auf meine Interessen und die meiner Firma zu richten.

Immer wenn ich mich nach diesem Gespräch bei Gedanken ertappte wie: »Würde er es akzeptieren, wenn ...« oder: »Ich frage mich, was er wirklich will«, steuerte ich mein Denken in eine andere Richtung, indem ich meine Bedürfnisse und die meiner Firma in den Mittelpunkt rückte: »Was muß ich tun, um ein für die Firma solides und gewinnbringendes Geschäft abzuschließen?« und: »Wie sichere ich während dieser schwierigen Verhandlungen meine eigene Integrität und die meiner Firma?«

Nachdem ich meine Aufmerksamkeit auf mich und meinen Job konzentriert hatte, stellte ich innerhalb weniger Tage eine Veränderung im Kräfteverhältnis fest: Es gelang mir nun, in einer schwierigen Phase Strategien und Mechanismen zu entwikkeln, die sich nicht nur positiv und stabilisierend auf die Verhandlungen selbst, sondern letztendlich auf das gesamte Unternehmen und alle seine Mitarbeiter ausgewirkt haben.

Die meisten erfolgreichen Verkäufer setzen ihre Intuition ein, um die Bedürfnisse der Personen, denen sie etwas verkaufen wollen, zu erfühlen. Was ich bei solchen Verkäufern jedoch häufig erlebt habe, ist folgendes: Weil sie so daran gewöhnt sind, die Aufmerksamkeit auf ihr Gegenüber zu richten, müssen sie die Intuition mehr auf ihr eigenes Leben anwenden, um das zu bekommen, was sie wollen, und darin erfolgreicher zu sein.

Es ist wichtig, daß Sie Ihre Intuition nicht nur auf dem Gebiet Ihres fachlichen Könnens anwenden, sondern auch auf dem Gebiet Ihrer Schwächen und Defizite, also da, wo Sie möglicherweise Hilfe brauchen. Auch in einer problematischen Verkaufssituation könnten Sie sich die Frage stellen: »Wie verbrauche ich so wenig Energie wie möglich, um etwas zu tun, was mir widerstrebt?« Wenn Sie in einer Verkaufs- oder Marketingposition arbeiten, werden Sie es häufig mit schwierigen Kunden zu tun haben. Wenn Sie sich gegen deren Verhalten abgrenzen, hilft das sowohl den Kunden als auch Ihnen.

Gehen Sie Ihre Bedürfnisse nicht direkt an, indem Sie fragen: »Was brauche ich in dieser Situation?«, sondern richten Sie Ihre Aufmerksamkeit zunächst auf Ihr Ziel, um dann die folgenden Fragen zu beantworten:

- Was verkaufe ich?
- Wem verkaufe ich es?
- In welchem Zeitraum?
- Für wieviel Geld?

Je konkreter Sie Ihr Ziel festlegen können, desto mehr kann Ihnen Ihre Intuition behilflich sein, es zu erreichen. Dann können Sie Ihre Vorgaben überprüfen, um festzustellen, inwieweit Ihre Ziele mit denen Ihrer Kunden, Klienten oder Interessenten übereinstimmen. Auf diese Art und Weise können Sie Ihre Zielgruppe genauer definieren.

Die Bedürfnisse und Werte der verschiedenen »Ichs« aufeinander abstimmen

Im fünften Kapitel haben wir ein neues Bezugssystem zum besseren Verständnis der verschiedenen Bedürfnisse und Werte, denen Sie in Ihrer Arbeitswelt entsprechen müssen, entwickelt. In der Übung 5 (siehe Seite 89) haben Sie damit begonnen, die Informationen, die Ihnen Ihre Intuition über die Werte jedes Ihrer »Ichs« (Sie, Ihre Firma, Ihr Umfeld) vermittelt, aufzuzeichnen:

- Was sind Ihre Werte?
- Was sind die Werte Ihrer Firma?
- Was sind die Werte Ihres Marktes?
- Hatten Sie für jedes »Ich« eine andere Sprache oder bildliche Darstellung? Falls ja, gibt es die Möglichkeit einer gemeinsamen Sprache, in der die verschiedenen »Ichs« miteinander kommunizieren könnten?
- Wie leicht oder schwer war es für Sie, in die einzelnen Identitäten hineinzuschlüpfen?
- Haben sich Ihre Antworten zur ersten Gruppe von Fragen von denen zur zweiten unterschieden? Wenn ja, inwiefern?
- Haben Ihre intuitiven Antworten Ihre emotionalen oder logischen Urteile bestätigt, oder haben sie sich als falsch erwiesen?

Schlagen Sie Ihre Tagebuchaufzeichnungen zu dieser Übung nach und gehen Sie Ihre Antworten noch einmal durch: Können die drei Arten von »Ich« zusammenarbeiten, oder geht jede in eine andere Richtung? Was würden Sie brauchen, um Ihre »Ichs« in ein produktives Bezugssystem zu bringen?

Wenn zu viele Elemente Ihrer »Ichs« nicht ins System passen, können Sie keine Integrität herstellen, und es kostet Sie folglich mehr Mühe als nötig, Ihre Ziele zu erreichen. Wenn aber auf der anderen Seite die persönlichen, firmenbezogenen und sozialen Identitäten eine einheitliche Gruppe bilden, können Sie Ihre

Ziele genauer festlegen und die entsprechenden Prioritäten setzen, um sie zu erreichen.

Es ist schwer, wenn nicht gar unmöglich, sich gegen Ihr individuelles »Ich« zu stellen. Deshalb müssen die Fragen so erdacht und formuliert werden, daß das persönliche »Ich« mit dem der Firma und dem des Umfelds übereinstimmen kann.

Das erfordert manchmal einen gewissen Weitblick für die möglichen Folgen und Konsequenzen einer Handlung. Falls Sie und Ihre Firma viel Geld in den Verkauf von Naturkostprodukten investiert haben, der Markt aber nicht länger daran interessiert zu sein scheint, könnten Sie versuchen, sich auf ein anderes Element in Ihrer Produktlinie zu konzentrieren oder eine besonders ansprechende Verpackung zu kreieren, um den Umsatz zu steigern. Wenn Sie in Verbindung mit allen drei »Ichs« stehen, läßt sich leichter eine produktive Lösung finden.

Vielleicht haben Sie sich sehr um eine Stelle bemüht, die demnächst frei wird. Während Sie diese Übung machen, stellen Sie jedoch fest, daß Sie über eine Reihe anderer Qualifikationen verfügen, die Sie bislang übersehen hatten. Wollen Sie dann immer noch dasselbe Ziel verfolgen?

Eine Übereinstimmung zwischen allen drei »Ichs« zu erzielen ist besonders wichtig für die Abteilungen einer Organisation untereinander. W. Edwards Deming, der Gründer der amerikanischen Konsumentenschutzorganisation *Quality Movement,* sagte einmal, eine Firmenleitung müsse immer die Gesamtheit der Ziele im Auge haben. Er wies darauf hin, welch katastrophale Folgen es haben könne, wenn einzelne Abteilungen Ziele verfolgten, die ihnen selbst zwar Vorteile bringen, den Zielen des Unternehmens als Ganzem jedoch zuwiderlaufen.

Wenn sich die Ziele gegenseitig in die Quere kommen, ist die Integrität gefährdet, und das System wird verwundbar. Ein Beispiel dafür ist der amerikanische Telekommunikationskonzern *AT&T*, der seinen Fertigungsbereich abstoßen mußte, um konkurrenzfähig zu bleiben. Vorher hatten Telefongesellschaften, die normalerweise ihre Anlagen von *AT&T* gekauft hätten, das nicht mehr getan, weil *AT&T* diesen Firmen auf dem Sektor der internationalen Verbindungen Konkurrenz machte. Ein Jahr später boomte das Geschäft bei dem ehemaligen Tochterunternehmen *Lucent Technologies*, da daraus ein eigenes, ganzheitliches System geworden war, befreit von den widerstreitenden Interessen seines früheren Eigentümers.

Arbeiten Ihre »Ichs« zusammen?

Jetzt, da Sie Ihre drei »Ichs« noch einmal überprüft haben, können Sie die Reibungspunkte identifizieren, bei denen Ihre Energie gegen Sie arbeitet. Falls Ihr persönliches Ziel darin besteht, mehr Zeit für Ihre Familie zu haben, Ihr berufliches Ziel lautet, Teilhaber Ihrer Firma zu werden (was bedeutet, daß Sie mehr Zeit im Büro verbringen müßten), und Ihre Firma das Ziel hat, Personal abzubauen, können Sie die Konfliktfelder besser ausmachen. Und dann können Sie mit Ihrer Frage auf die Lösung dieser Konflikte zielen und dadurch lernen, Ihre Ziele auf eine Weise zu erreichen, die Ihre persönliche und berufliche Integrität wahrt und sogar fördert.

Übung 11:
Die Zimmerübung

Stellen Sie sich vor, daß Sie sich in der Mitte eines Raumes befinden. Gebrauchen Sie alle Ihre Sinne, um sich selbst wahrzunehmen. Denken Sie dabei über folgende Fragen nach:
• Wie fühlen Sie sich dort?
• Woran denken Sie?
• Woran erinnern Sie sich?
• Was erhoffen Sie?

- Was brauchen Sie?
- Wovon haben Sie zuviel?

Nun gebrauchen Sie wieder alle Ihre Sinne, und zwar diesmal, um das Sie umgebende Zimmer zu beschreiben. Lassen Sie den Raum allmählich entstehen. Sie brauchen sich nicht anzustrengen; nehmen Sie einfach nur wahr, was da ist:

- Was befindet sich in dem Zimmer?
- Was fehlt?
- Befindet sich etwas nicht am richtigen Platz?
- Was sehen Sie von Ihrem Standpunkt aus?
- Was hören Sie?
- Was riechen, schmecken, fühlen Sie?
- Gibt es etwas in diesem Zimmer, das Fülle und Reichtum verkörpert?

Nun stellen Sie sich vor, Sie gingen nach draußen. Beschreiben Sie, was außerhalb des Zimmers liegt und welche Veränderungen sich in der neuen Umgebung einstellen.

- Wie fühlen Sie sich?
- Was sehen Sie?
- Wem oder was begegnen Sie?
- Haben Sie etwas im Zimmer zurückgelassen, das Sie jetzt brauchen?
- Haben Sie etwas nach draußen mitgenommen, das Sie besser hätten zurücklassen sollen?
- Verändert sich die Umgebung auf irgendeine Weise, während Sie sich weiter in ihr umschauen?

Kehren Sie jetzt wieder in das Zimmer zurück. Auf dem Weg dorthin denken Sie über die folgenden Fragen nach und beantworten Sie sie ganz spontan:

- Fällt es Ihnen schwer, in das Zimmer zurückzukehren?
- Was ist Ihnen auf dem Rückweg begegnet?
- Hat sich der Raum inzwischen verändert?
- Sollte er sich verändert haben?

- Haben Sie sich verändert?
- Sollten Sie sich verändert haben?
- Was würden Sie in dem Zimmer verändern, nachdem Sie draußen gewesen sind?
- Wie würden Sie sich selbst oder Ihre Gewohnheiten ändern, um sich besser in den Raum einzufügen?

Nun schauen Sie sich Ihre Beobachtungen noch einmal an und schreiben oder sprechen Sie kurz darüber. Denken Sie daran: Je mehr Sie aufzeichnen, desto inhaltsreicher und nützlicher wird Ihr Reading. Wenn Sie mit dieser Aufgabe fertig sind, lesen Sie die untenstehende Frage.

Die Frage zur obenstehenden Übung

Sie lautet: »Was kann ich jetzt tun, um beruflich erfolgreicher zu werden?«
- »Sie« steht für Sie selbst.
- Das Zimmer repräsentiert Ihre Firma.
- Die äußere Umgebung des Zimmers stellt das Umfeld dar, in dem Ihre Firma operiert.

Die Momente des Übergangs von Ihnen zum Raum sowie vom Raum zur Umgebung sind die Integritäts-Schnittstellen zwischen den verschiedenen Elementen Ihrer Arbeitswelt.

Auch wenn Sie keine Firma, keinen Job oder nicht einmal eine Idee haben, was Sie gerne machen würden, können Sie in Ihren Beschreibungen aufschlußreiche Hinweise finden. Falls Sie bereits eine Firma besitzen oder für jemanden arbeiten, können Ihre Antworten der weiteren Klärung Ihrer Situation dienen.

Um größere Wirksamkeit zu erreichen, gehen Sie davon aus, daß Sie alles »korrekt« wahrnehmen. Gebrauchen Sie Ihren Verstand, um die Bedeutung der Wahrnehmungen zu entschlüsseln.

Da sich der tiefere Sinn intuitiver Informationen häufig erst nach einiger Zeit offenbart, interpretieren Sie sie so gründlich und sorgfältig wie Sie können. Wenn Sie in Ihrer Interpretation alle Details und Feinheiten beachten, die Sie wahrgenommen haben, kann Ihnen das auf dem Weg zu Ihren Zielen zur besseren Orientierung dienen.

Beispiel eines Kursteilnehmers

»Mein Gesicht fühlt sich wie gefroren an. Ich bin gereizt. Ich möchte schreien, um mich schlagen, ausbrechen. Dennoch tue ich nichts dergleichen.

Ich sehe mich singen und rasch voranschreiten. Ich spüre den Wunsch nach einer Herausforderung, ohne Garantie auf Erfolg. Ich sehe mich von einer Kanzel zu einer Gruppe von Leuten reden, wie ein Prediger. Ich inspiriere die Menschen und motiviere sie zum Handeln. Ich bilde eine Gruppe, ohne körperlich in ihr anwesend sein zu müssen.

Ich rieche etwas... etwas Grünes? Ich schmecke die sanfte Süße von Tapioka und Honig. Ich bin tief bewegt, empfinde aber auch innere Ruhe.

Auf dem Zimmerboden liegt ein blauer Teppich.

Ich möchte alles, was ich aufschreibe, gleich interpretieren, aber ich glaube, das wäre ein Fehler. Ich muß den Dingen die Gelegenheit geben, von selbst zum Vorschein zu kommen.

Es sind Menschen hier, die ich nicht um mich haben will. Sie müssen entweder lernen, behutsamer aufzutreten, oder ich muß sie ersetzen. Ich würde gerne allein in diesem Raum sein oder zusammen mit angenehmeren Menschen.

An der Wand hängt ein Spiegel, der aussieht wie ein Teich: silbrig, grün und blau schimmernd. Ich habe die Empfindung, als könne ich mit der Hand hineingreifen und all die Dinge daraus hervorholen, die ich mir wünsche. Ich spüre das Bedürfnis, mich auf das zu konzentrieren, was ich hervorholen möchte. Ich berühre das Wasser und ziehe meine Hand wieder zurück – sie ist leer.

Ich spüre die Anwesenheit von jemandem, der nicht im Raum ist, aber entweder vollständig hervortreten und aktiv werden oder ganz verschwinden muß. Ich glaube, ich weiß, wer das ist. An einer Wand sehe ich eine Werkzeugtasche stehen, aber die Werkzeuge kommen mir hier überflüssig vor. Das Zimmer ist zu autark geworden, um irgendwelche Werkzeuge zu brauchen. Von den Wänden geht ein sanftes Vibrieren aus. Ich muß andere Menschen in dieses Zimmer bringen, damit sie es fühlen. In dem Raum befinden sich Blumen, aber sie sind nur die dekorative Hülle für eine wesentlich stärkere Kraft. Die Blumen sind wie Rahmen, aber ich kann die Bilder darin nicht erkennen.

Draußen wirkt am Anfang alles grau, als wäre es bewölkt, aber dann scheint die Sonne so stark, daß sie mich blendet. Ich wünschte, ich hätte eine Sonnenbrille aus dem Zimmer mitgenommen. Das Licht verbreitet aber keine Wärme; es ist kühl.

Freunde säumen die Gehsteige rechts und links von mir. Irgendwie wissen sie nicht, wie sie mich erreichen können, deshalb gebe ich ihnen kleine Kärtchen mit meinen Notizen darauf. Ich tue das ungern, aber es ist wichtig, weil sie sonst nie die pulsierenden Wände spüren können.

Der Raum bewegt sich mit mir, so daß ich nicht weit gehen muß, um zu ihm zurückzukehren. Es müßte leicht sein, ihn auf- und abzubauen und woandershin zu transportieren. Wir sollten die Bilder langsam ausmalen, uns aber vorläufig noch nicht auf ein bestimmtes konzentrieren. Die blaue Farbe könnte eine Spur Violett enthalten. Wir müssen darauf bedacht sein, das Draußen nach Drinnen zu bringen und umgekehrt.

Ich habe die Werkzeuge durchgesehen, ein paar Dinge hinzugefügt und andere aussortiert, so daß sie jetzt für die aktuellen Bedürfnisse der Firma besser geeignet sind. Das Zimmer muß rationeller durchorganisiert werden. Ich muß den Leuten im Raum unsere Ziele und meine Erwartungen deutlicher machen. Ich muß eine Vision entwickeln, die ich mit ihnen verwirklichen kann. Ich muß in den Teich greifen und eine Maschine daraus hervorholen, die überall funktioniert, wo wir sie hinstellen.

Ich greife wieder in den Wunschteich hinein und hole eine Tasche aus weichem Leder hervor. Sie enthält einen kleinen Schlüssel, mit dem man jede Tür öffnen kann.

Ich repräsentiere den Raum. Ich bin der Raum. Das muß ich begreifen.«

Seine Interpretation

»Ich interpretiere meine Beschreibungen so, daß ich mich aktiver in meine Firma einbringen und mir ein klares Ziel stecken muß (ich greife mit der Hand in den Teich und ziehe sie leer zurück). Ich stehe dem ambivalent gegenüber (das ist noch untertrieben!). Ich denke, daß ich mir das genauer ansehen muß, um innerhalb meiner Firma produktiver sein zu können.

Es geht eher darum, eine »tragbare Basis« zu schaffen, als den ursprünglichen Plan für eine Vergrößerung unseres Firmensitzes umzusetzen. Anscheinend müssen wir zu dem Produkt zurückkehren, mit dem wir bekannt geworden sind, und es wieder stärker ins Zentrum des Marktinteresses rücken. Dabei müssen wir seine spektakuläre Erfolgsgeschichte betonen.

Unser ursprüngliches Produkt kann vielseitiger gestaltet werden (der Schlüssel, der jede Tür öffnen kann). Dieser Aspekt scheint ein paar Mal in meinen Beschreibungen aufzutauchen, und ich verstehe das als einen deutlichen Hinweis auf die notwendige Ausrichtung unserer Energie.

Ich muß ein Umfeld schaffen, in dem die Menschen unsere Produkte erleben können (die pulsierenden Wände). Wir sollten uns weniger auf die Entwicklung neuer Produktgruppen konzentrieren (die Rahmen sind da, aber es scheint unproduktiv zu sein, sie auszufüllen).

Insgesamt gesehen besteht mein Ziel darin, eine zentralisierte Firmenstruktur aufzubauen, die gleichermaßen flexibel und in unserer Geschichte verwurzelt ist. Ich finde meine Beobachtungen eher sachlich und konkret als symbolisch oder metaphorisch!«

Erörterung

Ihre intuitiven Eindrücke und deren Interpretationen werden Ihnen Wege aufzeigen, wie Sie die vielen verschiedenen Werte in Ihrer Arbeitswelt ausbalancieren können. Das ist keine leichte Aufgabe, die sich außerdem mit jeder Veränderung der einzelnen Elemente und ihrer Dynamik wiederum selbst verändert.

Übung 12:
Sieben Fragen

Diese Übung soll Ihnen detaillierte Informationen über Ihr Ziel vermitteln und darüber, was Sie tun müssen, um es zu erreichen. Schreiben Sie sieben Fragen zu Ihrem Ziel auf ein Blatt Papier und numerieren Sie sie. Versuchen Sie dabei, diese Fragen differenzierter zu formulieren als einfache Ja-oder-Nein-Fragen.

Nachdem Sie Ihre Fragen notiert haben, werden Sie sie »blind« beantworten, das heißt, ohne zu wissen, welche Sie gerade beantworten. Weil es immer schwierig ist, den eigenen Zielen gegenüber Distanz zu wahren, helfen Sie Ihrer Intuition mit dieser Technik, die Fragen ohne störende Einflüsse durch Ihr rationales Denken zu beantworten.

Und so funktioniert es: Ich habe untenstehend sieben Fragen aufgelistet, die Ihren Fragen entsprechen – allerdings in einer anderen Reihenfolge.

Zeichnen Sie zunächst Ihre Antworten auf jede dieser Fragen auf. Ihre Intuition wird Ihnen dabei alle Informationen vermitteln, die Sie zur Beantwortung *Ihrer* Fragen brauchen.

1. Wenn Sie aufschauen, was ist das erste, was Ihnen auffällt? Beschreiben Sie es in allen Einzelheiten.
2. Was ist die erste körperliche Empfindung, die Sie verspüren? Beschreiben Sie sie in allen Einzelheiten.
3. Was ist das erste, was Sie sehen?
4. Was ist das erste, was Sie fühlen?
5. Was ist das erste, was Sie hören?
6. Was ist das erste, was Sie schmecken?
7. Was haben Sie gerade eben gedacht?

Nachdem Sie diese Fragen beantwortet haben, sehen Sie unten nach, auf welche Ihrer Fragen sich die erste Antwort bezogen hat, auf welche die zweite und so weiter. Nachdem Sie jeder Antwort die entsprechende Frage zugeordnet haben, können Sie Ihre intuitiven Eindrücke entsprechend interpretieren.

Beispiel einer Kursteilnehmerin

Erstes Reading: »Wenn ich aufschaue, ist das erste, was mir auffällt, eine Lampe mit rechteckigen Ausschnitten am oberen und unteren Rand. Mir wird bewußt, daß ich sie wegen der Entfernung nicht besonders gut erkennen kann. Ich denke an meinen Freund Robert, der diese Lampe installiert hat. Sie hängt über einem Familienfoto, das ich zwar selten anschaue, aber sehr liebe. Ich sehe die Zahl 7 vor meinem geistigen Auge und frage mich, ob ich darauf gekommen bin, weil es sieben Fragen sind. Mir fallen Wörter und Namen ein, die alle ein J als Anfangsbuchstaben haben.«

Interpretation: »Diese Frage bezieht sich auf eine Angelegenheit, die es zu entscheiden gilt, bevor ich mit meinem Projekt

Übung Nr. 12: 1 entspricht Ihrer Frage 3; 2 Ihrer Frage 5; 3 Ihrer Frage 7; 4 Ihrer Frage 1; 5 Ihrer Frage 2; 6 Ihrer Frage 4; 7 Ihrer Frage 6.

vorankommen kann. Ich frage mich, ob die Zahl Sieben für den Monat Juli steht, denn das wäre der Zeitraum, in dem eine Entscheidung anstünde. Der Anfangsbuchstabe J steht für jemanden, von dem ich weiß, daß er in die Sache involviert sein wird, es aber noch nicht ist. Die anderen Bilder passen zu der Produktlinie, um die es bei diesem Unternehmen geht. Ich denke, ich muß die Produkte noch einmal überarbeiten oder sie mir zumindest noch einmal genauer ansehen, da zwei meiner Bilder davon handeln, etwas nicht deutlich sehen zu können.«

Zweites Reading: »Ich empfinde meine Körperhaltung als ausgeglichen und aktionsbereit. Nicht nervös, nur einfach bereit. Ich brauche nichts zu überstürzen.«

Interpretation: »Bei dieser Frage geht es um eine Idee, die vorläufig auf Eis gelegt wurde. Ich wollte sie unbedingt möglichst schnell umsetzen, weil ich dachte, daß uns das einen Vorteil am Markt verschafft. Jetzt glaube ich, daß ich mir mehr Zeit damit lassen kann.«

Drittes Reading: »Ich sehe ein schönes Glas, dessen Boden aussieht wie aus Stein. Die Eiswürfel darin sind geschmolzen, und ich denke, daß ich den Inhalt ausschütten und etwas Neues einfüllen muß. Ich habe das Gefühl, daß ich vernünftig und methodisch vorgehe. Ein kleines P.«

Interpretation: »Mir fällt auf, daß meine Anfangsbuchstaben wirklich gut sind. Das P steht für den Namen einer Firma, mit der diese Frage zu tun hat, obwohl ich die Firma eigentlich unter einem anderen Namen kenne. Ich verstehe meine Bilder vollkommen. Ich würde das ganze Projekt jetzt eigentlich gerne fallenlassen, aber ich weiß, daß es vernünftiger wäre, langsam und durchdacht vorzugehen.«

Viertes Reading: »Ich spüre alle meine körperlichen Wehwehchen, aber ich weiß auch, daß sie vergehen, sobald ich aufstehe und mich bewege. Ich fühle Entschlossenheit und die Art von

Autorität, so daß alles, was ich sage, fraglos akzeptiert wird. Ich sehe ein Büro in einem sehr schicken Viertel meiner Stadt. Das Büro gehört mir nicht, aber ich kann es benutzen, wann immer ich will. Ich sehe den Buchstaben C oder K.«

Interpretation: »Schon wieder treffen meine Anfangsbuchstaben ins Schwarze! Das überzeugt mich. Ich glaube, daß diese Frage ein guter Hinweis auf die Richtung ist, die ich einschlagen muß. Ich war mir nicht sicher, ob es die richtige ist. Ich werde noch mehr Informationen dazu einholen und vielleicht, falls die neuen Informationen meinen Eindruck erhärten, daraus meine vordringlichste Priorität machen.«

Reading 5: »Ich höre das Rascheln von Papier und spüre, daß alles, auch wenn es chaotisch klingt, vollkommen in Ordnung ist. Ich habe das Gefühl von gelassener Routine. Ich habe einen Arbeitsrhythmus gefunden, der funktioniert.«

Interpretation: »Diese Eindrücke beziehen sich nicht so direkt auf meine Frage wie meine anderen Readings. Ich habe nach den Erfolgschancen für ein Projekt gefragt, das ich plane. Meine Eindrücke sagen mir, daß ich über die notwendige Kompetenz verfüge (trotz meiner Zweifel), aber ich bin nicht sicher, inwieweit das meine Frage nach dem Erfolg des Projekts beantwortet.«

Reading 6: »Ich schmecke ein Karamelbonbon, das ich lutsche, und ich möchte noch mehr davon schmecken. Ich will etwas Neues schmecken, und ich will, daß dieses Neue aussieht wie eine Erdbeere. Aber ich habe es nicht eilig damit.«

Interpretation: »Diese Frage betraf die finanziellen Erträge meines geplanten Projekts im kommenden Jahr. Sieht gut aus. Ich muß nur darauf achten, daß mir meine Tätigkeit auch Spaß macht.«

Reading 7: »Ich denke daran, wie nahe ich mich einem bestimmten Menschen fühle. Das Telefon läutet, aber am anderen Ende ist niemand. Ich glaube, daß mich meine alten Ängste nicht mehr belasten und daß ich viel handlungsorientierter geworden bin.

Ich erinnere mich an meinen Großvater, der immer das Richtige getan hat und von dem ich viel geerbt habe, obwohl ich ihn nicht gut kannte.«

Interpretation: »Hier habe ich eine persönliche Frage eingeschmuggelt, nämlich wie das nächste Jahr privat für mich laufen wird. Mir gefällt das Bild. Ich erwarte tatsächlich einen Anruf von einer Freundin, mit der es zur Zeit Probleme gibt, und jetzt frage ich mich, ob meine Wahrnehmung bedeutet, daß unsere Unstimmigkeiten ein Ende haben. Die Empfindung von Nähe zu einem anderen Menschen bezog sich auf meinen Partner. Das sind also gute Nachrichten. Mein Großvater war ein sehr erfolgreicher Geschäftsmann und gleichzeitig sehr integer. Ich halte das für ein gutes Omen für meine eigene Berufstätigkeit. Vielleicht sollte ich mich noch etwas näher mit der Firma meines Großvaters beschäftigen, um zu sehen, ob mir sein Werdegang irgendwie zur Orientierung dienen kann.«

Erörterung

Diese Technik kann auf jede Situation angewendet werden, in der Sie unsicher sind, ob Sie ein wirklich objektives Reading geben können. Daß es sich um sieben Fragen handelt, hat keinen besonderen Grund. Es ist nur so: Je mehr Fragen Sie bei einer Blindübung stellen, desto schwerer wird es für Sie, zu »raten«, welche Sie gerade beantworten.

Gebrauchen Sie Ihren Intellekt, um all Ihre Daten miteinzubeziehen

Bei einigen der vorangegangenen Übungen habe ich Sie aufgefordert, Ihren Intellekt auszuschalten, um Ihrer Intuition die Gelegenheit zu geben, sich frei zu entfalten. Nun, da Sie Ihre intuitiven Antworten zu Papier gebracht haben, sollten Sie Ihr Denken und Wissen einsetzen, um ein Bezugssystem für Ihre intuitiven Informationen zu erstellen.

Beispiel einer Kursteilnehmerin

»Als ich mir die Antworten auf die zweite Gruppe von Fragen zu meiner Arbeitswelt durchlas, fielen mir gewisse Konflikte zwischen meinen persönlichen Bedürfnissen und den von meiner Firma an mich gestellten Anforderungen auf. Ich habe dabei auch eine mögliche Lösung gefunden:

Ich sollte weniger Fleißarbeit in der Firma machen und statt dessen mehr an einer Unternehmensphilosophie arbeiten, die unsere Mitarbeiter in der Öffentlichkeit vertreten können. Dazu muß ich enger mit der Marketingabteilung zusammenarbeiten und mich weniger auf die Produktentwicklung konzentrieren.

Was die Firma von mir braucht, ist ein Kernprodukt und eine Kernbotschaft. Das stimmt mit meinem eigenen Bedürfnis überein, mich nicht mehr ständig zu bemühen, die verschiedensten Rollen auszufüllen. Ich denke, es gibt einen Bedarf nach kurzen Trainingsseminaren für unser Verkaufspersonal, in denen sie lernen, unsere Corporate Identity in ihre Produktpräsentation zu integrieren und damit das Identifikationspotential wirklich auszuschöpfen. Mein Ziel ist, ein zentralisiertes Unternehmen zu schaffen, das auf der Basis eines Kernprodukts beruht. Was muß ich tun, um das zu erreichen?

- Unser ursprüngliches Produkt stärken und fördern.
- Es möglich machen, daß ich mich mehr dafür engagiere und mehr Verantwortung übernehme. Dem Produkt und der Firma eine »persönliche« Identität geben.
- Firmenvertreter zu den Standorten schicken, die weniger profitabel für uns sind, damit man dort das Gefühl bekommt, daß wir uns um sie bemühen.

- An unserem Logo und den Farben arbeiten (Blau scheint sich gut zu eignen), um einen Wiedererkennungseffekt bei den Konsumenten zu erzielen.
- Die Vielseitigkeit unseres Produkts hervorheben.
- Für verstärkte Gruppenarbeit auf dem Gebiet der Public Relations sorgen.
- Auf eine produktive Zusammenarbeit der Angestellten im Innen- und Außendienst achten; etwaige Probleme beheben.
- Eine Unternehmensphilosophie ausarbeiten, die meine persönlichen Werte enthält, und eine Firmenpolitik entwickeln, die dieser Philosophie entspricht.«

Machen Sie sich Ihre persönlichen Aufgaben klar

In den vorangegangenen Kapiteln haben Sie definiert, wer Sie sind und wo Ihre Interessen liegen. Sie haben sich außerdem in Ihren Markt und Ihr Team hineinversetzt, um deren Bedürfnisse und Werte zu ergründen. Dadurch wissen Sie jetzt sehr viel besser, was Sie Ihrem Markt anbieten können – und wollen. Sie haben das erreicht, indem Sie eine organische Einheit aus Ihren eigenen Bedürfnissen, denen Ihres Teams und denen Ihres Marktes gebildet haben.

Nun geht es darum, diese Einheit noch konkreter zu fassen, indem Sie Ihr Ziel – mit anderen Worten: Ihre Aufgabe – vollständig darlegen. In dieser Darlegung sollen Sie nicht nur formulieren, was Sie anbieten, sondern auch, wer oder was Ihr Markt ist und welche Anforderungen er an Sie stellt. Diese Aufgabe berücksichtigt im Idealfall auch die Bedürfnisse Ihres Teams und Ihrer Umwelt. Das ist mit Integrität gemeint.

Beachten Sie auch, daß Sie sich in der Festlegung Ihres Ziels nicht darauf beschränken sollten, viel Geld zu verdienen, da sich diese Aussage in keiner Weise darauf bezieht, was Sie anzubieten haben oder was Ihr Markt braucht.

Schreiben Sie Ihr Ziel auf

Konzentrieren Sie sich darauf, daß Ihre Integrität ausgewogen ist, und bringen Sie Ihr Ziel zu Papier. Es kann sein, daß sich Ihr Ziel verändert, wenn Sie sich weiter in den intuitiven Prozeß vertiefen und zunehmend mehr Zugang zu Ihren Bedürfnissen, denen Ihres Teams und Ihrer Umwelt erlangen. Das ist vollkommen normal. Hier geht es nur um die Frage: Was ist heute Ihr Ziel?

Sie müssen es aber tatsächlich aufschreiben und nicht einfach bloß »im Kopf behalten«. Denn wie bereits gesagt: Das Gedächtnis ist ziemlich chaotisch strukturiert. Erst wenn Sie Ihr Ziel schriftlich festgehalten haben, ist es real, und dann wissen Sie auch, wo es zu finden ist und was Sie damit anfangen sollen.

Hier ein paar Beispiele für die Darlegung eigener Ziele:

- Ich erstelle Ernährungspläne für Berufstätige, die sich aber auch im Krankenhaus anwenden lassen.
- Ich schreibe ein spezielles Computerprogramm für Banken und Kreditinstitute, mit dem sich die Daten zehnmal schneller verarbeiten lassen als mit allen anderen derzeit erhältlichen Programmen.
- Ich gründe eine Agentur, die Sänger aus dem Kirchenchor an Leute vermittelt, die ihren Liebsten ein Ständchen bringen möchten.
- Ich lege ein Aktiendepot an, das meinem Kind ermöglicht, nach meiner Pensionierung eine Privatschule zu besuchen.

Obgleich es sich hierbei um persönliche Ziele handelt, können und sollen auch Firmen ihre Ziele auf diese Weise darlegen. Wenn Sie vorhaben, eine Firma zu gründen, können Ihre persönlichen und firmenbezogenen Ziele die gleichen sein, sie müssen es nicht.

Untersuchen Sie Ihren Entscheidungsfindungsprozeß

Immer diese Entscheidungen

In unserem Berufsleben sind wir täglich damit konfrontiert, Entscheidungen zu treffen:

- Soll ich meinen Abschluß an der Abendschule machen oder kündigen und mich für den Ganztagslehrgang anmelden?
- Soll ich das Stellenangebot annehmen, obwohl das bedeuten würde, daß ich in eine andere Stadt ziehen müßte?
- Soll ich meine Aktien jetzt verkaufen und die Rendite realisieren, soll ich damit bis zum nächsten Quartal warten – oder soll ich meinen Wertpapierbestand sogar aufstocken?
- Soll ich die Beförderung und die damit einhergehende Gehaltserhöhung annehmen, oder soll ich beides ausschlagen, um mehr Zeit für meine Familie zu haben?

In diesem Kapitel werden wir untersuchen, wie Sie Entscheidungen üblicherweise treffen. Dabei werden wir uns auch mit den Nachteilen Ihrer herkömmlichen Entscheidungsfindung und mit der Frage beschäftigen, wie Sie sie mit Hilfe der Intuition – basierend auf Integrität – effektiver gestalten können.

Im Vorangehenden sollten Sie untersuchen, wie Sie Ihre Intuition erleben, indem Sie sich einige intuitive Momente aus der

Vergangenheit ins Gedächtnis rufen. Sie müssen eine bewußte Verbindung zu Ihrem Entscheidungsfindungsprozeß herstellen. Das ist sehr wichtig, denn wahrscheinlich wissen Sie gar nicht so genau, wie Sie Entscheidungen treffen. Bevor Sie intuitive Informationen erfolgreich in Ihre Entscheidungsfindung integrieren können, müssen Sie sich klar machen, auf welche Weise Sie üblicherweise Entscheidungen treffen.

Benjamin Franklins Methode

Wenn Benjamin Franklin nicht gerade einen Drachen steigen ließ oder an seinem *Poor Richard's Almanack* schrieb oder an der Gründung der Vereinigten Staaten mitwirkte, brachte er gerne seine Alltagsweisheiten unters Volk. Das geschah häufig in Form eingängiger Sprüche wie:»Früh zu Bett und früh aufstehen macht gesund, reich und klug.« Aber das konnte auch etwas differenzierter ausfallen, und als ihn ein Freund einmal brieflich fragte, wie er eine schwierige Entscheidung treffen solle, gab er ihm den folgenden Rat:

»Nimm ein Blatt Papier und schreibe die fragliche Entscheidung in die erste Zeile. Dann unterteile die Seite in zwei Spalten, eine für das ›Pro‹ und eine für das ›Kontra‹. Als nächstes analysiere die Situation und trage alle relevanten Faktoren in die entsprechende Spalte ein. Und dann ordnest du jedem einzelnen Faktor eine Zahl zu, die seine relative Wichtigkeit für die Entscheidung anzeigt. Je höher die Zahl, desto größer die Wichtigkeit dieses Faktors.«

Auf unser Thema angewendet, hieße das: Wenn Sie sich zum Beispiel zwischen drei verschiedenen Stellenangeboten zu entscheiden hätten, könnten Sie die Wichtigkeit von Gehalt und Sozialleistungen mit einer 5 einstufen, die der Aufstiegsmöglichkeiten mit einer 7, die der Urlaubstage mit einer 10, die von Gleitzeit mit einer 2, und so weiter. Zum Schluß rechnen Sie jeweils alle in der Spalte »Pro« und alle in der Spalte »Kontra« aufgelisteten Zahlen zusammen und entscheiden sich für die Seite mit der höheren Punktzahl.

Ich weiß nicht, wie es Ihnen geht, aber ich habe es mit solchen Pro- und Kontralisten schon versucht, lange bevor ich von Franklins Methode gehört habe. Das Komische ist nur, daß sie mich nur noch mehr verwirrten.

Ehrlich gesagt habe ich mich häufig dabei ertappt, daß ich schummelte! Nachdem ich nämlich jedem Faktor eine Zahl zugeteilt und die Gesamtsumme der Pros und Kontras errechnet hatte, sah ich mir das Endresultat an und sagte zu mir: »Aber das will ich nicht tun!« Also habe ich einfach einzelne Faktoren anders berechnet, um mit einer nochmaligen Zählung mein Wunschresultat zu erhalten.

Franklins Modell ist natürlich zu eindimensional. Zum einen ignoriert es die gegenseitige Abhängigkeit zwischen verschiedenen Faktoren. In unserem Beispiel haben wir den Wichtigkeitsgrad von Gehalt und Sozialleistungen mit einer 5 bewertet und den der Urlaubstage mit einer 10. Nur: Wenn die Arbeitszeiten sehr flexibel sind oder das Gehalt sehr niedrig ausfällt, würden Sie diese Faktoren sicher anders bewerten.

Die Methoden der modernen Technik sind da um einiges fortgeschrittener. Mittels elektronischer Datenverarbeitung und speziellen Kalkulationsprogrammen können wir mit dem Computer gegenseitige Abhängigkeiten ausmachen und sogar ausgefeilte Statistiken und Wahrscheinlichkeitsrechnungen erstellen. Dennoch handelt es sich bei all diesen »objektiven« Entscheidungstechniken lediglich um Weiterentwicklungen von Franklins Herangehensweise:

- Sie definieren Ihr Ziel.
- Sie setzen Prioritäten.
- Sie sammeln und analysieren die verfügbaren Informationen.
- Sie bewerten Ihre Optionen durch die Vergabe von Punkten.
- Sie rechnen die Punktzahl zusammen und treffen dementsprechend Ihre Entscheidung.

Wer glaubt denn ernsthaft, daß wichtige Geschäftsentscheidungen jemals auf diese Weise getroffen werden? Im Grunde unseres Herzens trauen wir unseren eigenen Analysen doch nicht über den Weg, oder? Wir mögen diese Technik vielleicht anwenden, um offensichtlich falsche Entscheidungen auszusortieren (wie die Investition in ein Unternehmen, das nur dann kostendeckend arbeiten kann, wenn es über die nächsten zehn Jahre eine jährliche Wachstumsrate von 20 Prozent beibehält), oder bei relativ simplen Entscheidungen (wie die Wahl zwischen zwei Kreditkarten).

Aber mit solchen Entscheidungen haben wir ja auch keine Probleme, nicht wahr? Vielmehr brauchen wir eine Methode für die Entscheidungsfindung in »Härtefällen«.

Die Entscheidungsfindung im Informationszeitalter

Sie irren sich, wenn Sie glauben, Entscheidungsfindungen seien eine rein logische Angelegenheit. Es handelt sich dabei vielmehr um eine Mischung aus Gedanken, Gefühlen und Erinnerungen sowie intuitiven Eindrücken.

Denken Sie an die einfache Situation eines Autokaufs. Da haben wir unsere logisch-rational-faktischen Kriterien: »Dieses Auto ist sehr niedrig im Verbrauch«, »Es hat einen hohen Wiederverkaufswert« oder »Die Zahlungsbedingungen dieses Autohändlers sind überaus günstig.«

Daneben haben wir unsere gefühlsmäßigen Kriterien, von denen etliche unterbewußt wirksam sind: »Dieses Auto erinnert mich an das meines Vaters« oder »Dieser Wagen wird meine Nachbarn beeindrucken.«

Und schließlich verarbeitet Ihr Gehirn auch Ihre intuitiven Eindrücke (die Ihnen bis jetzt vermutlich größtenteils unbewußt waren): »Dieser Verkäufer wird bei seiner Provision Abstriche machen, weil er mit seiner monatlichen Verkaufsquote im Rückstand ist.«

Dieser Prozeß liefert im Grunde einen überzeugenden Beweis für die wichtige Rolle, die die Intuition bei der Entscheidungsfindung spielt. Nehmen wir an, Sie sind sich aller Kriterien, die für eine Sache sprechen (in diesem Fall für den Kauf eines Autos), bewußt und es gibt fast nichts, was dagegen spräche – und trotzdem entscheiden Sie sich dagegen! Ich bin sicher, daß Ihnen das schon passiert ist. Mir passiert es jedenfalls ständig!

Und warum? Weil uns unsere Intuition möglicherweise Signale gibt, die wir nicht bewußt wahrnehmen, Signale wie die folgenden: »Ich sollte mit dem Kauf noch warten, weil demnächst ein Modell herauskommt, das mir besser gefällt«, »Ich werde meinen Job verlieren, und dann kann ich die monatlichen Raten nicht mehr zahlen« oder »Dieses neue Auto wird mir innerhalb eines Monats gestohlen werden«.

Die nächste Übung wird Ihnen helfen, sich Ihre Art der Entscheidungsfindung bewußt zu machen.

Übung 13:
Ihren Entscheidungsprozeß verstehen

Nehmen Sie als Beispiel zwei schwierige oder komplexe Entscheidungen, die Sie im Lauf der letzten Jahre getroffen haben: eine, die sich als richtig, und eine, die sich als falsch erwiesen hat. Beschreiben Sie jede detailliert in Ihrem Tagebuch, und denken Sie dabei über die folgenden Fragen nach:

- Sind Sie die Entscheidungen zunächst analytisch, emotional oder instinktiv angegangen?
- Waren die analytischen Schlußfolgerungen mit den emotionalen übereinstimmend? Falls nicht, welcher Stimme – der Ihres Herzens oder der Ihres Verstandes – sind Sie am Ende gefolgt?

- Wie sah Ihre innere und äußere Lebenssituation aus, als Sie diese Entscheidungen trafen? Wie haben Sie sich dabei gefühlt? Was passierte gerade in Ihrem Leben? Welcher Aspekt war für Sie am wichtigsten?
- Wie lange hat jede Entscheidungsfindung gedauert? Gab es zum Beispiel eine lange Zeit des Nachdenkens und Untersuchens, gefolgt von einer spontanen Entscheidung, oder war es eine spontane Entscheidung, gefolgt von langwierigen Analysen, um sie zu untermauern? Haben Sie eine der beiden Entscheidungen impulsiv getroffen?
- Haben Sie dahingehend entschieden, daß Sie sich nicht entschieden haben? Mit anderen Worten: Haben Sie gewartet, bis sich die Situation von selbst veränderte und Sie sich folglich nicht mehr entscheiden mußten?
- Haben Sie sich von anderen beraten lassen? Falls ja, um welche Art von Rat ist es Ihnen dabei gegangen? Haben Sie die anderen nach den Faktoren gefragt, die Sie bei Ihrer Entscheidung berücksichtigen oder wie Sie die Entscheidung angehen sollen, oder haben Sie sie gefragt, wie sie an Ihrer Stelle entscheiden würden?
- Haben Sie eine der Entscheidungen »aus heiterem Himmel« getroffen?
- Wenn Sie mit heutigem Wissensstand zurückblicken, welche Entscheidung war die »richtige«?

Überlegen Sie sorgfältig, wie Sie die letzte Frage beantworten. Es ist ziemlich schwierig, eine Entscheidung im nachhinein objektiv zu beurteilen. Sie können nämlich eine gute Entscheidung treffen, und die Sache nimmt trotzdem einen ungünstigen Ausgang, und Sie können eine schlechte Entscheidung treffen, und alles entwickelt sich zum Besten.

Überzeugende Argumente für den Einsatz von Intuition in der Geschäftswelt

In meinem ersten Buch, *P.I. Praktische Intuition*, habe ich aufgezeigt, wie jeder Mensch einen Zugang zu seiner Intuition finden und sie zu einem nützlichen Werkzeug machen kann. Trotzdem wird die Intuition selbst von ihren »Anhängern« eher im Privatleben eingesetzt als im Beruf. Die meisten Leute denken, es sei zwar durchaus in Ordnung, die Intuition für die Wahl eines Restaurants, eines Urlaubsortes oder sogar eines Beziehungspartners zu gebrauchen, aber sie dürfe keine Rolle in ihrem Berufsleben spielen. Das ist eigentlich merkwürdig, da vielen Erfolgsmenschen durchaus klar ist, daß sie es sich gar nicht erlauben können, auf ihre Intuition zu verzichten.

Interessanterweise ist eines der Gebiete, auf denen Entscheidungen mit Hilfe der Intuition getroffen werden, das Militär. Und sogar berühmte Generäle wie Colin Powell haben sich öffentlich dazu bekannt, daß sie ihre Intuition für wichtige strategische und taktische Entscheidungen nutzen.

Damit will ich nicht sagen, Sie sollten in Ihrem Berufsleben militärische Strategien anwenden. Aber wie ein General in der Schlacht werden auch Sie häufig gezwungen sein, schwierige Entscheidungen treffen zu müssen, die auf ungewissen Informationen beruhen und Ihnen keine Zeit zum Abwägen oder Analysieren lassen. Wenn die Intuition für militärische Zwecke nützlich sein kann, läßt sie sich bestimmt ebenso wirkungsvoll auf das normale Geschäftsleben anwenden, wo die Risiken immerhin um einiges niedriger sind.

Tatsache ist: Ganz gleich, welche Laufbahn Sie eingeschlagen haben, Sie wenden Ihre Intuition bereits in Ihrem Berufsleben an. Ihre intuitiven Fähigkeiten arbeiten die ganze Zeit, ebenso wie Ihre Atmung, ob Sie sich dessen nun bewußt sind oder nicht. Sie haben nur die Wahl, ob Sie sie produktiv – das heißt, bewußt – einsetzen oder destruktiv.

Die »geoutete« Intuition

Die Intuition kommt in der Geschäftswelt sehr viel häufiger zum Einsatz, als man denkt. Während inzwischen zwar immer mehr erfolgreiche Menschen privat zugeben, daß sie bei der Entscheidungsfindung Gebrauch von ihrer Intuition machen, gibt es jedoch eine Reihe von Gründen, warum sich die meisten beruflich »Intuitiven« in der Öffentlichkeit lieber nicht dazu bekennen wollen.

Das kommt in erster Linie daher, daß die Handlungen von Führungskräften von allen möglichen Seiten zunehmend kritisch beurteilt werden. Das reicht vom Vorstand und anderen Kontrollorganen über die Aktionäre bis hin zu klagefreudigen Verbrauchern. Im Licht ihrer Verantwortung gegenüber verschiedenen Interessengruppen und ihrer Haftbarkeit müssen Führungskräfte immer bereit sein, ihre Entscheidungen zu rechtfertigen, und da ist es nicht leicht, zu erklären, man habe sie aus einem »Instinkt« oder »Gefühl« getroffen.

Ein anderer Grund dafür, warum die Intuition in der Arbeitswelt nicht stärker in den Vordergrund gerückt wird, ist, daß es sich nicht so bezahlt macht. Ein Anlageberater kann wesentlich mehr Geld für eine umfangreiche Analyse verlangen als für eine intuitive Empfehlung.

Folglich handelt es sich bei jenen Menschen, die sich zu ihren intuitiven Entscheidungen bekennen, meist um wagemutige Jungunternehmer mit innovativen Ideen (denken Sie daran: logische Analysen bieten am Markt wenig oder gar keine Wettbewerbsvorteile) oder um Vorstandsvorsitzende, die es sich einfach »leisten« können, intuitiv zu sein, da eine Entscheidung, bevor sie zu ihnen gelangt, bereits auf mehreren Führungsebenen durchdacht und analysiert wurde.

Setzen Sie die Intuition ein, um Ihre Konkurrenzfähigkeit zu verbessern

Mittels Intuition können Informationen aufgenommen werden, die den Sinnesorganen nicht unmittelbar zugänglich sind. Einer der Vorteile der Intuition ist, daß sie das Kommende sensorisch erfaßt, gewissermaßen so, als könne sie vor dem Ausbruch eines Erdbebens das Grollen in der Erde spüren. Betrachten Sie die Intuition als ein Frühwarnsystem, und zwar nicht nur für Gefahren, sondern auch für günstige Gelegenheiten.

Vor Tausenden von Jahren hatten Menschen, die ihrer Intuition folgten, einen entscheidenden Überlebensvorteil. Wenn Sie sich in einen unserer Vorfahren hineinversetzen, dann ist Intuition das Gespür, mit dem Sie, lange bevor Sie es mit Ihren fünf Sinnen wahrnehmen können, wissen, daß sich Ihnen ein hungriger Löwe nähert, und es Ihnen damit ermöglicht, rechtzeitig zu fliehen.

Aber auch in der Neuzeit haben herausragende Persönlichkeiten einen Großteil Ihres Erfolgs auf den Einsatz ihrer Intuition zurückgeführt. Das ist um so überraschender in den Bereichen Finanz und Wissenschaft, die scheinbar einzig und allein logisches und analytisches Denken erfordern. Aber wenn die Intuition gut genug für Einstein und Soros ist, dann muß an der Sache ja wohl etwas dran sein.

Eine der größten Stärken des analytisch-logischen Denkens – nämlich seine Reproduzierbarkeit – ist in Wahrheit eine seiner größten Schwächen. Wir verlassen uns auf die rationale Analyse, weil wir eine bestimmte Schlußfolgerung jederzeit durch die Wiederholung unserer Analyse wieder ziehen können.

Nur leider bedeutet das, daß unsere Konkurrenten unsere Analysen ebenfalls reproduzieren können. Wenn man zwei Computern die gleichen Daten und Voraussetzungen eingibt, werden beide zu den gleichen Resultaten kommen. Das mag ein Grund dafür sein, warum es Wertpapieranalytikern, ausgerüstet mit ihren Diplomen, ausgeklügelten Analysemethoden, ökonometrischen Lehren und Hochleistungsrechnern kaum jemals gelingt, die Entwicklung der Aktienkurse vorherzusehen!

Wenn Sie wollen, daß Ihre Konkurrenten immer ganz genau wissen, was Sie tun und planen, dann verlassen Sie sich ruhig auf mathematisch-statistische Analysen. Wenn Sie jedoch nach einem Wettbewerbsvorteil suchen, dann müssen Sie sich über den Bereich der Fakten hinausbegeben. Sie müssen flexible Bezugsrahmen entwickeln, statt sich von konventionellen oder traditionellen Perspektiven und Regeln einengen zu lassen. Sowohl Einzelpersonen als auch Firmen müssen anpassungsfähig sein, angesichts der sich heutzutage rasant verändernden sozialen, politischen und beruflichen Bezugsfelder.

Es geht dabei nicht um neue Ideen oder neue Fakten, sondern nur um neue Betrachtungsweisen. Die globale Weltwirtschaft – und heutzutage ist jedes Unternehmen von der Globalisierung betroffen – ist ganz auf Konkurrenz eingestellt. Sie können entweder mit einem Maximum an Mühe und einem Minimum an Wirkung die gleichen Fakten und Analysen bearbeiten wie alle anderen und dabei nur einen Teil Ihrer kognitiven Fähigkeiten nutzen, oder Sie können Ihre Intuition einsetzen, um über die Grenzen des Schubladendenkens hinauszugelangen.

Der Mythos der reinen Rationalität

Obwohl jeder weiß, daß man niemals Entscheidungen trifft, die ausschließlich auf rein rationalen, objektiven Kriterien beruhen, glaubt fast jeder, man *sollte* es so machen. In unserem aufgeklärten Zeitalter wird es als selbstverständlich angesehen, daß wir nur dann eine gute Entscheidung treffen, wenn wir uns bemüht haben, noch den letzten Rest an Gefühlen oder Subjektivität aus unserem Denken zu verbannen (obwohl dieses Ideal natürlich nur in der Theorie funktioniert).

Ironischerweise haben aber die meisten rationalitätsgläubigen Wissenschaftler nie daran gedacht, ihrem eigenen Rat zu folgen und diese Theorie praktisch zu erproben. Professor Antonio R. Damasio, Chefarzt für Neurologie an der Universitätsklinik von Iowa, hat es jedoch getan, zusammen mit einem Kollegen vom Salk Institut und dessen Frau, ebenfalls Neurologin. Und was sie dabei entdeckt und in dem Buch *Descartes' Irrtum* (München 1997) beschrieben haben, ist, daß die Idealvorstellung von der reinen Rationalität zu *schrecklichen* Entscheidungen führt.

Professor Damasio und seine Kollegen untersuchten Patienten mit bestimmten Verletzungen an der Großhirnrinde, die ihre emotionale Reaktionsfähigkeit zerstört, ihren Intellekt, ihr Gedächtnis und ihre Sprachfähigkeit jedoch intakt gelassen hatten. Das traurige Resultat war, daß die betroffenen Personen außerstande waren, sich sozial zu verhalten, die Konsequenzen ihrer Handlungen abzusehen, oder für die Zukunft zu planen – alles Fähigkeiten, die in der Arbeitswelt unverzichtbar sind. (Alle diese Patienten hatten übrigens vorher ihre Arbeitsplätze verloren, weil sie dort nicht mehr funktionsfähig waren.)

Somit ist klar: Der Anspruch, bei einer Entscheidung emotionale Überlegungen auszuschalten, ist nicht bloß unmöglich zu erfüllen, sondern ist da, wo er befolgt wird, genau kontraproduktiv. Natürlich können es uns auch starke und unkontrollierbare Gefühle unmöglich machen, klar zu denken; und deshalb bleibt die Frage, wie wir das richtige Mischungsverhältnis von Intuition, Emotion und Logik finden.

Was Ihnen im Wirtschaftsstudium nicht beigebracht wird

Falls Sie Wirtschaftswissenschaften studiert haben, hat man Sie sicher gelehrt, zu glauben, man könne die ganze Arbeitswelt wie eine Fallstudie zergliedern und analysieren. Dieser Glaube wird auch von Unternehmensberatern gefördert. Und das sind Menschen, die weniger von Ihrer Firma und Ihrem Markt verstehen als Sie selbst – und von denen man annimmt, daß sie wissen, wie Sie Ihr Unternehmen führen sollten. Diesen Experten zufolge (von denen es so viele Mode-Managementtheorien gibt wie Mode-Diäten in Frauenzeitschriften) ist eine erfolgreiche Unternehmensführung oder Karriereplanung ebenso einfach wie der Beweis eines geometrischen Theorems. Alles, was Sie demgemäß zu tun haben, ist, die entsprechenden Marktforschungsdaten zusammenzutragen und auszuwerten.

Nichts leichter als das. Man wird Ihnen sogar hübsche Diagramme vorlegen, um zu demonstrieren, daß Sie selbst dann Fortschritte machen, wenn keine ihrer Annahmen eingetroffen ist: »Auch wenn der Zinssatz nicht sinkt und es nicht gelingt, Ihre Einnahmen jährlich um 35 Prozent zu steigern, können Sie immer noch den Marktanteil Ihrer Firma vergrößern, indem Sie nach den folgenden drei einfachen Regeln vorgehen ...«

Nun mal halblang, Leute! Wenn es so leicht wäre, warum macht ihr es nicht selbst? Das erinnert mich an das alte Sprichwort: »Die, die es selbst nicht können, bringen es anderen bei.« Eine der wichtigsten Lektionen dieses Buches ist die, daß niemand Ihr Geschäft so gut kennt wie Sie, weil niemand Sie selbst und Ihre Bedürfnisse so gut kennen kann wie Sie.

Zeit für einen Realitätstest: Die Welt ist keine Fallstudie

Warum verlassen wir uns so sehr auf Analysen? Die simple Antwort lautet: Weil sie so mächtig sind. Logik und rationales Denken haben im Lauf der letzten Jahrhunderte und besonders seit der relativ jungen Erfindung der wissenschaftlichen Methodik unglaublich an Ansehen und Einfluß gewonnen.

Im zwanzigsten Jahrhundert hat das Aufkommen von immer leistungsfähigeren und schnelleren Computern die Entwicklung von immer ausgefeilteren Techniken der Datenverarbeitung ermöglicht. Und damit ist einer der Gründe, warum wir so viel analysieren, einfach der, daß wir die technischen Möglichkeiten dazu haben!

Darin liegt allerdings die Gefahr, daß wir all das aus unserer Welt eliminieren, das sich nicht so leicht kategorisieren, analysieren und in einen Computer eingeben läßt. Für diesen Trend ist teilweise unser Ausbildungssystem verantwortlich. Von der Grundschule bis zur Universität wird uns beigebracht, logisch zu denken. Dagegen wäre auch gar nichts einzuwenden, wenn man uns nicht gleichzeitig beibrächte, daß die ganze Welt logisch erfaßbar sei und daß Dinge, die »keinen Sinn ergeben«, ignoriert werden müssen. Die Absolventen eines Betriebswirtschaftsstudiums haben gelernt zu glauben, selbst die komplexesten Geschäftsentscheidungen ließen sich auf simple Regeln und Lehrsätze reduzieren. Und deshalb führen sie endlose Marktforschungen und endlose Computeranalysen durch.

Leider funktionieren Analysen nur bis zu einem bestimmten Punkt – danach versagen sie vollkommen

Noch einmal: Logisches und analytisches Vorgehen ist wichtig, aber wir dürfen seine Nachteile nicht übersehen. Wir werden jetzt einen nach dem anderen durchgehen:

- Wir sind mit einer Flut von Informationen konfrontiert, die wir nicht mehr bewältigen können. Wir leiden an einer Informationsüberflutung, die es uns unmöglich macht, selbst für einfache Entscheidungen alle relevanten Informationen zu sammeln und die brauchbaren von den unbrauchbaren zu unterscheiden. Und was noch schlimmer ist: Dadurch verlieren wir an Entschlußfreudigkeit und fühlen uns unter dem Gewicht all dieser Informationen wie gelähmt.
- Unsere Umwelt ist zu komplex geworden. Die Welt ist zunehmend chaotisch geworden, und Schnellebigkeit, Wider-

sprüchlichkeit und Veränderung sind eher die Norm als die Ausnahme. Mein Bruder hat an der Harvard University Physik studiert, und von daher erinnert mich die Situation, wie sie sich heute für leitende Angestellte und Manager darstellt, an die Revolution, die vor einem Jahrhundert in der Physik durch die Quantenmechanik und die Relativitätstheorie ausgelöst wurde. Die Annahmen und Theorien der klassischen Physik hatten bis zu diesem Punkt ihre Gültigkeit und wurden danach vollständig über den Haufen geworfen. Die Unternehmensleiter von heute gebrauchen die Technologie und die Methoden des zwanzigsten Jahrhunderts, aber ihr Denken beruht auf der Weltsicht des vorigen Jahrhunderts.

- Es dauert zu lange, bis man alle verfügbaren Informationen zusammengetragen hat. Jemand hat einmal gesagt, Marktforschung zu betreiben sei, als würde man beim Autofahren nur in den Rückspiegel schauen. Bis wir all die Daten, die wir so mühsam zusammengetragen haben, analysiert und ausgewertet haben, hat sich die Welt schon wieder verändert. In unserer heutigen turbulenten Zeit kann man es sich einfach nicht leisten, darauf zu warten, bis alles »fertig erforscht« ist, bevor man handelt. Bis Sie Ihr logisch-rationales Denken davon überzeugt haben, daß es triftige Gründe zum Handeln gibt, ist es meistens zu spät.

- Unsere Analysen taugen nur soviel wie das, was wir voraussetzen und annehmen. In unserer komplexen Gesellschaft treffen viele unserer Annahmen nicht mehr zu. Vor dreißig Jahren haben zum Beispiel einige sehr kluge Wissenschaftler vorausgesagt, daß unter damals gültigen Bedingungen die weltweiten Ressourcen an Nahrung und Energie bald erschöpft sein würden. Beides ist jedoch nicht zur Neige gegangen, und die Menge an Nahrungsmitteln, die Pro-Kopf produziert wird, hat sich sogar kontinuierlich vergrößert. Das Problem ist, daß wir nicht wissen, welche Grundannahmen noch gültig sind und welche nicht. Und das ist ein großer Nachteil von Analysen: Wenn man von einer falschen Voraussetzung ausgeht, wird einen die rigorose Anwendung nüchterner Logik zwangsläufig zu falschen Schlußfolgerungen führen.

- Der Wert unserer Analyse hängt vom Wert unserer Informationen ab. Selbst fehlerlose Gedankengänge können zu absurden Resultaten führen, wenn die Informationen, auf denen sie beruhen, falsch oder unvollständig sind. Vergessen Sie nicht, daß sich Informationen heutzutage immer schneller als überholt und veraltet erweisen. Amerikanische Computerprogrammierer benutzen die Abkürzung »GIGO = Garbage In, Garbage Out«, was soviel heißt wie: »Müll rein, Müll raus«, um zu beschreiben, wie ein Computer unbrauchbare Resultate produziert, wenn man ihn mit unbrauchbaren Informationen gefüttert hat.

Kapitel 13

Welche Schritte muß ich unternehmen?

(Sie können heute für morgen vorausplanen)

Wie immer: Machen Sie aus allem eine Frage an Ihre Intuition

Nachdem Sie nun Ihr Ziel kennen, stellen Sie einfach einige Fragen, um einen Plan zu entwerfen und ein Team von Leuten zusammenzustellen, das Ihnen bei seiner Verwirklichung behilflich sein kann.

Angenommen, Ihr Ziel ist es, der Herrscher oder die Herrscherin des Universums zu werden. Selbst dieses hochgesteckte Ziel erfordert die richtigen Fragen: Wie komme ich dahin? Was soll ich anziehen? Wer könnte mir helfen? Wo könnte ich heute Hilfe finden? Wo könnte ich morgen Hilfe finden?

Und so weiter. Während Sie diese Fragen beantworten, wird sich Ihr Plan ganz von selbst ergeben.

Auch hierbei finden Sie Ihre Antworten, indem Sie alles verwerten, was Ihnen Ihr Körper, Ihre Gefühle, Ihre Eindrücke, Ihre Erinnerungen und Ihre Gedanken mitteilen.

Gebrauchen Sie Ihre Intuition, um einen Gesamtplan zu entwerfen

Ihr Ziel und Ihr Plan müssen Ihre Prioritäten mit einbeziehen. So könnte zum Beispiel eine Ihrer Prioritäten sein, daß Sie Ihre Familie zum Mittelpunkt Ihres Lebens machen wollen. Dann müssen Sie Ihre Kräfte dahingehend einsetzen, daß Sie dieses Ziel erreichen können.

Sind Sie sich über Ihr Ziel und Ihre Prioritäten erst einmal im klaren, wird Ihnen Ihre Intuition den direktesten Weg zu Ihrem Ziel weisen, vorausgesetzt, daß es nicht mit einem verdeckten Bedürfnis im Konflikt steht. In diesem Fall wird das unterbewußte Bedürfnis bestimmend sein, egal was Sie tun. Deshalb ist es auch so wichtig, daß Sie Ihre Ziele und Prioritäten genau definieren – und zwar schriftlich, wie Sie das in den vorangegangenen Kapiteln gelernt haben. Damit machen Sie daraus eine Verpflichtung sich selbst gegenüber, die Sie mit der Zeit derart verinnerlicht haben werden, daß Sie auch unbewußt danach handeln können.

Ihr Plan sollte sich auf Ihre Definitionsfragen beziehen

Im dritten Kapitel haben Sie begonnen, Ihre Ziele zu identifizieren, indem Sie die erste Gruppe von Definitionsfragen beantwortet haben (siehe Seite 70). Sie haben diese Übung gemacht, damit Sie festlegen können, was Sie dem Markt anbieten wollen (Was ist mein größtes Talent?). Aber Sie haben sie auch gemacht, damit Sie herausfinden können, was Sie zurückhält (Was ist mein größtes Hindernis?).

Vielleicht ist das, was Sie anbieten wollen, aber gar nicht das, was Ihnen zur Verfügung steht. Das wäre der Fall, wenn Sie beispielsweise Arzt werden wollten, aber nicht einmal Medizin studiert, geschweige denn alle erforderlichen Examina haben.

Oder wenn Sie ein Restaurant eröffnen wollten, aber keinerlei Talent fürs Kochen haben.

Ihr Plan sollte sich auf alle Ihre Bedürfnisse beziehen. Bedenken Sie jedoch, daß Sie nicht allein sind: Die Mitglieder Ihres Teams können Ihnen helfen, etwaige Hindernisse zu überwinden. Das heißt, falls Sie ein Team haben. Wenn nicht, sollte in Ihrem Plan enthalten sein, eines zu bilden.

Sie sollten genau wissen, was Sie wollen

Formulieren Sie Ihre Ziele klar und deutlich. Falls Sie als Börsenmakler tätig sind, setzen Sie sich nicht bloß das Ziel, dieses Jahr mehr Klienten zu bekommen, sondern entscheiden Sie, wieviel genau es werden sollen. Das macht Sie in Ihrem Denken aufgeschlossener für alle möglichen Wege, auf denen sich Ihr Ziel erreichen ließe. Vielleicht könnten Sie sich dann zusätzlich zu Ihrer individuellen Kundenwerbung mit anderen Finanzdienstleistern, wie zum Beispiel Anlageberatern oder Versicherungsmaklern, zusammentun und Seminare zur Finanzplanung anbieten, von denen alle Beteiligten profitieren würden.

Die Intuition kann Ihnen auch bei den Einzelheiten des Plans helfen

»Ich habe ein Geschäft. Soll ich es jetzt verkaufen, oder soll ich es noch ein weiteres Jahr behalten?« fragen Sie als Inhaber. Oder Sie sind Immobilienmaklerin und stellen sich die Frage: »Soll ich mich im nächsten Jahr mehr auf den Bereich der Geschäfts- und Büroräume verlegen oder mich auf den privaten Wohnungsmarkt konzentrieren? Habe ich jetzt schon das Gefühl, daß die Preise auf dem privaten Wohnungsmarkt nachgeben werden, obwohl es noch keine konkreten Anzeichen dafür gibt? Wo liegt mein Markt?«

Sie wappnen sich selbst gegen alle Wechselfälle, indem Sie den Finger am Puls Ihres Arbeitsgebiets haben und damit eher imstande sind, zu agieren statt nur zu reagieren. Entwickeln Sie die Fähigkeit, eine Situation von verschiedenen Blickwinkeln aus zu betrachten, und beweisen oder widerlegen Sie Ihre Information mittels einer Kombination aus Intuition und Recherche.

Nehmen wir noch einmal das Beispiel vom Immobilienmarkt. Stellen Sie sich vor, Sie sind Planer für Bauobjekte und überlegen, ob Sie ein bestimmtes Grundstück für den Bau eines riesigen Wohn- und Geschäftskomplexes erwerben sollen.

Sie sind jedoch nicht sicher, ob die neuen baurechtlichen Vorschriften für dieses Gebiet, die gerade von der Baubehörde ausgearbeitet werden, Ihr Vorhaben begünstigen oder erschweren. In diesem Bebauungsplan wird festgelegt, wie weiträumig das Gebiet bebaut werden darf, wie die Anbindung an städtische Nahverkehrs- und Versorgungseinrichtungen geregelt ist, wie die Verteilung kommerziell und privat genutzter Bereiche aussehen soll und viele andere Einzelheiten mehr. Mit anderen Worten: Die baurechtlichen Vorschriften werden darauf Einfluß haben, ob diese Gegend attraktiv genug wird, um viele Menschen zu veranlassen, dort hinzuziehen.

In diesem Fall ist es wichtig, daß Sie ein Gespür für die Fragen entwickeln, die Sie stellen wollen, bevor Sie damit anfangen, die Einzelheiten zu analysieren: »Werden die neuen Baugesetze zu unseren Gunsten ausfallen? Wann werden sie verabschiedet? Wird die Gemeinde eine neue Schule in dieser Gegend errichten?«

Sie erhalten die Antworten auf diese Fragen ganz einfach durch Ihre Intuition.

Untermauern Sie Ihre Intuition durch Recherche und Analyse

Und was machen Sie dann? Überprüfen Sie alle Einzelheiten: Wie lange dauert es normalerweise, bis die Behörde neue Bebauungsgesetze ausgearbeitet hat? Gibt es Personen, die gegen Ihre Pläne sind? Gibt es Personen, die Sie als Fürsprecher gewinnen könnten? Stimmt Ihr Timing?

Das ist der Moment, in dem Sie alle Ihre intuitiv wahrgenommenen Informationen einer Realitätsprüfung unterziehen müssen. Wie gesagt: Vertrauen Sie nicht ausschließlich auf Ihre Intuition, wenn Sie Ihre Informationen überprüfen oder untermauern können.

Falls sich dabei ein Widerspruch zwischen Ihrer Recherche oder Analyse und Ihren intuitiven Antworten ergibt, haken Sie mit weiteren Fragen nach. Überprüfen Sie Ihre Intuition und auch alle äußeren Fakten. Und hören Sie erst dann auf, Fragen zu stellen, wenn die Fakten und Ihre Urteile mit Ihren intuitiven Schlußfolgerungen übereinstimmen.

Vergessen Sie nicht: Entscheidungen sollten nur in ganz seltenen Fällen auf Intuition allein beruhen.

Halten Sie Ihre Pläne nicht geheim

Ebenso wie die Darlegung Ihrer persönlichen Ziele kann auch die Offenbarung Ihres Plans nützliche Mitglieder für Ihr Team gewinnen. Wenn Sie als Einzelperson auf Jobsuche sind, kann es sein, daß Sie dabei neue Anhaltspunkte oder Kontakte innerhalb Ihres eigenen Bekanntenkreises oder unter dem Ihrer Freunde finden. Wenn Sie dagegen eine Firma sind, können Sie dadurch Mitarbeiter gewinnen, die Ihnen bei der Realisierung Ihrer Pläne behilflich sein können.

Aber das kann nicht gelingen, wenn Sie Ihren Plan geheimhalten. Und doch tun die meisten Menschen genau das. Ich dagegen gehe sogar so weit zu behaupten, daß es besonders wichtig ist, so viele Menschen wie möglich von Ihren Zielen und Plänen wissen zu lassen. Denn schließlich kann Ihnen niemand dabei helfen, Ihre Ziele und Pläne zu verwirklichen, wenn niemand etwas davon weiß.

Legen Sie den Plan für Ihr Team und Ihr Umfeld offen

Für jedes aktuelle und potentielle Mitglied Ihres Teams muß deutlich werden, welches Interesse er oder sie daran haben könnte, Ihnen bei Ihren Plänen zu helfen. Mit anderen Worten: Die Mitglieder Ihres Teams müssen erkennen, daß sie einen Vorteil davon haben, wenn sie Ihnen bei der Umsetzung Ihrer Pläne behilflich sind.

Es ist also wichtig, Ihren Plan so zu formulieren, daß sich die Leute aus Ihrem Team angesprochen fühlen.

Die Tücken des weitsichtigen Planens

Oft bekommt man zu hören, man müsse immer auf weite Sicht planen und langfristig denken.

Ich halte das für einen Irrtum.

Wenn Personen und Firmen versuchen, langfristig zu denken, besteht das Problem nämlich darin, daß man unmöglich präzise Zukunftspläne entwerfen kann, die lediglich auf logischen oder empirischen Daten beruhen. Annahmen werden verworfen. Pläne werden durchkreuzt. Hochrechnungen werden von der Wirklichkeit auf den Kopf gestellt. Die Dinge laufen anders als erwartet. Die Situation ändert sich. Und Sie ändern sich.

Wir wollen einmal die Grenzen des langfristigen Planens auf Firmenebene erörtern, da Firmen im Vergleich zu Einzelpersonen über weniger Flexibilität und Anpassungsfähigkeit verfügen und deshalb noch stärker auf langfristige Planung fixiert sind. Ganze Unternehmensabteilungen sind dieser Aufgabe gewidmet, und wahre Heerscharen von Angestellten treiben endlose Zahlenspiele und produzieren Was-wäre-wenn-Szenarien am laufenden Band. Die Unternehmensleitung von »Autoreifen International« gibt bekannt, ihr langfristiges Ziel sei ein Anteil von 100 Prozent vom Autoreifenmarkt. Aber die Automobilindustrie verändert sich im Lauf der nächsten zwanzig Jahre vielleicht ganz grundlegend. Oder möglicherweise gibt es sie dann nicht einmal mehr. Träte dieser Fall ein, wäre der Plan von »Autoreifen International« blind für andere Gelegenheiten. Und wäre das dann noch ein sinnvoller Plan? Natürlich nicht.

Und wie verhält es sich mit dem Konzern, der viele Millionen Dollar in den Bau einer neuen Produktionsanlage investiert, dessen Berechnungen aber auf Marktbedingungen beruhen, die in fünf oder sogar schon in drei Jahren, wenn die Fabrik schließlich fertiggestellt ist, ganz anders aussehen mögen?

Beispiel

Nehmen wir zur Veranschaulichung eines langfristigen Planungsprozesses, wie er typischerweise aussieht, folgendes Beispiel: Sie leiten eine Firma, die den Bau eines neuen Werks in Erwägung zieht. Wahrscheinlich würden Sie damit beginnen, sich die derzeitigen und die vergangenen Marktindikatoren genauer anzusehen. Oder vielleicht machen Sie auch eine Umfrage unter Ihren Konsumenten und eine Marktforschungsstudie. Ausgehend von deren Resultaten würden Sie dann eine Bedarfsanalyse erstellen. Falls Ihre Analyse zeigt, daß die Nachfrage steigt, wovon wir in diesem Fall ausgehen, würden Sie sicher die für die Konstruktion Ihrer neuen Betriebsstätte erforderlichen Investitionen tätigen.

Der intuitive Prozeß dagegen läuft etwas anders ab. Zunächst würden Sie die gleichen Recherchen anstellen, dann aber intuitiv der Frage nachgehen, ob Sie in Ihren Überlegungen etwas übersehen haben. Danach würden Sie sich auf die Frage konzentrieren, wie Sie die derzeitige Konsumentennachfrage steigern und abschätzen können und ob, ausgehend von der Gesamtheit Ihrer Informationen, ein neues Werk derzeit erforderlich ist. Wenn ja, dann können Sie es bauen lassen, und damit hätten Sie sich bereits die Produktivität der neuen Anlage zum Ziel gemacht, noch bevor der Grundstein gelegt worden wäre.

Und während das neue Werk entsteht, würden Sie Ihren Markt einer regelmäßigen Prüfung unterziehen, so daß Sie, für den Fall, daß sich Ihre ursprünglichen Kalkulationen als falsch herausstellen sollten, in der Lage wären, sofort zu reagieren. Damit läge der Schwerpunkt nicht auf einem Ereignis (der gesteigerten Nachfrage), das noch nicht stattgefunden hat. Vielmehr stünde im Mittelpunkt, jetzt etwas zu tun, um Ihr aktuelles Ziel, nämlich eine Marktnachfrage, die eine neue Fabrikanlage rechtfertigt, zu erreichen. Wenn Sie so vorgehen, können Sie auch Ihre Aktionäre oder Ihre Kunden zu einem direkten Feedback animieren – sei es positiv oder negativ –, das Ihnen als Orientierung für die Konstruktion der Betriebsstätte, die Entwicklung des zukünftigen Zielmarktes und andere weiterführende Aktivitäten dienen kann. Mit anderen Worten: Damit hätten Sie Ihre Aufmerksamkeit von der Zukunft auf die Gegenwart verlagert.

Gebrauchen Sie Ihre Intuition, um die Zukunft ins Auge zu fassen

Langfristig zu denken ist schon deshalb unmöglich, weil Sie nur im Moment reagieren können. Aber dieser Moment bezieht, wenn Sie ihn wirklich bewußt erleben und intuitiv erfassen, die Langzeitperspektive mit ein.

Deshalb ist es sehr wichtig, Ihr langfristiges Ziel täglich daraufhin zu überprüfen, ob es sich vielleicht verändert hat. Ihr langfristiges Ziel ist also immer noch, Herrscher des Universums zu werden? Na ja, ist nicht gerade ein sehr geselliger Job, aber auf dem Mars soll es um diese Jahreszeit ja ganz nett sein...

Die Intuition wird Ihr Ziel in die Gegenwart verlagern. Und sie wird es dort korrigieren. Dann können Sie Ihre Logik und Ihre Emotionen einsetzen, um die Gegenwart besser verstehen und jetzt entsprechend handeln zu können.

Ich glaube, im Grunde gibt es keinen großen Unterschied zwischen kurzfristigem und langfristigem Denken mehr, nachdem Sie erst einmal Ihr eigenes Unbewußtes und das Ihrer Firma aufgearbeitet haben. Wenn Sie sich immer ganz auf den Augenblick einlassen und sich darin stark und kompetent fühlen, werden Sie auch langfristig stark und kompetent sein.

Mit Hilfe Ihrer Intuition werden Sie Ihre langfristigen Ziele in kleinen, kurzfristigen Etappen erreichen. Wenn Sie es nicht so machen, können Sie Ihr Ziel sowieso nicht erreichen. Es geht einzig und allein um den Moment. Sie können alles und jedes jetzt und hier verändern.

Die Intuition kann die Langzeitperspektive mit einbeziehen, aber sie tut das, indem sie auf den Moment reagiert. Das ist kein Widerspruch oder Paradox, denn indem Sie jetzt stark und selbstbewußt werden, stärken Sie sich auch für die Zukunft. Ihre Intuition läßt sich von dem Gegensatz zwischen kurzfristigen und langfristigen Perspektiven nicht einschränken. Wenn Sie Ihrer Intuition die Frage stellen, ob Ihre Firma viel Geld in das Design eines neuen Logos investieren soll, wird sie automatisch die langfristigen Auswirkungen einer solchen Veränderung in Betracht ziehen und sofort mit Ja oder Nein antworten. Heute. Augenblicklich.

Wenn Sie als Einkäufer für ein großes Modehaus tätig sind und intuitiv erkennen, daß sich ein bestimmter Trend nicht vor der nächsten Saison verkaufen lassen wird, dann werden Sie diesen Kleidungsstil nicht ordern. Das heißt: Sie machen in diesem Moment die erforderlichen Korrekturen, um zukünftige Probleme zu vermeiden.

Auch wenn wir uns dessen nicht bewußt sind: Wenn wir in der unmittelbaren Gegenwart die Zukunft anvisieren, heißt das, daß wir unseren Verstand in ganzheitlichem Denken schulen. Sie lernen damit zu erkennen, inwieweit die Schritte, die heute unternommen werden, auch für morgen nützlich sind.

Und schließlich: Wenn Sie sich in Ihren Handlungen auf den aktuellen Moment beziehen, sorgen Sie dafür, daß zukünftige Probleme vermieden werden, weil Ihre Intuition ausgesprochen gut darin ist, die Zukunft vorauszuahnen. Dann können Sie die verschiedenen Elemente Ihrer Firma, Ihres Plans, Ihrer Idee oder auch Ihres Berufslebens überblicken wie ein Schachspiel: Welchen Zug muß ich in drei Monaten machen? Und dazu gibt es untenstehend die entsprechende Übung.

Wenn Sie Ihre Ziele auf diese Weise abstecken, definieren Sie mit Ihren Fragen die aktuellen Prioritäten für einen Fünfjahresplan, der mit dem heutigen Tag beginnt.

Die Uhren-Technik

In vielen beruflichen Situationen ist es nützlich, ein Gespür für ein sich anbahnendes Ereignis oder eine sich anbahnende Situation zu haben, so daß man sich frühzeitig darauf einstellen kann. Die Uhren-Technik gleicht der zeitlichen Dimension, nur daß Sie hier ein einzelnes Ereignis in den Brennpunkt rücken statt einer Abfolge von Ereignissen. Das Bild eines Zifferblattes dient dazu, Ihre intuitiven Eindrücke für ein zusammenhängendes und klar verständliches Reading zu strukturieren.

Übung 14:
Die Uhr

Stellen Sie sich vor, Sie befänden sich im Zentrum des Zifferblattes einer Uhr mit einem kleinen und einem großen Zeiger. Auf diesem Zifferblatt sind die Zahlen Zwölf, Drei, Sechs und Neun durch Kreise markiert. Wenn es Ihnen hilft, Ihre Eindrücke zu strukturieren, zeichnen Sie eine Uhr auf ein Blatt Papier und notieren Sie Ihre Eindrücke dort.

Nehmen Sie zuerst wahr, wie der Zwölf-Uhr-Kreis sich nähert. Beobachten Sie die Art und das Tempo seiner Bewegung. Wie fühlt es sich an, und inwieweit verändern sich Ihre Wahrnehmungen, während der Kreis näherkommt?

Notieren Sie jeden Gedanken, jede Erinnerung und jede Wahrnehmung, einschließlich scheinbarer Ablenkungen von außen und körperlicher Empfindungen. Wie reagieren Sie auf das Näherkommen des Kreises?

Jetzt nehmen Sie wahr, wie sich der Drei-Uhr-Kreis Ihnen nähert. Beobachten Sie die gleichen Dinge wie beim Zwölf-Uhr-Kreis. Stellen Sie die gleichen Fragen.

Wiederholen Sie diesen Prozeß für den Sechs-Uhr-Kreis und den Neun-Uhr-Kreis.

Wenn Sie mit dieser Übung fertig sind, sehen Sie auf Seite 189 nach, welche Frage Sie beantwortet haben.

Beispiel eines Kursteilnehmers

Zwölf Uhr: Ich sehe zwei Leute, die als Team arbeiten, obwohl sie zerstritten sind. Ich sehe eine schwarze Schachtel, die gefährliche Geheimnisse enthält.

Ich höre das Lied *Everybody Plays the Fool Sometimes*. Ich gehe zum Zwölf-Uhr-Kreis, denn er kommt nicht zu mir. Als ich dort angekommen bin, sehe ich Erlebnisse aus meiner Vergangenheit. Diese Erinnerungen wirken beruhigend auf mich. Ich sehe eine Farbe wie das Grün der kalifornischen Hügel an der Küste. Mein altes Ich war dort einst zu Hause. Ich könnte es immer noch sein.

Drei Uhr: Auf dem Weg zurück zur Zifferblattmitte gehe ich über den Drei-Uhr-Kreis. Dort bekomme ich all die Juwelen, die ich mir jemals erträumt hatte, aber ich bin nicht sicher, ob ich sie mitnehmen möchte. Es sind Dinge, die ich früher einmal begehrt habe. Sehr gelb.

Sechs Uhr: Ich nehme eine Veränderung in der Perspektive oder dem Aufenthaltsort wahr und ein Wiederauferstehen des Alten in einer neuen Gestalt.

Neun Uhr: Jetzt, nachdem ich selbst herausgefunden habe, wie alles funktioniert, bekomme ich endlich die Bedienungsanleitung. Ich wende sie an und stelle dabei fest, daß es auf meine eigene Art besser ging.

Interpretation

»Mein Reading kommt mir sehr klar vor: Ich starte eine neue Karriere als Unternehmer, und das könnte aus mehreren Gründen zu Konflikten mit meinem bisherigen Arbeitgeber führen.

Übung Nr. 14: Sie haben die Frage beantwortet: Wie entwickelt sich mein Geschäft?

Ich muß aufhören, ständig zu befürchten, mich zum Narren (Anm. d. Übers.: Fool = Narr) zu machen. Das hindert mich nur daran, aktiv zu werden.

Ich glaube, ich muß meinem Arbeitgeber klarmachen, daß meine neue Nebentätigkeit auch für ihn nützlich wäre, da sie ihm zusätzliche Kunden einbringen könnte.

Ich muß mir das, was ich erreichen will, erarbeiten (der Zwölf-Uhr-Kreis kommt nicht zu mir), und eine größere Akzeptanz für meine Idee schaffen, damit ich Unterstützung statt Widerstand erfahren kann. Ich denke, die Schachtel mit den dunklen Geheimnissen steht für meine Ängste und das Verheimlichen meiner Vorhaben, obwohl jeder mitgekriegt hat, daß ich etwas vorhabe. Ich nehme an, damit habe ich eine Situation geschaffen, die Mißtrauen erzeugt.

Ich glaube, mein neues Projekt wird erfolgreich, aber vielleicht sollte ich meine jetzige Tätigkeit noch nicht ganz aufgeben. Die Bilder von Kalifornien und die Farbe Gelb haben eine große Bedeutung für mich. Ich beziehe sie in erster Linie auf meinen Wunsch, eine Tätigkeit auszuüben, in der ich mehr Außenkontakte habe als jetzt. Ich denke, ich kann meine Arbeit so organisieren, daß sich mir dieses Bedürfnis erfüllt.

Die Sechs- und die Neun-Uhr-Kreise inspirieren mich zu der Frage, ob es einen Weg gibt, um meine derzeitige Tätigkeit und mein neues Projekt auf befriedigende Weise miteinander zu verbinden. Ich werde mein Ziel noch einmal überdenken und sehen, was sich dabei ergibt. Vielleicht könnte mein eigenes Unternehmen mit meiner derzeitigen Firma kooperieren, wenn ich meine Karten richtig ausspiele. Ich denke, davon würden alle profitieren.

Übung 15:
Gehen Sie auf Ihr Ziel zu

Machen Sie Ihren Bodycheck. Dann lassen Sie einfach zu, daß Sie sich in etwas verwandeln – eine Pflanze, ein Tier, ein Mineral, einen Gegenstand –, ganz gleich, was. Sie sollen aber nicht krampfhaft versuchen, etwas zu erfinden, sondern warten Sie einfach, bis es soweit ist, und nehmen Sie dann wahr, was sie geworden sind.

- In was haben Sie sich verwandelt? Beschreiben Sie sich.
- Warum sind Sie gerade das geworden?
- Wie sind Sie das geworden?
- Wo befinden Sie sich?

Schauen Sie auf Seite 193 nach, welche Frage Sie beantwortet haben.

Beispiel

»Ich bin ein Computer und biete schnelle Lösungen für alltägliche Probleme sowie verschiedene Dateien, mit denen ich automatisch Zugriff auf das Gewünschte biete.

Ich will, daß die Dinge in der Anwendung einfach, aber im Resultat differenziert sind. Ich will mir etwas ausdenken und die Organisation dann jemand anderem übertragen.

Ich habe alles vor mir ausgebreitet, sortiert, systematisiert und schließlich in einzelne Abschnitte unterteilt, die sich automatisch mit anderen Abschnitten verbinden.

Der Computer steht in einer Schule und vermittelt den Anwendern Informationen, die sie zu Hause nutzen und verarbeiten können.«

Interpretation

»Ich muß rasche Lösungen für aktuelle Probleme finden, statt endlos über eine langfristige und perfekte Lösung nachzugrübeln. Ich muß lernen, mehr zu delegieren.

Ich könnte eine Sitzung einberufen, um mit den anderen zu besprechen, welche Schwierigkeiten es gibt, und um herauszufinden, was jeder von uns zur Lösung dieser Schwierigkeiten beitragen kann. Ich muß mir ganz genau überlegen, wie ich die Probleme ansprechen soll. Vielleicht kann ich die Leute dazu anregen, sich zu Hause ein paar Fragen zu überlegen und am nächsten Tag vorzutragen.

Was mir noch an diesem Reading auffällt, ist, daß es sich als Anregung für das Marketingkonzept einiger neuer Produkte von uns lesen läßt. Ich glaube, ich sollte die Leute mehr dazu animieren, sich Gedanken über zukünftige Entwicklungen zu machen.«

Die Planung einer Stellensuche

Im weiteren Verlauf dieses Kapitels werden wir die Planungsprinzipien, die wir bisher erörtert haben, auf eine Situation anwenden, die uns sicher allen vertraut ist: einen neuen oder besseren Job zu finden.

Die drei Job-Szenarien

Meiner Erfahrung nach fallen karriere- oder stellenbezogene Entscheidungen immer in eine der folgenden drei Kategorien:

Szenario 1:   Sie haben im Moment keine Ahnung, was Sie beruflich anfangen sollen. Möglicherweise sind Sie auch arbeitslos, und, was das Problem zusätzlich erschwert, Sie wissen nicht, in welchem Bereich Sie nach einer Stelle suchen sollen.

Szenario 2: Sie wissen zwar, was Sie gerne tun würden, aber Sie sitzen in einem Job fest, der Sie nicht zufriedenstellt. Vielleicht hat diese Arbeit einmal Ihre Bedürfnisse erfüllt, aber entweder haben sich inzwischen Ihre Bedürfnisse verändert, oder Ihre Firma hat sich verändert. Jetzt wollen Sie eine andere Richtung einschlagen. Wie sollen Sie das anstellen?

Szenario 3: Sie haben mehrere Jobangebote erhalten und wissen nicht, für welches Sie sich entscheiden sollen.

Und dann gibt es natürlich noch die Möglichkeit, daß Sie sich selbständig machen wollen, worüber wir im Anschluß reden werden.

Szenario 1:
Sie wissen nicht, was Sie
gerne tun würden

Von dieser Situation handelt ein Großteil dieses Ratgebers, denn sie stellt eines der am schwierigsten zu lösenden Probleme dar. Aber wenn Sie die vorangegangenen Übungen gemacht haben, wissen Sie vielleicht schon etwas mehr über Ihre Bedürfnisse und Werte.

Übung Nr. 15: Was muß ich jetzt tun oder herstellen, um mein Ziel zu erreichen?

Szenario 2:
Sie haben einen Job, der Ihnen nicht mehr gefällt, und wollen sich verändern

Wenn Sie das Gefühl haben festzusitzen, sind Sie sich Ihrer Möglichkeiten vielleicht nicht bewußt: Sie können sich entweder innerhalb Ihrer Firma eine neue Tätigkeit suchen – vielleicht auch eine Beförderung anstreben –, oder Sie bewerben sich bei einer anderen Firma. In der Zwischenzeit können Sie allerdings versuchen, mit Ihrer jetzigen Position zufriedener zu sein, indem Sie entweder Ihre Tätigkeit so umgestalten, daß sie Ihren Bedürfnissen besser entspricht, oder Ihre Bedürfnisse an die Gegebenheiten anpassen.

Die folgende Übung wird Ihnen für beide Möglichkeiten hilfreiche Informationen vermitteln.

Übung 16:
Die Landkartentechnik

Es empfiehlt sich, diese Übung auf Kassettenrekorder aufzunehmen und gleichzeitig mit Papier und Bleistift zu arbeiten, so daß Sie eine Landkarte zeichnen können. Sie werden sich nun genauer anschauen, was in Ihrem Job und dessen Umfeld vor sich geht, welche Verbindungen sich auftun und inwieweit Sie Bewegungsspielraum haben.

Nehmen Sie sich selbst als die Mitte der Landkarte wahr und wählen Sie verschiedene Richtungen, die Sie von dort aus einschlagen wollen. Folgen Sie jeder dieser Richtungen und beobachten Sie, welche Personen Ihnen dabei einfallen und welche Begegnungen mit diesen Personen möglich sind. Finden Sie heraus, wann und wieso es zu einer Begegnung kommt. Geben Sie den Personen den Platz auf Ihrer Landkarte, den Sie für angemessen halten.

Achten Sie darauf, ob und wie sich Ihr Weg verändert, wo er Sie hinführt und wie lange es dauert, bis Sie an Ihrem Ziel angekommen sind.

Manche Wahrnehmungen mögen keinen Sinn ergeben, wie zum Beispiel:»Lade den Hausmeister zum Essen ein.« Das macht nichts, denn es geht hierbei nur darum, einen inneren, symbolhaften Prozeß zu veranschaulichen.

Verwenden Sie die bisher gelernten Techniken, um sich mental in jede Person hineinzuversetzen, die Ihnen auf Ihrem Weg begegnet – allerdings immer von Ihrem Standpunkt aus –, und eine Vorstellung davon zu bekommen, wer wohin unterwegs ist, mit welchem Ziel, und ob das eine praktikable Alternative für Sie wäre. Wenn Sie an eine Wand oder ein Hindernis stoßen, versuchen Sie festzustellen, ob es einen Weg gibt, der darum herum führt. Finden Sie keinen, kehren Sie wieder um.

Integrieren Sie auch die zeitliche Dimension in Ihre Landkarte: Das ist der Weg von heute, das ist der in zwei Wochen und so weiter. Halten Sie fest, wie Sie Ihre Umwelt wahrnehmen, während Sie die Karte zeichnen. Was davon können Sie beeinflussen? Was nicht? Wie können Sie das Draußen nach Drinnen bringen? Worauf müssen Sie Ihre Energien konzentrieren?

Wir setzen einen Großteil unserer mentalen Energie für Dinge ein, die sich außerhalb unseres Einflußbereichs befinden. Das gilt es zu vermeiden! Sie müssen zwar wissen, was in Ihrem Umfeld vor sich geht, um damit arbeiten zu können, aber Sie brauchen sich nicht in diese Vorgänge verwickeln zu lassen. Ihre Intuition wird Ihnen aufzeigen, was um Sie herum passiert, so daß Sie sich entscheiden können, ob Sie es akzeptieren oder sich davon abgrenzen wollen. Chaotische Situationen können Ihre Energie vollständig aufzehren, wenn Sie nicht darauf vorbereitet sind. Aber in kontrollierter Form kann das Chaos auch ungeheuer kreativ sein. Ihr Ziel besteht natürlich darin, Ihre Energie in jene Richtungen zu lenken, die für Sie am produktivsten sind.

Fragen Sie sich selbst: Wo sollte ich sein? Wo möchte ich sein? Gibt es einen Weg, der dorthin führt? Zu wem gehe ich? Versuche ich, nach draußen zu gehen, was bedeuten könnte: meine Firma zu verlassen, um mein Ziel besser erreichen zu können?

Wenn Sie diese Landkarte zeichnen, können Sie erkennen, ob sich aus Ihren Wegen und Verbindungen ein Muster ergibt.

Vielleicht werden Sie von Ihren verdeckten Motiven behindert

Eine mögliche Erklärung für Ihre Unzufriedenheit könnte in etwas liegen, dem Sie ernsthaft nachgehen sollten: Kann es sein, daß Ihr Job, obwohl Sie ihn auf bewußter Ebene ablehnen, Ihren verdeckten Motiven und Bedürfnissen entspricht?

Und schließlich könnten Sie auch deshalb an Ihrer unbefriedigenden Arbeitsstelle festhalten, weil Sie Angst vor der Veränderung haben. Falls das auf Sie zutrifft, gebe ich Ihnen zu bedenken, daß das Risiko, in einem Job zu verharren, in dem Sie Ihre Bedürfnisse unterdrücken müssen, größer ist als das einer Veränderung.

Warum auf die richtige Stellenanzeige warten? Werden Sie jetzt aktiv und schaffen Sie sich einen Job

Angenommen, Sie arbeiten in der Abrechnungsstelle einer internationalen Bank, wo Sie sich besonders mit der Entwicklung und Anwendung spezieller Datenverarbeitungsprogramme beschäftigt haben. Sie haben die Landkartenübung gemacht, und die dabei gewonnenen intuitiven Erkenntnisse haben Sie darauf gebracht, daß in der neu eingerichteten Bankabteilung für elektronische Kundenbetreuung demnächst eine interessante Marketingposition besetzt werden soll. Sie wollen diese Position. Im Internet liegt die Zukunft, Sie kennen sich mit dieser Technologie bestens aus, und Sie könnten Ihr Wissen an dieser Stelle nutzbringender und direkter einbringen als in Ihrer jetzigen Tätigkeit.

Nachdem Sie Ihre Intuition auf dieses Ziel angesetzt haben, besteht Ihr nächster Schritt darin, so viele Informationen zu sammeln wie möglich. Vergessen Sie nicht, wie wichtig es ist, Ihre intuitiven Eindrücke durch harte Fakten zu untermauern. Also laden Sie jemanden von der neuen Abteilung zum Mittagessen ein, der Ihre intuitiven Erkenntnisse bestätigen könnte, und stellen Sie die relevanten Fragen: Wann soll das neue Projekt anlaufen? Wurde eine Marktstudie erstellt? Was waren die Resultate? An welche Zielgruppe ist gedacht? Gibt es bereits praktische Erfahrungen mit der Abwicklung von Bankgeschäften über Internet? Wenn ja, welche Probleme sind dabei aufgetreten? Was ist die größte Herausforderung für das nächste Jahr? Wer sind die Hauptkonkurrenten auf diesem Sektor? Inwieweit ist der Service besser oder anders als der anderer Banken? Nach welchen Qualifikationen wird bei der Besetzung der neuen Marketingposition gesucht?

Auf der Grundlage dieser Informationen müssen Sie nun eine Strategie entwickeln, mit der Sie Ihren Vorgesetzten klarmachen können, daß für die Marketingposition jemand mit technischen Fertigkeiten besonders geeignet ist. So könnten Sie Ihre Bewerbung auf diese Stelle beispielsweise damit begründen, daß Ihre besondere Qualifikation in der Verbindung von technischem Wissen mit kundenorientierter Anwendung liegt. Damit hätten Sie ein wesentlich überzeugenderes Argument angebracht, als wenn Sie sich lediglich als »Computerfreak« darstellen würden.

Auf diese Weise haben Sie Ihre Fertigkeiten als »X-Spezialist« darauf übertragen, was man als »Y-Manager« braucht. Bewußt oder unbewußt haben Sie Ihre eigenen Stärken mit der Person in Einklang gebracht, die Sie sein müssen, um den neuen Job zu bekommen.

Szenario 3: Sie haben mehrere Stellenangebote erhalten, wissen aber nicht, für welches Sie sich entscheiden sollen

Das ist ein beneidenswertes »Problem«! Hier können Sie es sich nämlich leisten, nur nach der Frage zu gehen: Welche der angebotenen Tätigkeiten würde mir am meisten zusagen?

Allerdings müssen Sie Ihre persönlichen Kriterien genau definieren, um die Frage präzise zu formulieren:

• Was ist unbefriedigend für mich?
• Ist mir wichtig, daß meine Arbeit kreativ ist?
• Ist mir wichtig, wieviel Geld ich mit meiner Arbeit verdiene?
• Will ich mehr Kontrolle und Verantwortlichkeit?
• Strebe ich eine Führungsposition an?

Sollte sich die Wahl nach der Beantwortung dieser Fragen nicht bereits entschieden haben, empfehle ich, für jede Alternative ein intuitives Reading zu geben. Legen Sie dazu einen Fragenkatalog an, so daß Sie vergleichbare Informationen erhalten. Und das sind die Fragen, die Sie stellen sollten:

• Wen sollte ich wegen dieser Stelle kontaktieren?
• Welche meiner persönlichen und meiner fachlichen Qualitäten findet die betreffende Firma am ansprechendsten? (Denken Sie aber daran: Sie wollen keinen Lebenspartner, sondern einen Job!)
• Mit welchen Schwierigkeiten könnte dieser Job für mich verbunden sein?

- Welche potentiellen Schwierigkeiten oder Defizite könnte die Firma in mir sehen?
- Wann würden sie mich einstellen wollen, beziehungsweise was wäre für mich der beste Zeitpunkt, um mich mit ihnen in Verbindung zu setzen?

Denken Sie immer daran: Ihre intuitiven Eindrücke mit den Fakten und Informationen zu vergleichen, die Ihnen über jede potentielle Arbeitsstelle zur Verfügung stehen.

Noch einmal die Übung mit dem Spielzeuggeschäft

Diese Übung (siehe Seite 120) sollte Ihnen helfen, herauszufinden, was Sie am liebsten tun würden. Wenden Sie sie nun auf die vorliegende Situation an, indem Sie fragen, welche der angebotenen Tätigkeiten das Kind in Ihnen am glücklichsten machen würde.

Die Selbständigkeit als Alternative

Wie bereits erwähnt: Eine andere Möglichkeit besteht darin, sich für keine der angebotenen Stellen zu entscheiden, sondern sich selbständig zu machen. Dabei sind die Fragen, denen Sie nachgehen müssen, im Grunde die gleichen wie bei der Stellungssuche. Allerdings mit dem wesentlichen Unterschied, daß Sie hierbei Ihr Schicksal in die eigene Hand nehmen. Der Vorteil dieser Alternative ist, daß Sie bei der Integrität Ihrer Bedürfnisse keinerlei Kompromisse machen müssen und eine Position wählen können, die vollkommen auf Ihre persönlichen Werte abgestimmt ist.

Kapitel 14

Distanz wahren

Halten Sie Ihre Logik, Ihre Emotionen und Ihre Intuition auseinander

Das ist leichter gesagt als getan. Ihr Gehirn kann Informationen auf wesentlich komplexere und differenziertere Weise verarbeiten als jeder Computer. Dazu müssen Sie nicht einmal etwas tun. Jede Sekunde des Tages nehmen Sie sowohl innere als auch äußere Vorgänge wahr. Das Gehirn verbindet dann automatisch alle Ihre Sinneswahrnehmungen, Gedanken, Gefühle und Erinnerungen, so daß Sie erkennen können, was vor sich geht.

Eben weil dieser Prozeß so komplex ist, läßt sich eine Form der Informationsaufnahme nur sehr schwer von der anderen unterscheiden. Das ist verwirrend, und es verhindert auch, daß wir eine einzelne logische, emotionale oder intuitive Information durch andere überprüfen. Sie haben zum Beispiel die Möglichkeit, die Richtigkeit Ihrer intuitiven Informationen zu überprüfen, indem Sie sie mit Ihren rationalen und emotionalen Schlußfolgerungen vergleichen. Dabei ist mit einigen Abweichungen zu rechnen. Ich behaupte sogar, daß mit Ihren intuitiven Schlüssen wahrscheinlich etwas nicht stimmt, wenn sie jedesmal vollkommen mit dem übereinstimmen, was Ihnen Ihr Verstand und Ihre Gefühle sagen.

Zuerst Intuition, dann Logik und dann Emotion

Sie sollen lernen, sich mit einer bestimmten Situation oder Frage zuerst intuitiv, dann verstandesmäßig und zuletzt gefühlsmäßig auseinanderzusetzen. Im Idealfall können Sie bewußt diese Reihenfolge bestimmen. Im wirklichen Leben laufen diese Vorgänge jedoch unbewußt und ohne die Möglichkeit einer äußeren Strukturierung ab. Sie sollten daher versuchen, Ihr logisch-analytisches Denken lange genug zurückzuhalten, damit sich Ihre Intuition frei und ungehindert mit dem Problem befassen kann.

Beachten Sie die im Gegensatz zum herkömmlichen Muster des kreativen Denkprozesses völlig andere Reihenfolge meiner Methode. Im allgemeinen geht man nämlich davon aus, daß ein Problem direkt und frontal mit allen zur Verfügung stehenden logisch-analytischen Werkzeugen angegangen werden sollte. Erst wenn man es erschöpfend analysiert hat, dürfe man das Problem dem intuitiven, unbewußten Denken überlassen. Und dann werde einem früher oder später die Lösung wie aus heiterem Himmel zufliegen. Angeblich sind viele bahnbrechende wissenschaftliche Entdeckungen auf diese Weise gemacht worden.

Das Problem dieser Herangehensweise besteht jedoch darin: Hat sich Ihr rational-logisches Denken erst einmal in eine Frage oder ein Problem verbissen – wie ein hungriger Hund in ein Stück Fleisch –, wird es nicht mehr loslassen. Weil wir als Erwachsene gelernt haben, die Dinge rein analytisch anzugehen und unsere Instinkte zu vernachlässigen, lassen wir unsere intuitiven Eindrücke und deren Interpretation nur allzuleicht von unserem Intellekt beeinflussen.

Je weniger Sie wissen, desto mehr werden Sie auf Ihre Intuition achten

Wie gelingt es uns also, unsere Intuition vor störenden Einflüssen des rationalen Denkens zu schützen? Eine – besonders für Anfänger – wirksame Methode besteht darin, das rationale Denken von jeglicher Information abzuschirmen. Das heißt: Wollen Sie Ihre Intuition wahrnehmen, ist es am besten, wenn Sie über keinerlei Hintergrundinformationen verfügen.

Darin liegt der Hauptzweck der Technik des »blinden Readings« und einer der Gründe, warum wir nicht öfter unsere Intuition einsetzen: Meistens haben wir einfach ein Übermaß an Informationen zu verarbeiten.

Hier ein Beispiel dafür, wie schnell sich das rationale Denken in den Vordergrund schiebt: Sie haben eine wichtige Verabredung mit einer Person, die Sie noch nicht kennen. Das ist eine im Berufsleben ganz alltägliche Situation, wie sie sich beispielsweise bei einem Vorstellungsgespräch oder der Begegnung mit einem neuen Kunden ergibt.

Geben Sie Ihrem Verstand auch nur den kleinsten Hinweis über diese Person – wie etwa einen Namen –, dann setzt sich sofort Ihr analytischer Denkapparat in Bewegung, und zwar noch bevor Sie es merken! Nehmen wir an, der Name der Person lautet Goldberg. Daraufhin wird Ihr Gehirn sofort sämtliche Erinnerungen, Erfahrungen, Mutmaßungen und Assoziationen, die Sie mit diesem Namen verbinden, abrufen und daraus ein bestimmtes Bild von der betreffenden Person entwerfen. Das Problematische daran ist nur, daß solche Informationen nicht als vorläufige Hinweise, sondern in den meisten Fällen als Fakten gespeichert werden. Wahrscheinlich wären Sie einigermaßen überrascht, wenn Ihnen dann Whoopi Goldberg vorgestellt würde. Ich wette, Sie haben sich nicht nur keineswegs die bekannte amerikanische Schauspielerin vorgestellt, sondern überhaupt eher an einen Herrn als eine Frau Goldberg gedacht.

Deshalb gebe ich Ihnen den Rat, daß Sie Ihre intuitiven Wahrnehmungen festhalten, bevor Sie auch nur das geringste über die fragliche Person wissen. Damit meine ich, daß Sie am besten überhaupt nichts über sie wissen. Sogar wenn Sie nur ganz kurz ein Photo von ihr gesehen haben, reicht das aus, um Ihrem rationalen Denken alle möglichen visuellen Informationen zu geben, basierend auf den äußeren Merkmalen dieser Person. Selbst der Klang einer Stimme am Telefon enthält eine erstaunliche Menge an Informationen.

Allerdings gilt auch hier: Nachdem Sie Ihre intuitiven Eindrücke aufgezeichnet haben, können und sollen Sie Ihren Verstand und Ihre Emotionen befragen.

Tägliche Übung:
Was bin ich?

Zu dieser Übung habe ich mich von der alten Fernsehserie *Heiteres Beruferaten* inspirieren lassen – in den USA hieß die Sendung *What's My Line?*. Nur daß wir hierbei den Kandidaten keine Fragen stellen können und noch nicht einmal ihre typische Handbewegung kennen.

Bevor Sie jemanden kennenlernen, wenden Sie ganz spontan die Einfühlungsmethode in der Ichform an: Was braucht diese Person? Wovor fürchtet sie sich? Was würde sie gerne hören? Mit welchem Aspekt meines persönlichen und beruflichen Werdegangs könnte sie am meisten anfangen?

Um möglichst unvoreingenommen zu sein, sollten Sie diese Technik anwenden, bevor Sie noch den kleinsten Hinweis über Ihr Gegenüber haben.

Weitere Methoden, um Ihr analytisches Denken auszuschalten

Zusätzlich zu einem »blinden Reading« haben Sie bereits eine gewisse Übung in einer anderen Technik, mit der sich das gewünschte Resultat ebenfalls erzielen läßt: Und zwar indem Sie während Ihres Readings kontinuierlich über Ihre Eindrücke sprechen. Wenn Sie einfach alles sagen, was Ihnen durch den Kopf geht, geben Sie Ihrem rationalen Denken keine Gelegenheit, sich einzumischen.

Eine andere wirkungsvolle Technik besteht darin, sich ein Symbol oder eine Metapher für Ihr Ziel auszudenken und das Reading in bezug darauf durchzuführen. Das Symbol ist ein intuitives Werkzeug, das Ihnen hilft, Distanz zu Ihrem Thema zu wahren, sei es zu einer Person, einer Firma, einem Produkt, einem Ereignis oder einer Situation.

Sie müssen auch emotional Distanz wahren

Logik ist nicht das einzige, was sich störend auf Ihren intuitiven Prozeß auswirken kann. Die obige Technik läßt sich ebenfalls anwenden, um zu verhindern, daß Ihre intuitiven Eindrücke von Ihren Emotionen beeinflußt werden.

Zum Beispiel: Sie sprechen gerade mit einem befreundeten Kollegen. Und er fragt Sie, ob Sie glauben, daß er die Beförderung erhalten werde, auf die er so lange hingearbeitet hat. Ihre Intuition sagt Ihnen, daß er nicht nur nicht befördert, sondern demnächst entlassen werden wird!

Nun ist es aber so, daß Sie freundschaftliche Gefühle für diese Person hegen. Sie wissen, wie hart Ihr Kollege gearbeitet hat, und wünschen ihm die Beförderung fast ebensosehr wie er selbst.

Diese intensiven Gefühle können nun leicht Ihre sehr viel subtileren intuitiven Eindrücke außer Kraft setzen und auch alle anderen Erkenntnisse, die Ihnen Ihr rationales Denken hätte vermitteln können. Dieser Vorgang läuft in Bruchteilen von Sekunden ab, und danach lautet Ihre prompte Antwort: »Ich bin ganz sicher, daß du befördert wirst!« Das ist keine Lüge, zumindest keine wissentliche. Sie sind wirklich zutiefst überzeugt davon. Und zwar deshalb, weil Ihre Emotionen Ihre Intuition und Ihren Intellekt vollkommen überlagert haben.

Zur Erinnerung

Zuerst Intuition, dann Logik, dann Emotion.

Bleiben Sie innerlich distanziert!

Um ein genaues Reading geben und klar denken zu können, müssen Sie eine distanzierte Haltung einnehmen. Zusätzlich zu den bereits beschriebenen Techniken (blindes Reading, kontinuierliches Sprechen, die Verwendung von Symbolen) gibt es noch zwei weitere Methoden, die Ihnen helfen, objektiv zu bleiben.

Die erste: Vor dem Reading überlegen Sie sich, welche Resultate Sie vermeiden wollen, und lassen dann bewußt die Möglichkeit zu, daß Sie sogar mit diesen fertigwerden. In der Schule war ich eine miserable Volleyballspielerin. Wenn es so aussah, als könnte mich der Ball treffen, habe ich bloß die Augen zugemacht, statt ihm auszuweichen. Man hat aber immer die Wahl!

Die zweite Methode besteht darin, sich klarzumachen, daß uns ein Resultat möglicherweise nur aufgrund unserer begrenzten Kenntnisse und Perspektiven negativ vorkommt. Natürlich gibt es Dinge, die einfach nur schrecklich sind, egal aus welcher Perspektive wir sie sehen. Aber abgesehen von solch eindeutigen Tragödien können wir nie sicher sein, ob etwas wirklich so furchtbar ist, wie es uns zunächst erscheint. Manchmal glauben wir nur, ein bestimmtes Ereignis sei negativ oder schmerzhaft, dabei könnte es in Wirklichkeit äußerst positiv für uns sein.

Um bei obigem Beispiel zu bleiben: Die Tatsache, daß Ihr Kollege seine Stelle verliert, könnte dazu führen, daß er anderswo eine viel bessere findet. Oder dazu, daß er beruflich eine vollkommen neue Richtung einschlägt und dabei ungemein erfolgreich wird. Oder dazu, daß er nun mehr Zeit mit seiner Familie verbringt, was sein geheimer Wunsch war.

Man kann nie wissen!

Mit etwas Übung werden Sie lernen, bei einem intuitiven Reading eine distanzierte Haltung zu Ihrem jeweiligen Thema einzunehmen. Das heißt, Sie werden fähig sein, Ihre Aufmerksamkeit so zu fokussieren, daß Sie in der intuitiven Arbeit distanziert und objektiv bleiben können.

Objektivität ist besonders wichtig, wenn Sie ein Reading in eigener Sache geben

Für gewöhnlich ist es am schwierigsten, objektiv zu sein, wenn es um uns selber geht. Ich empfehle Ihnen deshalb, dieses Kapitel noch einmal zu lesen, um sich besonders jene Punkte einzuprägen, die sich auf persönliche Readings beziehen.

Tägliche Übung:
Den Silberstreifen am Horizont erkennen

Vom Verstand her zu wissen, daß scheinbar negative Resultate schließlich doch ein Segen sein können, ist eine Sache. Aber es ist eine ganz andere, diese Möglichkeit auch mit Ihrem Herzen, Ihrer Seele und Ihrem Unterbewußtsein zu begreifen. Denken Sie sich deshalb von Zeit zu Zeit fiktive Szenarien aus, die auf den ersten Blick für jemand anderen – oder für Sie selbst – negativ wirken, und überlegen Sie sich, wie man damit fertigwerden und wie man ihr positives Potential erkennen könnte.

Eine Intuitionsgeschichte

Es war das Jahr 1976, und ich arbeitete als Ausbildungsleiter bei *Citicorp*. Meine Karriere war bis zu diesem Zeitpunkt nicht gerade spektakulär verlaufen. Ich war eher der zurückhaltende und gewissenhafte Typ und hatte meine Stellung im mittleren Management der Personalentwicklungsabteilung durch fachliche Kompetenz und Teamarbeit erlangt. Ich hatte es in meinem Tätigkeitsgebiet fast ausschließlich mit Menschen zu tun, und da lernte ich, auf mein Gespür für das zu vertrauen, was sinnvoll ist, was funktioniert und was sich richtig anfühlt.

Im gleichen Jahr veränderte sich mein Leben jedoch dramatisch, als der Personalchef mir die Aufgabe übertrug, das beste Management-Ausbildungsprogramm zu entwerfen, das *Citicorp* je hatte. Mir war klar, wieviel davon abhängen würde, seine hochfliegenden Erwartungen zu erfüllen, und diese Erkenntnis verunsicherte mich um so mehr, als ich bis dahin keinerlei Erfahrung mit Managementtraining hatte.

Als erstes stellte ich ein Team von Personalentwicklungs-Experten zusammen. Dann engagierte ich einen Berater und kontaktierte andere Firmen, um zu sehen, was es dort auf diesem Gebiet gab. Basierend auf unserer umfassenden Recherche und Analyse, entwarfen meine Mitarbeiter ein Ausbildungsprogramm und legten es mir zur Genehmigung vor.

Ich verbrachte mehrere Stunden damit, das Konzept durchzuarbeiten und mir auszumalen, wie es in der Praxis ablaufen würde. Mit seinen verschiedenen Elementen wie Vorlesungen, Seminaren, praktischen Übungen und Rollenspielen war es sicher ein gut durchdachter und inhaltsreicher Entwurf.

Trotzdem sagte mir mein Instinkt, daß etwas fehlte. Ich stellte mir vor, ich selbst würde dieses Ausbildungsprogramm absolvieren, und hatte das Gefühl, es ginge irgendwie an meinen persönlichen Bedürfnissen vorbei. Mir wäre nämlich wichtig gewesen, daß der Kurs mir vermittelt, was ich wirklich lernen mußte, um ein besserer Manager zu werden.

Als ich mir selbst die Frage stellte, wie wir das erreichen könnten, sah ich plötzlich vor meinem geistigen Auge, wie alle Schüler den Kurs mit etwas ganz Unterschiedlichem und Eigenem verließen. Und ich hatte außerdem den Eindruck, das Programm bewege sich spiralförmig vorwärts.

Die Lösung war ziemlich einfach. Wir fügten dem Bewerbungsformular einen Abschnitt hinzu, in dem wir die Teilnehmer aufforderten, folgende Fragen zu beantworten: »Welches persönliche Lernziel verbinden Sie mit dem Kurs? Über welches Fachgebiet würden Sie gerne mehr lernen? Auf welche Weise könnten Sie Ihre Arbeit im Management verbessern?«

Ihr jeweiliges Feedback sollte den Teilnehmern später als Orientierungshilfe dienen, so daß sie die Schwerpunkte des Ausbildungsprogramms auf ihre individuellen Lernbedürfnisse abstimmen konnten. Damit hatten wir ein individuell maßgeschneidertes Ausbildungskonzept. Und als ich erkannt hatte, wie wichtig diese Komponente war, wußte ich, daß das Programm funktionieren würde!

In meiner Präsentation der Arbeitsergebnisse wurde das Feedback-Element zum hervorstechenden Merkmal. Mein Chef nahm den Vorschlag sofort an, und das Ausbildungsprogramm wurde ein Riesenerfolg in allen nationalen und internationalen *Citicorp*-Niederlassungen.

Kapitel 15

Wie kann ich mich selbst und das, was ich anbiete, am besten präsentieren?

(Um Ihr Produkt, Ihren Service oder Ihre Fähigkeiten erfolgreich zu vermarkten, müssen Sie die Sprache Ihres Marktes sprechen.)

Das persönliche Gespräch: Der Schlüssel zu allen Verhandlungen

Die Präsentation Ihrer Informationen bestimmt häufig, ob Ihr Gegenüber »anbeißt« oder nicht. Das gilt für eine Person und eine Firma ebenso wie für Ihren Markt. Ein Beispiel: Dieselben Angestellten, die vorher für Lohnerhöhungen gestreikt hätten, nahmen nach entsprechender Überzeugungsarbeit bereitwillig Gehaltskürzungen in Kauf, um die Jobs ihrer Kollegen zu sichern. Man kann also das gleiche Problem in einem anderen Kontext ganz anders lösen.

Oder ein weiteres Beispiel aus der Immobilienbranche: Sie haben das Gefühl, daß ein bestimmter Klient spezielle Informationen braucht. Dann sollten Sie diese im Verkaufsgespräch besonders hervorheben. Dadurch haben Sie die Möglichkeit, etwaige Probleme zu klären und letztendlich einen höheren Preis zu erzielen. Und falls Ihnen Ihre Intuition sagt, Ihr Klient wolle sich nur mal umschauen und sei nicht ernsthaft an einem Kauf interessiert, dann könnten Sie mit anderen Klienten, die das gleiche wollen, die entsprechenden Objekte zusammen besichtigen, statt übermäßig viel Aufmerksamkeit und Zeit in jeden einzelnen zu investieren.

Angenommen, ein bestimmtes Objekt müßte vor dem Weiterverkauf noch renoviert werden, und Sie haben den Eindruck, daß sich ein potentieller Käufer davon abschrecken lassen könnte. Also erklären Sie ihm: »Die Wohnung muß neu gestrichen werden. Wir haben einen Kostenvoranschlag eingeholt, und der beläuft sich auf circa dreitausend Dollar. Die Verkäufer sind gerne bereit, das zu übernehmen, oder wir können diesen Betrag auch vom Verkaufspreis abziehen.« Auf diese Weise haben Sie offen und ehrlich auf den Minuspunkt hingewiesen und es dem Käufer dadurch leichter gemacht, sich auf die Pluspunkte der Immobilie zu konzentrieren. Die Art, wie Sie einem Klienten Ihre Informationen vermitteln, ist sehr wesentlich für den Verkaufserfolg.

Eine befreundete Rechtsanwältin hatte einmal das Gefühl, sie werde einen wichtigen Prozeß verlieren, und fragte mich am Vortag der Verhandlung, ob das meiner Meinung nach zutreffe. Ich formulierte Ihre Frage sofort um, so daß sie lautete: »Wie kann ich ein positives Resultat erzielen?« Meine Intuition sagte mir, sie solle zwar auf die Argumente der Gegenseite eingehen, sich aber von ihnen nicht aus dem Konzept bringen lassen. Sie könne den Fall nur gewinnen, wenn sie bei ihrer Strategie bleibe. Also sagte ich ihr: »Du wirst alle Argumente der Gegenseite durch deine Logik entkräften, so daß ihre Strategie in sich zusammenfällt wie ein Kartenhaus.«

Und genauso war es dann auch. Ich hatte sie für ihren Auftritt gerüstet, ohne ihr zu sagen, daß sie sich möglicherweise von der Gegenseite verunsichern lassen würde, denn das hätte sie nur nervös gemacht. Mit anderen Worten: In diesem Fall hätte es ihr nicht geholfen, wenn ich ihr sämtliche Informationen, die mir meine Intuition vermittelt hat, weitergegeben hätte.

Kommunikation
mit der Schnellschußtechnik

Folgende Übung wird Ihnen helfen, im Gespräch prompt und instinktiv auf die Bedürfnisse einer anderen Person zu reagieren.

- Wenn das nächste Mal Ihr Telefon läutet, heben Sie nicht sofort ab, sondern beachten Sie, was Sie wahrnehmen (Bodycheck), und gehen Sie dann im Geiste schnell folgende Fragen durch: Wer ist es? Ist es jemand, den ich kenne? Warum ruft er oder sie an? Was ist seine oder ihre Botschaft?

  Sie werden nicht nur überrascht sein, wie oft Sie Ihre Anrufer im voraus erkennen, sondern auch feststellen, daß Sie in den folgenden Telefongesprächen auch konzentrierter und einfühlsamer sein können.
- Hier eine Internet-Version dieser Übung: Bevor Sie Ihre E-Mails lesen, können Sie mittels Intuition herausfinden, welche davon wichtig sind, von wem sie kommen und worum es in ihnen geht.
- Wenn Sie auf dem Weg zu einer Besprechung sind, deren Teilnehmer Sie nicht kennen, fragen Sie sich: Wie viele Personen werden dasein? Welches sind die offenen und die verdeckten Bedürfnisse der einzelnen Teilnehmer? Was soll ich zuerst fragen oder sagen? Wie werden die anderen darauf reagieren?

Mit dieser Übung können Sie bei jeder Art von persönlicher Begegnung wertvolle Informationen darüber erhalten, mit wem Sie es zu tun haben und worum es Ihrem Gegenüber geht.

Übung 17:
Antworten vorhersagen

Wählen Sie vier Menschen aus, mit denen Sie am Abend des heutigen Tages sprechen werden, und überlegen Sie intuitiv, wie jeder von ihnen auf die Frage antworten wird: »Wie war dein Tag?« Lassen Sie die Antworten im Geiste kurz und spontan sein.

Wenn Sie diesen Personen begegnen, stellen Sie ihnen genau diese Frage und vergleichen Sie die Antworten mit Ihren intuitiven Wahrnehmungen.

Beachten Sie, daß die Befragten möglicherweise nicht ganz wahrheitsgemäß Auskunft geben. Sollten Sie diesen Eindruck haben, vermerken Sie das. Je öfter Sie diese Übung machen, desto präziser werden Ihre Antworten ausfallen, und damit haben Sie eine Methode, die Ihnen bei Augenblicksentscheidungen helfen wird.

Probieren Sie es aus. Und wenn es sich komisch anfühlt, tun Sie so, als ob. Ich bin sicher, daß Sie die Resultate überzeugend finden werden.

Sprechen Sie die Sprache
Ihrer Umgebung

Wenn Sie mit anderen Menschen über ein bestimmtes Ziel verhandeln, müssen Sie sich notwendigerweise deren Sprache aneignen. Mit Sprache meine ich die Art, wie sie ihre Bedürfnisse und Überzeugungen ausdrücken und darstellen. Bleiben Sie sich Ihres eigenen Ziels immer bewußt, während Sie es in einer Sprache darlegen, die für Ihr Gegenüber verständlich und akzeptabel ist.

Neulich habe ich diesen Leitsatz in der praktischen Anwendung erlebt: Ich ging mit meinem fünfjährigen Sohn, den zum Schüler zu haben sich jede Lehranstalt glücklich schätzen sollte, zu Gesprächen mit den Direktoren der wenigen Grundschulen in Manhattan, die überhaupt noch Neuzugänge aufnehmen. Ich wußte, daß bei Schulen oberhalb der fünfundsechzigsten Straße ein Hemd oder Polohemd angebracht und Jeans verpönt sind, während sein Outfit in einer Stilmischung aus Terminator und Rumpelstilzchen für die Downtown-Schulen genau richtig war. Uptown war Händeschütteln üblich. Downtown dagegen war es obligatorisch, mit »Hi« zu grüßen, während man sich nur die Hand gab, wenn man Lust dazu hatte. Und die von meinem Sohn selbstkreierte Grußformel: »Hau rein, Mann« kam hier bestens an.

Mein Sohn fühlt sich in beiden Umfeldern und in beiden »Persönlichkeiten« zu Hause. Aber ich wußte, welche von beiden er sein mußte, damit die Schule ihn als einen der ihren ansehe. Daß die Wahl meines Sohnes auf genau die Schule fiel, die auch ihn auswählte, ist kein Zufall. Sie paßt optimal zu ihm.

Es war sehr schön für mich, zu erleben, daß ich meinem Sohn helfen konnte, sich angemessen zu präsentieren. Aber letztendlich war er es, der seine Entscheidung traf und sagte: »Diese Schule gefällt mir am besten.« Ich stimmte ihm vollkommen zu. Er hatte sich die Schule ausgesucht, die seiner Neugierde, seinem Gemeinschaftssinn und seinem Ehrgeiz entgegenkam, also jene, die in seiner eigenen Sprache zu ihm gesprochen hatte. Die Schule wiederum hatte einen Schüler gewonnen, der sich mit ihren Werten identifizierte.

Es erfordert intuitive Intelligenz, um mit Ihrem Markt in Verbindung zu bleiben

Beruflicher und geschäftlicher Erfolg – und zwar unter Wahrung der Integrität – bedeutet, ein Gespür für die Bedürfnisse Ihres Marktes zu entwickeln und das, was Sie anzubieten haben, so zu präsentieren, daß dieser es als Erfüllung seiner Bedürfnisse ansieht. Kurz gesagt: Ihr Erfolg hängt von Ihrer Vermarktungsfähigkeit ab, ob Sie nun eine Idee, einen Toaster oder ein Aktiendepot verkaufen wollen.

Denken Sie immer daran, daß Ihr Markt nicht nur aus statistischen Daten besteht, sondern vielmehr aus lebendigen Menschen. Und manchmal begegnen Sie Ihrem Markt auf rein persönlicher Ebene.

Wenn Sie in der Geschäftswelt erfolgreich sein wollen, müssen Sie nicht nur die Bedürfnisse Ihres Marktes kennen, sondern auch seine Sprache beherrschen.

Was die Sache noch komplizierter macht, ist die Tatsache, daß Kommunikation teilweise auf unterbewußter Ebene stattfindet und daß sich die Bedürfnisse nicht nur in Worten, Zahlen und Daten ausdrücken, sondern auch in Form irrationaler Wünsche. Wir machen häufig den Fehler, daß wir eher den Verstand als das Gefühl ansprechen. Aber logische Argumente bleiben meistens abstrakt und damit wirkungslos.

Übung 18:
Wie kann ich Ihnen helfen?

Machen Sie sich vor jedem persönlichen Gespräch mit einem Kunden zuerst Ihre Erwartungen bewußt. Zum Beispiel mit der Frage: Was sagen mir meine Instinkte?

Nehmen wir an, ein Kunde hat Sie um Rückruf gebeten. Bevor Sie das tun, nehmen Sie sich einen Augenblick Zeit, um Ihre intuitiven Eindrücke zu folgenden Punkten aufzuschreiben:

- Wie fühlen Sie sich? Nervös? Gelassen?
- Haben Sie sich in anderen Situationen schon einmal so gefühlt? Wenn ja, in welchen?

Konzentrieren Sie sich nun auf die Person Ihres Kunden:
* Wonach sucht er?
* Wie muß er sich fühlen, damit er das Geschäft ab-
schließt?

Schreiben Sie sämtliche Wahrnehmungen auf und lassen
Sie sich dann von Ihrem Intellekt, Ihren Emotionen und Ih-
rer Intuition eingeben, was für Ihren Kunden das Beste
wäre. Stellen Sie ihm die für die jeweilige Situation pas-
senden Fragen – und stellen Sie diese auch sich selbst:
* Wo liegt die Obergrenze seines Budgets?
* Was würde ihn dazu bringen, diesen Preis zu bezahlen?
* Wonach sucht er? Und was will er vermeiden?
* Wie muß ich ihm als Verkäufer begegnen?

Bevor Sie den Kunden zurückrufen, bringen Sie all diese
Informationen zu Papier. Das dauert nicht länger als ein
paar Minuten. Schreiben Sie einfach auf, was Sie fühlen,
empfinden, sehen, hören oder anderweitig wahrnehmen, nachdem Sie sich die Frage gestellt haben: »Was
muß ich tun, damit diese Person ein guter Kunde wird?«

Beispiel

»Mir ist jetzt nicht danach, diesen Anruf zu machen. Es wäre
kein guter Moment für meinen Kunden, und für mich wohl auch
nicht. Ein paar Stunden später habe ich sicher ein besseres Gefühl bei dem Gedanken, ihn anzurufen.

Ich muß daran denken, ihn zu fragen, ob ihm mein Anruf gelegen kommt. Ich habe das Gefühl, daß er ein Mensch ist, der Höf-
lichkeit schätzt. Wenn ich mich frage, wonach er sucht, erhalte
ich den Eindruck, daß er etwas braucht, das überschaubar und
leicht zu handhaben ist. Wahrscheinlich sucht er eher einen ver-
trauenswürdigen Ansprechpartner als gleich eine Eigentums-

wohnung. Er fühlt sich sehr unsicher auf diesem Gebiet und braucht jemanden, der ihm erklärt, was bei einem Wohnungskauf auf ihn zukommt, und ihm gleichzeitig vermittelt, daß es im Grunde nicht viel komplizierter ist, als eine Wohnung zu mieten.

Ich fühle, daß er etwas für weniger als hunderttausend Dollar sucht, aber nicht weiß, was er für diesen Betrag erwarten kann. Die günstige Lage der Wohnung ist für ihn wichtiger als ihre Ausstattung. Er möchte eine Immobilie ohne viele Extras wie Garage oder Garten. Ich habe das Gefühl, daß er bereits bei einem anderen Immobilienmakler war, der ihn aber nicht überzeugt hat.

Wenn ich ihm die notwendigen Schritte möglichst einfach mache, müßten wir rasch handelseinig werden.«

Tägliche Übung:
Die Preisschere

Lernen Sie, die Entfernung zwischen zwei Punkten einzuschätzen. Wenn Sie das nächste Mal einkaufen gehen, suchen Sie sich einen Kopfsalat aus (oder ein Pfund Zwiebeln oder etwas ähnliches) und erfühlen Sie intuitiv, wieviel das Lebensmittelgeschäft auf den Einkaufspreis aufschlägt.

Wenn Sie lernen, auf diese Weise intuitiv zu rechnen, können Sie bei einem Angebot oder einem Produkt die Differenz zwischen dem verlangten Preis und dem, der für Sie akzeptabel ist, erkennen. Diese Differenz müssen Sie sich vergegenwärtigen, um bei Ihrer Kalkulation den nötigen Spielraum zu haben.

Diese Fertigkeit kommt Ihnen auch zugute, wenn Sie beispielsweise eine Wohnung oder ein Haus kaufen wollen, weil Sie damit die Differenz zwischen der ursprünglichen Preisforderung und dem, was Sie zahlen wollen, erfühlen können. Und diese Information wird Ihnen wiederum helfen herauszufinden, wie Sie Ihren Zielpreis aushandeln können. Falls Sie glauben, Sie könnten die Gewinnspanne für einen Kopfsalat nicht errechnen, dann tun Sie so, als ob Sie es könnten.

Machen Sie diese Übung so oft wie möglich, um ein Gespür für die jeder Kaufverhandlung zugrundeliegende Dynamik zu entwickeln und entsprechend auf sie reagieren zu können.

Die Botschaft sind auch Sie selbst

Die Botschaft, die Sie Ihrem Markt übermitteln, beruht nicht allein auf der Sprache, die Sie verwenden, sondern auch auf Ihrer Persönlichkeit. Obwohl Psychologen immer wieder betonen, wie wichtig die Integration unserer verschiedenen Persönlichkeitsanteile sei, frage ich mich, ob wir nicht einige unserer größten Stärken nivellieren, wenn wir versuchen, sie alle in eine einheitliche Persönlichkeit einzubinden. Auf der anderen Seite stimme ich dem zu, daß unsere Integrität die Basis für alle Persönlichkeitsanteile sein muß, die wir einsetzen.

Sind Sie im Schlafzimmer die gleiche Person wie im Sitzungszimmer? Falls ja, sind Sie sicher phantastisch im Leiten von Vorstandssitzungen, aber ebenso sicher ziemlich lausig im Bett. Sie als Ganzes stellen viele verschiedenartige, wenngleich unvollständig ausgebildete Persönlichkeiten dar, von denen Ihnen jede einzelne im jeweils richtigen Moment nützlich sein kann.

Übung 19:
Erkunden Sie Ihr Persönlichkeitsrepertoire

Erstellen Sie eine Liste Ihrer persönlichen Eigenschaften. Dabei sollen Sie sich überlegen, wer Sie im Familienleben, im Berufsleben und im Privatleben sind. Wie würden die verschiedenen Menschen, die auf diesen Ebenen mit Ihnen zu tun haben, Sie beschreiben?

Hier die Antwort eines Kursteilnehmers:
- Bei meinen Eltern bin ich der wohlerzogene und gebildete Südstaaten-Junge, der das Zeitgeschehen aufmerksam verfolgt. Ich bin höflich und zuvorkommend und ein guter Zuhörer.
- Im Privatleben bin ich sehr romantisch, ein guter Tänzer und ein exzellenter Weinkenner. Gleichzeitig bin ich ein Freidenker und Abenteurer. Ich bin überaus großzügig. Ich mache äußerst geschmackvolle Geschenke und bin ein guter und verläßlicher Freund. Ich bin objektiv, würde aber immer zu einem Freund halten, auch wenn er im Unrecht ist. Ich biete und verlange ein hohes Maß an Loyalität. Als Beziehungspartner bin ich sehr liebevoll. Ich bemühe mich aufrichtig, meine Partnerin bei der Verwirklichung ihrer Ambitionen zu unterstützen, und würde alles tun, um sie glücklich zu machen. Ich bin ziemlich direkt und der Typ »Haushaltsvorsteher«.
- Im Berufsleben kann ich ein äußerst harter Verhandlungspartner sein. Mit meiner Kompetenz und Autorität kann ich mich mit Leichtigkeit durchsetzen und tue das auch. Meine Mitarbeiter und Geschäftspartner wissen, daß sie sich anstrengen müssen, um mich zufriedenzustellen.

Es ist hilfreich, Ihr Persönlichkeitsrepertoire gut zu kennen, so daß Sie intuitiv die verschiedenen Anteile je nach

Situation einsetzen können. Häufig verharren wir in einem Verhaltensmuster, das sich in vielen Situationen am wirkungsvollsten erwiesen hat. Aber manchmal ist es besser, dieses Muster zu durchbrechen.

Wenn Sie sich Ihrer verschiedenartigen Persönlichkeitsanteile bewußt sind, können Sie leichter jenes »Ich« in den Vordergrund rücken, das die Frage beantwortet: »Wer muß ich in dieser Situation sein, um das optimale Resultat zu erzielen?« Hier noch eine andere Möglichkeit, wie Sie herausfinden können, welches »Ich« Sie in einer gegebenen Situation ausleben sollen: Achten Sie darauf, welcher Ihrer Freunde oder Bekannten Ihnen in den Sinn kommt, und werten Sie das als intuitiven Hinweis darauf, die Eigenschaften, die Sie an dieser Person bewundern, in die aktuelle Situation einzubringen.

Übung 20:
Setzen Sie Ihre verschiedenen Persönlichkeiten ein

Ich möchte, daß Sie sich nun drei verschiedene Dinge überlegen, die Sie am heutigen Tag entscheiden müssen. Wählen Sie eine persönliche, eine kreative und eine finanzielle Angelegenheit. Das muß nichts Kompliziertes sein. Die persönliche Überlegung könnte sein, ob Sie Ihre Frisur verändern sollen, die kreative, was Sie zum Abendessen kochen könnten, und die finanzielle, ob Sie mit dem Kauf eines bestimmten Gegenstands noch warten sollen.

Nachdem Sie diese drei Entscheidungen getroffen haben, überlegen Sie sich, welchen Anteil Ihre verschiedenen Persönlichkeiten an ihnen hatten.

Nehmen Sie sich auf Video auf!

Ich empfehle Ihnen, daß Sie eine Fotoserie oder ein Video von sich aufnehmen oder aufnehmen lassen, und die Aufnahmen daraufhin überprüfen, wie Sie äußerlich, das heißt in Kleidung, Körperhaltung, Mimik und Gestik auf andere wirken. Lassen Sie sich von einem Bekannten fotografieren, ohne daß Sie es merken. Sie werden überrascht sein, wie sich Ihre Persönlichkeitsmerkmale anderen darstellen.

Mit einer Gruppe kommunizieren: Die Bedürfnisse und Ziele der anderen wahrnehmen

Lassen Sie uns den Begriff »Sitzung« so definieren: eine Versammlung von mindestens drei Personen in einem beruflichen Kontext. Diese Situation ist nicht grundlegend anders als bei einem Zweiergespräch, wie wir es gerade besprochen haben. Auch hierbei gilt, daß Sie sowohl Ihre eigenen Bedürfnisse als auch die Ihres Gegenübers im Auge behalten und eine Sprache sprechen müssen, die von der anderen Seite verstanden und akzeptiert wird.

Der Unterschied besteht natürlich darin, daß Ihnen bei einer Sitzung mit mehreren Teilnehmern auch mehrere Bedürfnisse und Ziele gegenübersitzen und Sie weniger Zeit für objektive Beobachtungen oder umfassende Analysen haben. Außerdem müssen Sie, statt sich intuitiv in eine Person einzufühlen, Ihre Intuition auf mehrere Personen gleichzeitig ausrichten.

Spielen Sie zukünftige Sitzungen in Ihrer Phantasie durch

Manchmal wissen Sie gar nicht, wann die nächste Sitzung stattfinden wird. In diesem Fall entwerfen Sie selbst einen Zeitplan, in dem Sie Ihre Sitzungen zeitlich so festlegen können, wie es Ihnen am liebsten wäre.

Am leichtesten geht das, wenn Sie gerade eine neue Arbeitsstelle angetreten haben, weil Sie dann noch keine festen Besprechungstermine haben. Aber auch sonst können Sie sich überlegen, zu welchem Zeitpunkt eine Sitzung am günstigsten wäre.

Betrachten Sie das Zusammentreffen aus einer imaginären Distanz und lassen Sie sich von Ihrer Intuition eingeben, wie viele Personen daran teilnehmen werden, wer davon besonders wichtig für Sie ist und warum. Vielleicht sehen Sie einen glatzköpfigen Mann, und Sie haben dabei das Gefühl, er versucht zu kaschieren, daß er sein Budget überstrapaziert hat. Fragen Sie sich jedesmal, wenn Ihnen etwas auffällt, warum Sie sich gerade auf diesen Aspekt konzentrieren.

Lassen Sie Ihrer Phantasie freien Lauf. Falls Sie bei Ihrer Vorausschau das Gefühl bekommen, daß Ihnen eine Gefahr droht (weil sich etwas gegen Ihre Ziele und Bedürfnisse richtet), fragen Sie sich, wie Sie diese Gefahr entweder vermeiden oder konstruktiv damit umgehen können.

Diese Übung funktioniert wie eine Art Radarsystem. Wir erhalten die ganze Zeit Informationen von diesem Radar, aber meistens übersehen wir deren Wert oder Bedeutung für unser Ziel.

Versuchen Sie, eine Phantasie über Ihre nächste Sitzung zu entwickeln. Und vergessen Sie nicht: Je sachlicher das Bild, desto ungenauer ist Ihr Vorstellungsvermögen. Wenn wir versuchen, gleichzeitig logisch und intuitiv zu sein, leidet unsere Intuition, da wir in der Logik geübter sind.

Sie können diese Übung im Hinblick auf eine Sitzung machen, die für nächste Woche anberaumt wurde, oder auch in bezug auf eine, von der Sie noch gar nicht wissen, wann sie stattfinden wird. Wichtig ist, daß Sie sich von Ihrer Phantasie nicht nur vermitteln lassen, wie viele Personen an dieser Sitzung teilnehmen werden, sondern auch, was deren Ziele sind und wie Sie Ihre Integrität wahren können, indem Sie Ihr eigenes Ziel im Auge behalten.

Verschaffen Sie sich einen schnellen Überblick über eine Sitzung

Selbst wenn Sie die Leute, die Sie auf der Sitzung treffen, noch nicht kennen und keine Gelegenheit hatten, die Situation vorauszuplanen, stehen Ihnen in diesem Moment mehr intuitive Informationen zur Verfügung, als Sie glauben.

Sobald Sie den Raum betreten haben, sehen Sie sich um und verschaffen Sie sich einen Eindruck von allen Teilnehmern. Was tun sie? Wie sind sie gekleidet? Welche Haltung nehmen sie ein? Während Sie sich noch umsehen, lassen Sie sich von Ihrer Intuition eingeben, was Sie von jeder Person zu erwarten haben und wie Sie auf sie reagieren sollen. Ihre Intuition wird alles wahrnehmen, was Sie wissen müssen.

Nachdem Sie Platz genommen haben, konzentrieren Sie sich auf Ihr Ziel und Ihre intuitiven Eindrücke davon, wie Sie sich verhalten und was Sie sagen sollen. Bleiben Sie bei Ihren Prioritäten und nehmen Sie gleichzeitig wahr, welche Ziele die anderen Teilnehmer verfolgen.

Um sich die Dynamik zwischen den einzelnen Sitzungsteilnehmern zu vergegenwärtigen – und das ist eine Technik, die ich selbst häufig anwende –, zeichnen Sie für jeden Teilnehmer einen Punkt auf ein Blatt Papier und verbinden Sie diese Punkte dann durch Linien, die Ihnen Ihre Intuition aufzeigt. Diese Verbindungslinien zeigen Ihnen den Verlauf der Energieströme und wer mit wem verbunden ist, sei es bewußt oder unbewußt. Die Linien weisen Sie auch auf Verbindungen hin, die Sie in Ihrer Verhandlungsstrategie beachten sollten. Für die anderen Sitzungsteilnehmer sieht das Ganze so aus, als würden Sie bloß irgend etwas vor sich hinzeichnen.

Die Tentakel-Technik

Das ist eine weitere Technik, die Ihnen hilft, Ihre intuitiven Informationen in einer Situation, in der Sie sich auf mehr als eine Sache oder Person gleichzeitig konzentrieren müssen, zu strukturieren. Und das ist bei Sitzungen der Fall. Die Technik ist besonders geeignet, um verdeckte Bedürfnisse aufzuspüren.

Wenn Sie sich gegen die Vorstellung von Tentakeln sperren, verwenden Sie ein anderes Bild: zum Beispiel die obenerwähnten Punkte und Linien, die Hemden der Sitzungsteilnehmer, deren Namen oder irgendwelche Zahlen.

Sie können auch das Bild einer Uhr verwenden, um den Verlauf einer Besprechung, einer Verhandlung, eines Projekts oder Ereignisses vorherzusagen. Indem Sie ein Gespür für die Chronologie zukünftiger Ereignisse entwickeln, können Sie sich bereits in der Gegenwart mit möglichen Verzögerungen oder Schwierigkeiten auseinandersetzen und sie damit vermeiden.

Wählen Sie die Variante, mit der es Ihnen am besten gelingt, die Handlungsabsichten anderer im voraus zu erkennen, so daß Sie konstruktiv damit umgehen können.

Übung 21:
Die Anwendung der Tentakel-Technik

Listen Sie drei Menschen auf, mit denen Sie regelmäßig Kontakt haben, und stellen Sie sich vor, alle drei wären mit Ihnen zusammen in einem Raum. Dann tun Sie so, als ob Sie ein Tintenfisch wären und schlingen um jede Person einen Ihrer Fangarme.

Konzentrieren Sie sich auf Ihr Ziel. Sagen wir, es besteht darin, für ein bestimmtes Vorhaben eine Übereinkunft zwischen allen Anwesenden zu erzielen. Dann überlegen Sie sich folgende Fragen in bezug auf jede Person:

- Was braucht diese Person jetzt, um ihre Zustimmung zu geben?
- Was braucht diese Person jetzt zur Klärung des Konflikts?
- Was will diese Person?

Beantworten Sie sich dann einige »Ich«-Fragen:
- Wer muß ich in diesem Moment sein, um mein Ziel zu erreichen?
- Welche Position könnte ich einnehmen, damit die anderen positiv auf mein Ziel reagieren?

Halten Sie während der ganzen Zeit die drei Personen mit Ihren Fangarmen umschlungen; achten und reagieren Sie dabei auf jede Veränderung.

Wenn Sie im Handel tätig sind, können Sie diese Technik auf Ihren Markt anwenden. Das heißt, Sie schlingen jeweils einen Tentakel um den internationalen Markt, um die Firmen, mit denen Sie Handel treiben und um die Konkurrenz. Auf diese Weise haben Sie immer den Finger am Puls Ihres Marktes und können auf jede noch so subtile Veränderung prompt und effektiv reagieren.

Bleiben Sie auf Ihr Ziel konzentriert

Bei jeder Art von intuitiver Arbeit ist entscheidend, daß Sie Ihr Ziel genau definieren und Ihre Intuition auf jene Schritte ausrichten, die zu diesem Ziel führen. Dadurch stehen Sie in kontinuierlicher Verbindung mit allen wesentlichen Faktoren, so daß Sie auf jede Veränderung aufmerksam werden, die Sie von Ihrem Ziel abbringen könnte.

Nehmen wir an, Sie befinden sich in einer Besprechung, bei der es darum geht, einen Namen für das neue Produkt Ihrer

Firma zu finden. Sie haben sich bereits einen Namen ausgedacht und präsentieren ihn den anderen. Daraufhin sagt einer Ihrer Kollegen, er finde diesen Namen unpassend. Statt sich nun von Ihrer Idee abbringen zu lassen oder mit dem Kollegen zu streiten, halten Sie einen Moment inne und verwenden die Tentakel-Technik, um sich rasch die Bedürfnisse dieses Kollegen zu vergegenwärtigen. Dann können Sie Ihre Antwort dementsprechend formulieren und ihn damit möglicherweise zu Ihrem Verbündeten machen.

Hinterher sollten Sie seinen Einwand natürlich auch mit rational-analytischen Mitteln überprüfen. Die Intuition wird nicht jede Kritik entkräften können, aber mit ihrer Hilfe können Sie den Konflikt schneller lokalisieren und entschärfen. Und das ist schließlich das Ziel jeder geschäftlichen Besprechung.

Die Tentakel-Technik mit der Uhr

Eine Variante der Tentakel-Technik: Vor einer Besprechung legen Sie Ihre Fangarme um die wichtigsten zur Debatte stehenden Faktoren und stellen sich dann vor, Sie stünden in der Mitte des Zifferblatts einer Uhr. Lassen Sie sich von Ihrer Intuition eingeben, was passiert, wenn der Zeiger auf ein Uhr, zwei Uhr, drei Uhr und so weiter bis zwölf Uhr steht und werten Sie anschließend Ihre intuitiven Wahrnehmungen zu diesen zwölf Punkten aus.

Kapitel 16

Integrieren Sie die Intuition in Ihren Entscheidungsfindungsprozeß

Die Geschichte von der verlorenen Brieftasche

Neulich hat mich ein Freund angerufen, der völlig außer sich war, weil er seine Brieftasche nicht finden konnte. Er war ziemlich sicher, daß er sie nicht verloren hatte und daß sie nicht gestohlen worden war. Aber nachdem er mehrmals sein Büro und seine Wohnung gründlich durchsucht hatte, ohne sie zu finden, war er verzweifelt.

»Ich bin sicher, sie wird wieder auftauchen«, sagte ich.

»Ich weiß, aber es macht mich einfach verrückt, daß ich sie nicht finden kann. Außerdem brauche ich doch meine Kreditkarte und meinen Führerschein. Wenn ich die Brieftasche nicht bald finde, habe ich endlose Scherereien, um mir eine neue Kreditkarte und einen neuen Führerschein zu besorgen.«

»Wo hast du sie denn zuletzt gesehen?« fragte ich ihn.

»Das habe ich mich schon mindestens tausendmal gefragt. Aber ich kann mich nicht erinnern. Also habe ich überall da gesucht, wo sie sein könnte. Aber sie befindet sich an keinem dieser Orte! Ich dachte, du könntest mir vielleicht mit deiner Intuition helfen und ein paar Hinweise geben, wo ich noch nachsehen sollte.«

»Gern, aber ich möchte, daß du auch versuchst, dir selbst zu helfen«, sagte ich, da ich ihm schon beigebracht hatte, seine Intuition einzusetzen. »Wir nehmen jetzt beide intuitiv wahr, wo die Brieftasche ist, und wenn ich bis drei gezählt habe, sagen wir, was uns eingefallen ist.«

»Okay«, sagte er.

»Also: eins ... zwei ... drei! Und los! Wo ist deine Brieftasche?«

»Auf dem Fußboden«, platzte er heraus.

»Da habe ich sie auch gesehen«, sagte ich lächelnd. »Und jetzt sag noch ganz schnell, wo – im Büro oder in der Wohnung?«

»In meiner Wohnung!«

»Den gleichen Eindruck hatte ich auch.«

»Aber das verstehe ich nicht. Was macht meine Brieftasche auf dem Fußboden?«

»Du hast doch selbst gesagt, daß du sie nicht finden kannst, weil sie nicht da ist, wo sie logischerweise sein müßte.«

»Du hast recht«, erwiderte er. »Na gut, dann werde ich jetzt noch einmal jeden Quadratzentimeter meiner Wohnung absuchen. Danke, Laura!«

Wenige Stunden später rief er wieder an.

»Es ist nicht zu fassen! Ich habe den ganzen Boden abgesucht. Ich habe unter den Möbeln und in jedem Winkel nachgesehen. Ich habe sogar den Kühlschrank vorgerückt und dahinter nachgesehen, obwohl ich wirklich keine Ahnung habe, wie die Brieftasche dort gelandet sein könnte. Alles umsonst, sie bleibt verschwunden. Dabei war ich mir so sicher, daß ich sie finden würde. Jetzt weiß ich wirklich nicht mehr, was ich machen soll.«

Ich war einigermaßen verblüfft, da auch ich mir der Richtigkeit meines intuitiven Eindrucks sehr sicher gewesen war. »Warte eine Sekunde«, sagte ich, »ich frage mal meinen Sohn.«

»Wieso deinen Sohn?«

»Er ist genauso intuitiv wie du oder ich. Und als Kind ist er weniger auf das logische Denken fixiert.«

Ich legte also den Hörer hin und ging in das Zimmer meines Sohnes, wo ich ihn beim Spielen fand. »Du hör mal, Liebling, mein Freund hat seine Brieftasche verlegt. Wo könnte sie sein?«

»Auf dem Fußboden«, sagte er, ohne aufzuschauen. Dazu muß ich sagen, daß er von dem vorangehenden Telefongespräch nichts mitbekommen hatte. Ich bedankte mich bei ihm für die Information und kehrte zum Telefon zurück.

»Er sagt, sie liegt auf dem Boden.«

»Das ist ja wirklich unglaublich. Drei Treffer von drei. Aber ich sagte dir ja, ich habe meine gesamte Wohnung auf allen vieren durchgekämmt. Sie ist nicht auf dem Boden.«

»Dann weiß ich auch nicht weiter. Tut mir leid«, sagte ich.

»Ist ja nicht dein Fehler«, meinte er. »Danke jedenfalls für deine Mühe. Anscheinend muß ich mich damit abfinden, daß sie verschwunden ist.«

Am nächsten Abend rief er wieder an. Er klang aufgeregt. »Du wirst es nicht glauben, aber ich habe meine Brieftasche wiedergefunden!«

»Gratuliere! Und wo?« erkundigte ich mich gespannt.

»Das ist ja das Komische. Ich konnte den Gedanken nicht loswerden, daß sie auf dem Fußboden liegen muß. Also habe ich beschlossen, die Wohnung ein letztes Mal zu durchsuchen. Und während ich im Wohnzimmer rumkroch, stellte ich fest, daß mir meine Aktentasche im Weg lag. Sie war umgefallen, und ich stellte sie wieder hin. Dabei habe ich, ganz ohne nachzudenken, in die vordere Seitentasche gegriffen, die ich eigentlich nie benutze – und da war die Brieftasche! Ich kann mich überhaupt nicht erinnern, sie da reingesteckt zu haben, aber das muß ich wohl. Und das Witzige ist eben, daß sie tatsächlich auf dem Boden lag, aber weil sie in der Seitentasche steckte, konnte ich sie bei meiner ganzen Sucherei nicht sehen!«

Erörterung

Obwohl es bei dieser Geschichte nicht um ein berufliches Problem geht, macht sie die Möglichkeiten und Grenzen, sowohl der Intuition als auch der Logik (mein Freund hat zuerst an allen »logischen« Plätzen gesucht), sehr anschaulich. Und damit ist sie ein gutes Beispiel dafür, wie wichtig es ist, beide Prozesse miteinander zu verbinden.

Treffen Sie nie eine Entscheidung, die ausschließlich auf Intuition beruht

Intuitive Eindrücke allein vermitteln nicht genügend Informationen, um eine wirklich fundierte Entscheidung treffen zu können. Aber das gilt ebenso für die Logik und die Emotionen. Um eine optimale Entscheidungsgrundlage zu haben, müssen Sie alle drei Prozesse zusammen einsetzen. Genauer gesagt: Sie müssen sie *bewußt* einsetzen, da Sie es unbewußt ja bereits tun – nur daß sie dabei gegeneinander arbeiten können.

Das ist ein wichtiger Punkt, den Kritiker der Intuition oftmals übersehen. Intuition darf und kann nicht isoliert angewendet werden. Sie ist eine *Ergänzung* der logischen und emotionalen Intelligenz und nicht deren Ersatz! Menschen, die Ihre intuitiven Gaben verleugnen, schneiden sich selbst von einer ungemein nützlichen Informationsquelle ab, die ihnen anderweitig nicht zur Verfügung steht.

Einigen wir uns also darauf, daß wir Informationen nur durch eine Kombination von Intuition, Logik und Emotion auf die effizienteste Weise verarbeiten können. Die entscheidende Frage, die wir in diesem Kapitel behandeln, lautet: *Wie* sollen diese Prozesse kombiniert werden?

Das Verhältnis zwischen Intuition und Analyse ist variabel

Wie Sie Intuition und rationales Denken miteinander verbinden, hängt weitgehend von der jeweiligen Situation ab. Das genaue Mischungsverhältnis richtet sich nach dem jeweiligen Gegenstand, sei es, daß Sie ein Auto kaufen, eine Investition tätigen, einen Karriereschritt überlegen oder mit einem potentiellen Kunden verhandeln. Hier eine Auflistung einiger Situationen, in denen die bewußte Anwendung Ihrer intuitiven Fähigkeiten von Nutzen ist:

- Die Ihnen zur Verfügung stehenden Informationen sind vage oder unzuverlässig. Sind Ihre Informationen unzureichend? Sind sie widersprüchlich? Erreichen sie Sie nicht rechtzeitig? Sind sie Ihnen suspekt? In all diesen Fällen kann Ihnen Ihre Intuition wertvolle Dienste leisten. Ebenso dann, wenn Ihnen entscheidende Fakten fehlen, wie bei manchen Verhandlungen – oder bei der Suche nach einer verlegten Brieftasche.

- Sie wollen zukünftige Ereignisse vorhersehen. Je weiter Sie in die Zukunft zu blicken versuchen, desto unpräziser sind Ihre rationalen oder emotionalen Urteile. Dagegen liegt die besondere Stärke der Intuition gerade in Voraussagen.

- Wenn Sie Ihre logischen Schlußfolgerungen überprüfen wollen. Es passiert ebenso leicht, daß man einen Fehler im rationalen Denkprozeß macht wie im intuitiven. Sind unsere rational-analytischen Schlußfolgerungen fehlerhaft, finden wir es jedoch leider meistens erst heraus, wenn es zu spät ist. Die Intuition ist besonders geeignet, Fehlerquellen aufzuspüren, die ansonsten leicht übersehen werden.

- Wenn Sie sich einen Gesamtüberblick verschaffen wollen. Die rationale Analyse ist mit Sicherheit nützlich, wenn es darum geht, komplexe Sachverhalte in überschaubare Einzelaspekte zu zerlegen, aber das Resultat ist häufig, daß wir den Wald vor lauter Bäumen nicht mehr sehen. Die Intuition kann Verbindungen zwischen den einzelnen Teilen ausmachen und diese gleichzeitig in das Ganze – also die Integrität Ihrer Ziele – einbeziehen.

- Wenn Sie die Technik der Einfühlung in Ichform anwenden wollen. Das logische Denken ist nicht besonders geeignet, um Bedürfnisse, Überzeugungen oder Werte von Einzelpersonen oder Firmen wahrzunehmen. Die Intuition dagegen ist maßgeschneidert für solche Situationen.

- Wenn Zeit eine wichtige Rolle spielt. Ein weiterer Pluspunkt der Intuition ist, daß sie schnell arbeitet. Oft haben Sie einfach nicht die Zeit, um all Ihre Entscheidungsmöglichkeiten erschöpfend zu analysieren. Natürlich können Sie diesen Prozeß abkürzen, indem Sie von Schätzungen oder Annahmen ausgehen, aber das würde die Zuverlässigkeit Ihrer Schlußfolgerungen verringern.

- Wenn Sie bei einem Übermaß an Informationen oder Wahlmöglichkeiten herausfinden wollen, in welchen Punkten eine logisch-analytische Untersuchung am lohnendsten ist. Im Informationszeitalter werden wir oft derart von Fakten überschüttet, daß wir gar nicht mehr wissen, wo wir mit der Analyse anfangen sollen. Ihre Intuition kann Ihnen helfen, sich in diesem Chaos zurechtzufinden.

Es gibt zahllose Beispiele für eine mögliche Kombination von Intuition und Logik. So beginnen Wissenschaftler ihre Theorien häufig mit einer Ahnung, die sie dann mittels logischer Analyse gründlich untersuchen. Auch Einstein hat einmal gesagt, seine Ideen kämen ihm zuerst als intuitive Eingebung, die er dann aber durch analytisches Denken verifizieren müsse.

Ein weiteres Beispiel sind Schachprofis, die ihre Intuition einsetzen, um unter tausenden möglichen Zügen die vielversprechendsten auszumachen. Und diese denken sie anschließend sorgfältig durch.

In der Finanzwelt ist George Soros bekannt dafür, daß er sich von seiner Intuition leiten läßt – aber er würde nie allein aufgrund eines intuitiven Eindrucks Milliardensummen investieren!

Neben der Rolle, die Intuition bei der Informationsbeschaffung und der Entscheidungsfindung spielen kann, läßt sie sich auch gut für Problemlösungen oder für den künstlerischen Schaffensprozeß einsetzen.

Übung 22:
Sind Ihr logisches Denken und Ihre Intuition im Gleichgewicht?

Mit dem folgenden Quiz können Sie beurteilen, ob Sie Ihre Intuition und Ihre Logik im Alltag in einem ausgewogenen Verhältnis nutzen. Hier geht es nicht darum, besonders viele Punkte zu machen, deshalb sollten Sie die untenstehenden Fragen ganz ehrlich beantworten.

1. Wissen Sie, wann oder unter welchen Bedingungen Sie Ihre besten Einfälle haben?
A. Ja, Sie haben bestimmte Rituale entwickelt, um Ihren intuitiven Prozeß zu strukturieren. (4)
B. Es scheint da ein Muster zu geben, aber Sie wissen nicht genau, worin es besteht. (2)
C. Die besten Ideen kommen Ihnen ganz zufällig, deshalb können Sie nicht sagen, wie es funktioniert. (0)

2. Sie bekommen aus heiterem Himmel die Idee, nach Paris zu ziehen. Sie haben zur Zeit keine feste Bezie-

hung, aber es würde bedeuten, daß Sie Ihren Job aufgeben. Was würden Sie tun?

A. Sie kündigen am nächsten Tag Ihre Stelle, lagern Ihr
Hab und Gut bei einer Spedition ein und buchen einen Flug. (2)

B. Sie verwerfen die Idee sofort wieder, besonders des-
wegen, weil Sie kaum Französisch sprechen. (0)

C. Sie untersuchen sorgfältig, was dieser Umzug für Sie
bedeuten würde und ob er praktikabel wäre. (4)

3. Wie oft beobachten Sie bewußt, was sowohl in Ihrer Innenwelt als auch in Ihrem äußeren Umfeld vor sich geht?

A. Oft, wenn nicht sogar täglich. (4)

B. Oft, aber nicht regelmäßig oder systematisch. (2)

C. Selten bis nie. (0)

4. Ist es Ihnen schon passiert, daß Sie im Gespräch mit jemandem, den Sie gerade erst kennengelernt haben,
oder in einer für Sie ganz neuen Situation spontan etwas sagten, das sich als absolut zutreffend erwies?

A. Nein, nie. (0)

B. Sie können sich an ein paar solcher Vorkommnisse erinnern. (2)

C. Ja, und zwar so oft, daß es Sie inzwischen nicht einmal
mehr besonders wundert. (4)

5. In welcher Form zeigen sich Ihre Eingebungen?

A. Ganz verschieden; es scheint da kein bestimmtes Muster zu geben. (2)

B. In ganz bestimmter und konkreter Weise. (4)

C. Sie wissen es nicht. (0)

6. Ihr Broker ruft Sie an und sagt, er habe einen heißen
Tip für Sie. Nachdem Sie alle verfügbaren Informationen über die von ihm empfohlene Aktie eingeholt haben, sind Sie von den Erfolgsaussichten tatsächlich
überzeugt. Trotzdem haben Sie so ein nagendes Gefühl, daß irgend etwas nicht stimmt. Was tun Sie?

A. Sie kaufen so viele Aktien, wie Sie kriegen können. (0)
B. Sie erwerben eine begrenzte Anzahl der Aktien oder ein Vorkaufsrecht auf sie. (4)
C. Sie schlagen das Angebot aus. (2)

7. Führen Sie regelmäßig Tagebuch über Ihre beruflichen oder geschäftlichen Entwicklungen?
A. Nein. (0)
B. Ja. (4)

20 bis 28 Punkte: Sie haben Ihre intuitiven, logischen und emotionalen Prozesse gut ausbalanciert. Mit ein bißchen Training könnten Sie lernen, eine noch bewußtere Kontrolle über Ihre Intuition zu erlangen.

10 bis 18 Punkte: Sie sind sich Ihrer Intuition zwar bewußt, aber sie tritt nur sporadisch auf und befindet sich nicht im Einklang mit Ihren logischen und emotionalen Prozessen. Denken Sie daran, daß die Intuition nur ein Faktor bei der Entscheidungsfindung ist, wenn auch ein wichtiger.

0 bis 8 Punkte: Sie sind sich Ihrer Intuition entweder nicht bewußt, oder Sie unterdrücken sie. Das ist ebenso kontraproduktiv wie Ihre emotionalen Prozesse zu verleugnen. Versuchen Sie, offener gegenüber nicht-rationalen Denk- und Erkenntnismethoden zu sein.

Wie kann ich andere dazu bringen, mir zu helfen?

(Indem Sie auch deren Bedürfnisse verstehen und erfüllen)

Ihr Erfolg hängt von Ihrem Team ab

Sie können in der Geschäfts- und Berufswelt keinen Erfolg haben ohne ein Team aus Einzelpersonen und Firmen hinter sich, das Sie unterstützt und Ihnen hilft, mit Ihrem Markt in Verbindung zu bleiben.

Bisher haben wir uns mit Situationen beschäftigt, in denen jemand eine neue oder bessere Stelle sucht oder als Unternehmer beziehungsweise Manager eine Firma leitet. Wir haben über die Tatsache gesprochen, daß die Integrität von größter Bedeutung für den Erfolg jeder Einzelperson oder Firma ist, und dabei Methoden ausprobiert, die es ermöglichen, die Intuition zur Wahrung dieser Integrität einzusetzen.

Aber egal wie intuitiv Sie sind oder wie gut Sie Ihre Integrität wahren können, Sie brauchen auch ein Team, das Ihnen hilft, mit den Bedürfnissen Ihres Marktes übereinzustimmen und produktiv auf Ihr Umfeld zu reagieren – und natürlich auch auf die Bedürfnisse der einzelnen Teammitglieder.

Um diese Verbindung herzustellen und davon ausgehend die notwendige Flexibilität und Erfolgsorientiertheit zu entwickeln, müssen sowohl Ihr Team als auch Sie selbst die Integrität Ihres Unternehmens im Auge behalten.

Jedes Teammitglied erhält und interpretiert andauernd Informationen über Sie. Ich bin immer wieder erstaunt, daß die Empfangssekretärin oft viel besser über die Produkte des Unternehmens Bescheid weiß als der Geschäftsführer. Die Putzkolonne weiß sicher genau, wer in Ihrer Firma einen Durchhänger hat. Natürlich erfüllt jedes Mitglied des Teams eine andere Rolle, und deshalb ist es unwahrscheinlich, daß alle Mitglieder die gleiche Vorstellung von der Integrität des Unternehmens haben wie Sie selbst.

Aber deshalb sollten Sie trotzdem jeden Beitrag ernst nehmen. Sogar, wenn es sich um Ihre halbwüchsige Tochter handelt, die das intuitive Gefühl äußert, daß es in Ihrer Branche einen Abwärtstrend geben wird, und diese Ahnung mit einer Information untermauern kann, die Ihnen plausibel erscheint.

Es gibt sogar Firmen, die so weit gehen, daß sie wichtige firmeninterne Daten nicht nur an ihre Angestellten weitergeben, sondern auch an ihre Zulieferer. Jedes Ausbildungsprogramm Ihrer Firma sollte zum Ziel haben, das Bewußtsein der Teilnehmer für die Bedürfnisse jedes einzelnen in Ihrer Geschäftswelt zu schärfen.

Was bieten Sie den Mitgliedern Ihres Teams?

Die Mitglieder Ihres Teams würden wahrscheinlich ihre besten Ideen für sich behalten, wenn sie nicht den Eindruck hätten, daß ein Erfolg für die Firma auch einen Erfolg für sie selbst bedeutet. Denken Sie daran: Es geht nicht nur darum, daß sich die Mitglieder Ihres Teams der Integrität Ihrer Firma oder Ihres Marktes bewußt sind, sondern vielmehr darum, ihnen zu zeigen, daß ihr Engagement für die Firma auch sie selbst aufwertet.

Eine Möglichkeit, wie Sie das Selbstwertgefühl der Mitglieder

Ihres Teams aufwerten können, ist herauszufinden, welche Bereiche den einzelnen besonders wichtig sind. Sind es eher unternehmensorientierte oder marktorientierte Aspekte? Gibt es Mitarbeiter, die persönliche Schwierigkeiten haben? Gibt es Konflikte zwischen einzelnen Mitarbeitern? Unternehmen, die einen firmeneigenen Kindergarten zur Verfügung stellen, sind auf dem richtigen Weg, weil sie ihre Angestellten zu größerem Einsatz motivieren und stärker an sich binden, als es über die Arbeit allein möglich ist.

Falls die Mitarbeiter Ihres Unternehmens bisher als Quelle für Verbesserungsvorschläge zu wenig beachtet worden sind, müssen Sie nach Wegen suchen, wie Sie die Kommunikationsstrukturen ausbauen und verbessern können. Sitzungen bieten dafür gute Anlässe.

Sitzungen nutzen, um die Integrität Ihres Teams zu fördern

Die Leitung einer Sitzung gehört mit Sicherheit zu den schwierigsten Aufgaben für Führungskräfte. Sie haben es dabei mit Leuten zu tun, die möglicherweise keine Lust haben, an der Besprechung teilzunehmen, oder deren Aufmerksamkeit auf andere Dinge gerichtet ist als auf das zur Debatte stehende Thema. Erschwerend kommen noch die verdeckten Bedürfnisse jedes einzelnen Teilnehmers hinzu.

Wie läßt sich also eine Sitzung produktiv nutzen? Mein Tip ist, daß Sie vor der Besprechung alle Teilnehmer nach ihrem speziellen Anliegen fragen. Das bringt nicht nur die verschiedenen Ziele ans Tageslicht, die Leute gehen damit auch eine gewisse Verpflichtung und Verantwortung für das Gelingen der Besprechung ein.

Wenn eine Gruppe von Menschen ein gleiches Ziel verfolgt oder in der gleichen Firma zusammenarbeitet, ist es notwendig, ein stärkeres und tieferes Verbundenheitsgefühl herzustellen, als es durch gelegentliche Betriebsfeiern entsteht. Eine tiefere Verbindung inspiriert zu Ideen, und Ideen spornen wiederum zu Taten an. Erfolg ist niemals statisch. Um dauerhaften Erfolg zu gewährleisten, muß die Gestaltung Ihrer Firmenstruktur veränderbar bleiben. Ohne Integrität, deren Voraussetzung eine funktionierende Kommunikation zwischen den einzelnen Elementen ist, wird jede Firma in ihrer Produktivität und Flexibilität beeinträchtigt.

Eine Sitzung mit mehreren Teilnehmern sollte die Ideen und Vorschläge aller miteinbeziehen, auch solche, die nicht unmittelbar mit dem jeweiligen Aufgabenbereich zu tun haben. Zum Beispiel könnte das Sekretariat den Eindruck haben, daß die Versandabteilung Schwierigkeiten hat, weil deren neues Computersystem nicht richtig funktioniert. Und vielleicht, so fügt dieser Mitarbeiter oder diese Mitarbeiterin hinzu, sollte man so lange wieder auf das alte System zurückgreifen, bis die Störungen vollständig behoben sind. Ermuntern Sie Ihre Mitarbeiter zu detaillierten Beobachtungen – aber hinterfragen Sie nicht ständig, warum jemand einen bestimmten Gedanken hat. Wenn Sie wollen, daß Ihre Mitarbeiter intuitive Informationen einbringen, dann sollten Sie nicht von ihnen verlangen, alles, was sie sagen, hieb- und stichfest zu begründen.

Plazieren Sie Firmenangestellte (oder andere Mitglieder Ihres Teams) neben Personen, mit denen sie nicht besonders vertraut sind (so daß eine Cliquenbildung vermieden wird), und lassen Sie diese Sitzverteilung außerdem rotieren (denn Cliquen bilden sich sehr rasch). Fordern Sie die Teilnehmer auf, sich offen und vorwurfsfrei zu äußern. Statt sich zu beschweren: »Janet teilt uns ihre Bedürfnisse nie mit, und dann beklagt sie sich, daß wir sie nicht erfüllen«, wäre es besser, zu sagen: »Wir könnten dich in deiner Arbeit besser unterstützen, Janet, wenn du uns deine Wünsche vorher mitteilen würdest.«

Bringen Sie Ihren Leuten Fairneß bei, indem Sie selbst ein gutes Beispiel geben. Falls nötig, formulieren Sie bestimmte Kommentare zu konstruktiveren Aussagen um (oder bitten Sie jemanden mit einem besonderen Talent für diese Art von Vermittlungsarbeit darum). Sie können Ihren Mitarbeitern auch einfach sagen: »Überlegen Sie, wie Sie Ihre Bedürfnisse auf kollegiale Weise formulieren können.« Die positive Nebenwirkung davon ist, daß es gelegentlich einiges Gelächter geben wird, wenn die Leute versuchen, auf möglichst faire Weise zu umschreiben, was sie eigentlich sagen wollten, nämlich zum Beispiel: »Die Marketing-Leute gehen mir auf die Nerven mit ihrer Hektik!«

Sie könnten die Sitzungsteilnehmer auch auffordern, Ihnen vor der Besprechung ihre jeweiligen Anliegen oder ihre Kritik schriftlich zu geben, und ihnen sagen, daß Sie während der Sitzung zu gegebener Zeit darauf eingehen werden. Oder Sie beginnen die Besprechung mit einem Thema, über das allgemeiner Konsens herrscht beziehungsweise mit der Erörterung eines leicht zu lösenden Problems.

Diese Methode eignet sich für Zweierbesprechungen, geschäftliche Verhandlungen, Vorstellungsgespräche oder Konferenzen mit hundert Teilnehmern. Sie ist demokratisch, wahrt die Integrität der Gruppe und schafft neue Kommunikationsmöglichkeiten.

Der Trick, wie man anderen intuitive Informationen entlockt

Bei den meisten Sitzungen geht es natürlich in erster Linie um Informationsvermittlung oder die Analyse einer bestimmten Situation. Es gibt jedoch auch viele Gelegenheiten, wo Sie die intuitiven Eindrücke Ihrer Team-Mitglieder brauchen. Dazu müssen Sie Ihre Fragen so formulieren, daß sich die Teilnehmer aufgefordert fühlen, ihre ganze Kreativität einzubringen. Das heißt, Ihre Fragen sollten für das rationale Denken so wenig Anhaltspunkte enthalten wie möglich, ohne daß Ihr Team glaubt, Sie hätten plötzlich den Verstand verloren.

Ein guter Anfang für diese Art von Übung sind Aufforderungen wie: »Lassen wir unserer Phantasie freien Lauf«, oder: »Jetzt sagt mal ganz spontan, was euch dazu einfällt.« Besonders hilfreich ist es, wenn Sie die Leute bei einem solchen Brainstorming auffordern, Fehler zu machen. Ja, Sie haben richtig gelesen! Erklären Sie den anderen, daß jemand, der immer recht hat, sich niemals voll und ganz einsetzt. Das bringt die Leute dazu, ihre Ideen vollkommen offen und frei zu äußern. Außerdem gebe ich Ihnen den Rat, solche Sitzungen aufzunehmen, weil Sie später meistens wahre Perlen unter den verschiedenen Kommentaren entdecken können.

Achten Sie während der Besprechung darauf, wer von Ihrem Team mehr intuitive »Treffer« hat und wer besser logisch denken kann. Es geht darum, daß jeder zu jedem Thema etwas zu sagen hat, auch wenn es nicht unmittelbar in das jeweilige Fachgebiet fällt.

Einer der größten Nachteile im heutigen Geschäftsleben besteht darin, daß alle ihre Ideen mißtrauisch für sich behalten, weil eine gute Idee bares Geld wert sein kann. Aber die Ideen und Einfälle Ihrer Team-Mitglieder sind einer der wichtigsten Beiträge zum Erfolg Ihrer Firma.

Sie könnten eine Sitzung zum Beispiel auch damit einleiten, daß Sie den anderen eine Frage über Ihren größten Konkurrenten stellen, ein Thema, mit dem alle vertraut sind. Aber es sollte keine naheliegende Frage sein. Falls es sich um eine Sitzung der Marketing-Abteilung handelt, stellen Sie eine Frage, in der es um Finanzen geht. Zum Beispiel: »Was glauben Sie, wie deren Aktienkurs diese Woche steht?«

Auch wenn Ihr Team die Börsennotierungen nicht verfolgt hat, werden Sie überrascht sein, wie viele Teilnehmer sich spontan dazu äußern. Ich stamme aus einer Ärztefamilie, und von daher weiß ich, daß ein guter Internist seinen Patienten auch schon einmal fragt: »Was glauben Sie, was mit Ihrem Körper los ist?«, um seine eigene Diagnose zu überprüfen. Ich selbst habe auch schon mir völlig fremde U-Bahn-Passagiere gefragt, ob der Preis im Getreide-Terminhandel heute steigen wird, und durchaus zutreffende Antworten erhalten.

Wechseln Sie manchmal absichtlich das Thema und kehren Sie dann zum fraglichen Punkt zurück. Das lockert den Denkprozeß auf und macht den Weg frei für mehr intuitive als rational-analytische Antworten.

Hier ein paar weitere Beispiele:

- Sie haben eine Stelle zu besetzen, halten es aber nicht für angemessen, daß der Kandidat vor Ihrem gesamten Team erscheint. Geben Sie den Sitzungsteilnehmern ein paar allgemeine Informationen über den potentiellen Mitarbeiter, die keine besondere Reaktion auslösen: »Er ist 1960 geboren und hat seinen Bachelor of Arts in Stanford gemacht. Sie haben ihn ja vorhin auf dem Gang gesehen, welchen Eindruck hatten Sie da von ihm? Was glauben Sie, wie er im Umgang mit Kunden ist? Ich weiß, daß Sie ihn nur ganz kurz gesehen haben, aber der erste Eindruck kann entscheidend sein. Alle sind eingeladen, jetzt ihren spontanen Kommentar abzugeben.«

- Sie haben eine Sitzung einberufen, um neue Produktideen für Waschmittel zu sammeln. Fragen Sie die Teilnehmer: »Wenn Leute aus der Musikbranche vor dieser Aufgabe stünden, was würden sie tun? Oder eine Fluglinie? Ein Gebrauchtwagenhändler? Ein Modehaus?« Das heißt, hier richten Sie die Aufmerksamkeit auf ein Gebiet, das möglichst weit von dem Ihrer Firma entfernt liegt, um von allen Teilnehmern ganz spontane und kreative Antworten zu erhalten.

- Ihre Werbeagentur ist in die Ausscheidungsrunde für einen Großauftrag gekommen. Ihre Präsentation enthält großartige Ideen, aber von der Form her ist sie genau wie alle anderen: Graphiken und Dias. Sie würden gern etwas vollkommen anderes machen, aber Ihnen ist bewußt, wie riskant das ist. Dann könnten Sie sagen: »Wie Sie wissen, steht nächste Woche die McGregor-Präsentation an. Was glauben Sie, wie die Präsentationen unserer Konkurrenten aussehen werden?«

Beim letzten Beispiel besteht die Wahrscheinlichkeit, daß die Teilnehmer so auf die inhaltliche Botschaft der konkurrierenden Präsentationen konzentriert sind, daß sie gar nicht an die äußere Form denken und dadurch gezwungen sind, aus dem Stegreif zu antworten. Falls jemand sagt:»Ich weiß es nicht«, haken Sie nach: »Was würden Sie an Stelle unserer Konkurrenten machen?«

Dann sprechen Sie ein vollkommen anderes Thema an:»Hört mal, ich habe gestern einen tollen Film gesehen. Verdammt, wie hieß der noch mal?« Die anderen werden daraufhin die Titel mehrerer Filme nennen, die gerade in den Kinos laufen. Sagen Sie es, wenn sich der Film darunter befindet, den Sie gesehen haben, aber fragen Sie die anderen auch, was ihnen an denen gefiel, die sie genannt haben.

Ein Freund hat diesen Trick einmal angewendet, als es um eine neue Werbekampagne für eine Bankgesellschaft ging. Schließlich sprachen die Sitzungsteilnehmer über den Film, der ihnen allen am besten gefallen hatte, nämlich *Dumm und Dümmer*. Er erinnerte meinen Freund an seine Collegezeit und daran, wie er damals mit seinen Mitschülern ein Cabaret aufgeführt hatte. Und das brachte ihn schließlich auf die zündende Idee:»Ich hab's! Wir machen keine Zeichnung von dem Anzeigenmotiv, sondern wir stellen es in unserer Präsentation als Rollenspiel dar.« Seine Firma bekam den Werbeetat.

Neue Mitglieder für Ihr Team anheuern

Für jede Firma, egal ob groß oder klein, ist es immer schwierig, die richtigen Mitarbeiter zu finden. Ich glaube jedoch, daß es noch eine Schwierigkeit gibt, die dem vorangeht: Viele Unternehmer oder Unternehmensgründer sind nicht unbedingt die besten Personalchefs.

Nehmen wir an, Sie haben eine junge Firma, die sich gerade auf Erfolgskurs befindet. Aber Ihr Management besteht aus einer Horde wilder Hippies, die von Anfang an dabei waren. Und jetzt brauchen Sie keine Hippies mehr, Sie brauchen Leute in Anzug und Kostüm. Also müssen Sie Ihr Augenmerk zuerst auf Ihre existierende Belegschaft richten. Und ich denke, es würde sich – im Sinne der Integrität – günstiger auf die Firma auswirken, wenn Sie versuchen, Ihre Mitarbeiter zu mehr Flexibilität anzuregen, statt sich von ihnen zu trennen. Also sagen Sie ihnen ehrlich, daß Sie versuchen, die Jobs zu halten.

Und dann schlagen Sie Ihren Mitarbeitern Veränderungen vor, sagen ihnen aber gleichzeitig, daß sie die endgültigen Lösungen selbst konzipieren müssen. Das ist der erste Schritt.

Der zweite Schritt besteht darin, daß Sie Ihr Ziel definieren. Es sollte nicht zu eng gefaßt sein, wie etwa: »Wir müssen fünf neue Leute für jede Abteilung einstellen.« Gehen Sie das Problem statt dessen auf breiterer Front an und formulieren Sie Ihre Frage so: »Was ist jetzt notwendig? Welche Aufgaben müssen die einzelnen Abteilungen jetzt erfüllen?«

Den dritten Schritt tun Sie, indem Sie sich von Ihrer Intuition eine Lösung eingeben lassen. Möglicherweise weicht sie von dem ab, was der Verstand Ihnen sagt. Zum Beispiel könnten Sie in letzter Zeit ein höheres Frachtaufkommen haben, so daß Sie planen, die Versandabteilung aufzustocken, aber dann bekommen Sie das intuitive Gefühl, Sie müßten diese Abteilung eher verkleinern.

Das ergibt zunächst keinen Sinn, bis Sie plötzlich erkennen: »Ja, natürlich! Wir müssen unseren Versand einem Subunternehmen übertragen; das interne System ist zu ineffizient.«

Also: Zuerst müssen Sie sich einen allgemeinen Überblick verschaffen und dann die Frage stellen, was wo gebraucht wird. Dabei kommt es häufig vor, daß die intuitiven Erkenntnisse der rationalen Analyse widersprechen. Das ist kein Problem, sondern bietet Ihnen die Möglichkeit, zu überprüfen, ob Ihre intuitiven Eindrücke zutreffen. In den meisten Fällen wird Ihnen Ihre Intuition nichts mitteilen, was Ihre Logik bereits mit Sicherheit weiß. Wenn Sie also einen Eindruck erhalten, der nur bestätigt, was Sie vom Verstand her wissen, spricht daraus höchstwahrscheinlich nicht Ihre Intuition. Falls Ihnen Ihre Intuition aber gar nichts sagt, können Sie davon ausgehen, daß Sie mit Ihren rationalen Urteilen richtig liegen.

Sie finden neue Leute für Ihr Team, indem Sie ein paar grundlegende Integritätsfragen stellen – »Was braucht meine Firma, und wen braucht sie?« – und es dann Ihrer Intuition überlassen, eine Antwort darauf zu finden.

Betrachten Sie das Ganze

Manchmal müssen Sie bei der Suche nach der richtigen Personalentscheidung auf verschiedenen Ebenen vorgehen: auf der personellen, der abteilungsspezifischen und der firmenpolitischen. Vielleicht haben Sie dann auf einer Ebene den perfekten Mitarbeiter, aber wenn Sie ihn von einer anderen Perspektive aus betrachten, fällt der Gesamteindruck nicht mehr so positiv aus.

Wenn das der Fall ist, muß Ihre nächste Frage lauten: »Für welche Stelle ist diese Person am geeignetsten? Könnte ich sie zu einer passenderen Abteilung transferieren?« Gibt es auf letzteres eine eindeutige Antwort, dann sollten Sie den Wechsel besser früher als später veranlassen.

Eine Intuitionsgeschichte

Ich arbeite als Personalchefin in einem mittelständischen Unternehmen. Meine letzte Erfahrung mit Praktischer Intuition hatte ich vor vier Monaten. Da bekam ich die Idee, eine neue Lieferantenkartei zu erstellen, die nicht nur Namen und Adressen enthalten sollte, sondern auch die jeweils angebotenen Produkte oder Dienstleistungen. Es war rein prophylaktisch, für den Fall, daß unsere Vertriebsleiterin die Firma verlassen würde.

Ich bat unseren Computerexperten, der Vertriebsleiterin bei diesem Projekt zu helfen, so daß sie es nicht zusätzlich zu ihren täglichen Aufgaben erledigen müsse. Zwei Monate später schickte mir diese Frau eine E-Mail mit der Bitte um ein paar Tage Urlaub. Ich bat sie zu einem Gespräch und sagte ihr unumwunden, ich hätte den Eindruck, sie wolle die Firma verlassen. Sie erwiderte jedoch, das sei nicht der Fall und sie sei sehr zufrieden mit ihrem Job.

Weniger als einen Monat später kam sie wieder in mein Büro. Sie war sehr nervös und sagte, sie wolle kündigen, da sie eine Stelle bei einem Kosmetikkonzern angenommen habe, wo man ihr eine bessere Bezahlung und mehr Aufstiegschancen in Aussicht gestellt hatte. Meine Intuition hatte mich also in die richtige Richtung gewiesen und mir geholfen, das Problem, das durch ihren plötzlichen Weggang entstanden wäre, abzuwenden.

Kapitel 18

Der intuitive Prozeß
als System

Der wirkungsvolle Einsatz Ihrer Intuition erfordert ein systematisches Vorgehen

Als Teenager habe ich mich besonders für Mathematik und Naturwissenschaften interessiert, was mich – ironischerweise – gelehrt hat, daß der intuitive Prozeß so logisch und strukturiert ist wie eine wissenschaftliche Methode. Wie Sie mittlerweile wahrscheinlich selbst gemerkt haben, geht es beim Einsatz Ihrer intuitiven Fähigkeiten um weit mehr als bloß darum, Ihre spontanen Eingebungen zu äußern und sich von Ihrem Instinkt leiten zu lassen.

Hier eine Liste der Punkte, die Sie beim Gebrauch Ihrer Intuition beachten müssen:
- Nehmen Sie die Eindrücke, die Sie in bezug auf eine bestimmte Frage erhalten, bewußt und genau wahr.
- Lassen Sie alle Ihre Eindrücke zu, ohne irgendeinen auszuschließen oder zu korrigieren.
- Halten Sie Ihre intuitiven Eindrücke von Ihren Gedanken und Gefühlen getrennt.
- Versuchen Sie, Ihre Eindrücke durch weitere Fragen zu vertiefen und zu vervollständigen.
- Interpretieren Sie Ihre intuitiven Eindrücke.

- Überprüfen Sie Ihre Schlußfolgerungen.
- Ergänzen Sie Ihre intuitiven Wahrnehmungen durch Ihre rationalen und emotionalen Eindrücke.

Mit etwas Übung wird daraus ein vollkommen natürlicher und sogar automatischer Vorgang.

Indem Sie Ihre Intuition schulen, können Sie Ihr logisches Denken verbessern

Haben Sie Ihre Gedankengänge jemals derart gründlich untersucht wie im intuitiven Prozeß? Fest steht: Der bewußte Einsatz der Intuition kann sogar eine noch größere Präzision und Discipliniertheit erfordern als das logische Denken, weil dieses die meiste Zeit auf Autopilot geschaltet ist und deshalb manchmal geradezu schlampig arbeitet. Ein positiver Nebeneffekt der Schulung Ihrer intuitiven Fähigkeiten ist jedenfalls der, daß Sie sich Ihrer logisch-analytischen Denkprozesse und deren Möglichkeiten und Grenzen bewußter werden.

Eine schrittweise Methode entwickeln

Natürlich wird Ihre Intuition weiter aktiv sein, auch ohne daß Sie sie bewußt kontrollieren. Wenn Sie sie aber auf die Beantwortung einer bestimmten Frage hin ausrichten wollen, dann müssen Sie die folgenden Schritte vollziehen:

Erster Schritt: Nehmen Sie vor der intuitiven Arbeit durch einen Bodycheck wahr, was Sie gerade empfinden.

Zweiter Schritt: Steuern Sie Ihre intuitive Aufmerksamkeit durch eine sorgfältig formulierte Frage.

Dritter Schritt: Beschreiben Sie, was Sie in Beantwortung der Frage wahrnehmen.

Vierter Schritt: Interpretieren Sie Ihre Eindrücke.

Fünfter Schritt: Arbeiten Sie Ihre Eindrücke weiter aus, um verifizierbare Szenarien zu erhalten.

Sechster Schritt: Überprüfen Sie Ihre Schlußfolgerungen.

Siebter Schritt: Wägen Sie die Schlußfolgerungen gegen Ihre rationalen und gefühlsmäßigen Urteile ab.

Sie brauchen diese Schritte nicht auswendig zu lernen. Tatsächlich gehen die einzelnen Schritte ineinander über, und mit etwas Erfahrung können Sie den Vorgang nach Ihrem persönlichen Stil umformen. Dieser bewußte Prozeß wird zu einer Gewohnheit, oder anders gesagt: zu einem mentalen Zustand, in den Sie so leicht und natürlich »hineinschlüpfen« wie in das rationale Denken. Nachdem Sie gelernt haben, Ihre Intuition – diesen ursprünglich unbewußten und zufälligen Prozeß – bewußt und systematisch anzuwenden, wird daraus wieder ein unterbewußt und reflexartig ablaufender Vorgang!

Die Intuition wird zur Gewohnheit

Wenn Sie mit Ihren intuitiven Fähigkeiten vertrauter geworden sind, werden Sie ein eigenes System entwickeln können, das am besten Ihrer Persönlichkeit, Ihren Bedürfnissen und Ihrer Situation entspricht. Voraussetzung dafür ist natürlich, daß Sie wissen, wie Ihre Intuition arbeitet.

Zwei Techniken können Ihnen dabei besonders helfen. Die eine ist, im Bedarfsfall alles zu einer Frage zu machen, und die andere besteht aus Schnellschußübungen.

Machen Sie aus allem eine Frage

Die Intuition gibt uns hilfreiche Antworten auf spezielle Fragen. Je bewußter dieser Befragungsprozeß abläuft, desto besser können Sie Ihre intuitiven Fähigkeiten steuern.

Angenommen, Sie lesen die Morgenzeitung und entdecken darin einen Artikel über eine bestimmte Person. Fragen Sie sich, was diese Person braucht und wie Sie ihr Ihr Produkt oder Ihre Dienstleistung nahebringen könnten.

Ihr Chef ist an Sie herangetreten und hat Sie gebeten, sich neue Produktideen für einen bereits existierenden Markt auszudenken. Was von dem, was Sie anzubieten haben, ist für diesen Markt am attraktivsten? Wie können Sie Ihr Produkt so präsentieren, daß der Markt es als Erfüllung seiner Bedürfnisse wahrnimmt?

Indem Sie aus allem eine Frage machen – vor allem Fragen in der Ichform –, erhalten Sie eine Fülle von Antworten. Das ist intuitive »Aufmerksamkeitssteuerung«.

Machen Sie ständig Schnellschußübungen

Schnellschüsse sind eine großartige Übung, um ein unmittelbares Feedback auf Ihren intuitiven Prozeß zu erhalten. Sie können die in diesem Buch beschriebenen anwenden oder Ihre eigenen Versionen erfinden. Sind Sie im Verkaufsbereich tätig, könnten Sie potentielle Käufer anvisieren, während Sie als Broker oder Anlageberater am besten den Börsenhandel ins Visier nehmen.

In Kapitel 22 werden wir alle bisher beschriebenen Techniken zusammenfassen, um den Kurswert von Aktien vorherzubestimmen.

Intuition in Aktion

Von Robert Earl,
dem Gründer des Unterhaltungskonzerns
Planet Hollywood

Früher dachte ich, meine Fähigkeit, eine komplexe berufliche Situation richtig zu erfassen, basiere mehr auf faktischem Wissen als auf Intuition. Insofern hatte ich eine grundlegend andere Meinung als Laura Day.

Als ich vor zwei Jahren erkannte, daß London zur trendigsten Metropole der Welt werden würde, beruhte diese Erkenntnis darauf, daß ich während meiner Aufenthalte dort eine völlig neue Generation von Künstlern und Intellektuellen erlebte, auf meinem Wissen um historisch-gesellschaftliche Zusammenhänge und auf all den wirtschaftlichen Daten, die darauf hinwiesen, daß London innerhalb der nächsten zwanzig Jahre zu einem internationalen Finanz- und Handelszentrum werden würde.

Wenn ich nach der Lösung für ein Problem suche, dann gehe ich es nie isoliert an, sondern befasse mich damit auf allen Ebenen gleichzeitig. Ich kann nicht zuerst ein Problem lösen und dann zum nächsten übergehen. Ich muß alle Bälle gleichzeitig in der Luft haben. Dabei kann natürlich eine Menge schiefgehen. Aber das ist nun einmal meine Lebenseinstellung: Ich bin offen für alles, oder zumindest versuche ich, es zu sein.

In einer Krisensituation verschaffe ich mir als erstes einen allgemeinen Überblick. Dann befasse ich mich mit allen Einzelheiten: Finanzen, Organisation, Marketing etc. und trage über jeden dieser Aspekte so viele Informationen wie möglich zusammen. Dann schreibe ich alles auf. Ich bin mit Sicherheit ein großer Planer.

Inzwischen muß ich zugeben, daß ich meine Intuition sehr wohl einsetze, denn ich werde immer wieder mit völlig neuen Situationen konfrontiert und weiß dann irgendwie sofort, was zu tun ist.

Erörterung

Robert Earl ist ein äußerst intelligenter und erfolgreicher Unternehmer. Er hat seine Position durch eine Kombination von Talent, Erfahrung und harter Arbeit erreicht. Zwar ist die Welt voll von intelligenten, talentierten und tüchtigen Menschen, aber er ist einer von den wenigen, denen es gelungen ist, all diese Eigenschaften zusammenwirken zu lassen und darauf ein dauerhaft erfolgreiches Unternehmen aufzubauen.

Wie kann ich Störungen durch andere vermeiden?

(Auch hier müssen Sie deren Bedürfnisse berücksichtigen)

Wer – oder was – ist Ihr Gegner?

Wir neigen dazu, unsere Gegner als »die Bösen« zu betrachten, die es auf uns abgesehen haben. Im Wirtschaftsleben sind die bösen Gegner »die Konkurrenz«.

Aber Intuition und Integrität verschaffen uns ein breiteres, tiefgreifenderes – und letztlich nützlicheres – Bild des Gegners: Jeder, der Ziele verfolgt, die im Widerspruch zu Ihren stehen oder Sie daran hindert, Ihre Ziele zu erreichen, ist ein Gegner. (Umgekehrt sind Ihre Verbündeten natürlich jene, die die gleichen Ziele anstreben wie Sie oder die Ihnen helfen, sie zu erreichen.)

- Manchmal ist der Gegner offensichtlich, wie etwa eine andere Person, die plötzlich mit Ihnen um den Posten konkurriert, der Ihnen versprochen wurde.
- Manchmal ist es weniger offensichtlich, wer Ihr Gegner ist, wie etwa, wenn es sich um jemanden handelt, dessen versteckte Bedürfnisse Ihren Zielen zuwiderlaufen.
- Und manchmal sind *Sie* selbst der Gegner. Dann nämlich, wenn Ihre heimlichen Bedürfnisse den eigenen Zielen wider-

sprechen. Das ist mit der Redewendung »sich selbst im Weg stehen« gemeint.

Bedenken Sie auch: Ihr Gegner könnte jemand sein, den Sie gar nicht kennen. Es muß nicht einmal unbedingt eine Person sein. Wenn Sie Wertpapiere besitzen und eine politische Partei vorhat, die Kapitalertragssteuer zu erhöhen, dann ist diese Partei oder deren Gesetzentwurf Ihr Gegner.

Und schließlich gilt es noch zu beachten, daß dieselbe Person oder Firma Ihr Gegner im Hinblick auf eines Ihrer Ziele, aber Ihr Verbündeter in bezug auf ein anderes Ziel sein kann. Erfolgreiche Unternehmen tragen dieser Tatsache Rechnung, wenn sie auf einem bestimmten Marktbereich mit einer Firma ein strategisches Bündnis schließen, mit der sie auf einem anderen konkurrieren.

Stellen Sie die Integrität in den Mittelpunkt

Wir haben gelernt zu glauben, wir könnten uns vor Gefahren schützen, indem wir wachsam sind für die äußeren Faktoren, die unser Berufsleben beeinflussen, wie die Gesetze des Marktes oder die Konkurrenz. Das allein verschafft Ihnen aber keine wirkliche Sicherheit.

Wenn Sie Ihre Intuition einsetzen, um sich auf die Integrität Ihrer Firma zu konzentrieren, können Sie sich besser schützen. Dann haben Sie immer noch die äußeren Faktoren im Blick, aber Sie richten Ihre Aufmerksamkeit und Energie auf die Organisation als Ganzes. Das erlaubt Ihnen, flexibel auf äußere Veränderungen zu reagieren, statt Ihre Energie auf Vorgänge zu verschwenden, die sich weitgehend außerhalb Ihrer Kontrolle befinden (obgleich inzwischen innerhalb Ihrer intuitiven Weitsicht und Reaktionsfähigkeit).

Machen Sie aus
potentiellen Gegnern Verbündete

Es geschieht nur selten, daß jemand Ihnen oder Ihrer Firma Schaden zufügt nur um des Schadens willen. Für gewöhnlich handelt es sich vielmehr um konkurrierende Interessen, mit denen man auch konstruktiv umgehen kann. Es geht nämlich gar nicht so sehr um Sieg oder Niederlage, sondern darum, daß letztendlich beide Seiten profitieren können.

Wie gelingt Ihnen das? Indem Sie die Perspektive Ihres Gegners verändern. Sie machen ihm klar, daß sich der Konflikt lösen ließe, wenn beide Seiten ihre Ziele miteinander in Einklang bringen. Es gibt immer eine Möglichkeit, wie Sie Ihre Ziele für andere positiv und ansprechend präsentieren können. Vergessen Sie nicht: Niemand kann Ihnen helfen, ein Ziel zu erreichen, wenn es niemand kennt. Sagen Sie zum Beispiel Ihrer Kollegin, wie sehr Sie ihre Unterstützung bei der angestrebten Beförderung schätzen und bieten Sie sich ihrerseits als Verbündeten an, wenn die nächste Beförderung fällig wird. Damit haben Sie sich Ihrer Kollegin gegenüber nicht nur nett und kollegial verhalten, sondern Sie haben ihr auch klargemacht, daß Sie ihr Ziel kennen und unterstützen. Dadurch haben Sie sie als Verbündete gewonnen.

Wichtig ist, wie Sie Ihre Ziele präsentieren

In der oben beschriebenen Situation lösen Sie einen potentiellen Interessenskonflikt, indem Sie die Interessen aller Beteiligten berücksichtigen.

Da die meisten Ziele der Unterstützung durch andere bedürfen, müssen Sie Ihre eigenen so darlegen, daß es für alle Betroffenen von Vorteil ist, wenn Sie sie erreichen. Mit anderen Worten: Sie müssen Ihr Ziel so präsentieren, daß andere etwas davon haben, wenn sie Ihnen helfen.

Auch hier geht es wieder um die Wahrung der Integrität. Wenn Sie sich bemühen, die Bedürfnisse und Werte aller Personen in Ihrem Umfeld zu berücksichtigen, wird es Ihnen sehr viel leichter fallen, eine produktive gemeinsame Zielsetzung zu finden.

Die jeweilige Präsentation Ihres Ziels wird sich von Person zu Person unterscheiden. Besteht Ihr Ziel zum Beispiel darin, eine Firma zu gründen, werden Sie es einer Bank oder einem Geldgeber gegenüber anders darlegen müssen als einem zukünftigen Angestellten oder Zulieferer gegenüber.

Das folgende Beispiel zeigt, wie Sie diese Methode auf Ihr eigenes Berufsleben anwenden können. Es beschreibt ein hypothetisches Szenario, das mir in einem Interview von *Hearst New Media* präsentiert wurde, und meine Antwort darauf.

Intuition in Aktion
Er hat meine Idee gestohlen!

Ich weiß, daß es meine Idee war, denn sie ist mir nach einem Streit mit meinem Freund eingefallen. Dave hatte sich aufgeregt, weil er fand, ich verbrächte zu viel Zeit bei *Smooch* (Knutsch), wo ich in der Anzeigenredaktion arbeite. Und dann sagte er noch: »*Smooch* ist sowieso ein völlig alberner Name für eine Zeitschrift. Damit lockt man doch heutzutage keinen mehr hinter dem Ofen hervor.« Er glaubt, die Printmedien seien zum Aussterben verurteilt, da die Leute ihre Nachrichten bald nur noch aus dem Internet bezögen.

Und schlimmer noch: Er meinte, die Zielgruppe von *Smooch* seien zwar die Zwanzig- bis Dreißigjährigen, aber nur Teenager würden das Blatt lesen.

Als ich anschließend mit der U-Bahn zur Arbeit fuhr, überlegte ich mir, ob ich ihn nicht einfach zum Teufel schicken solle. Aber dann hörte ich ihn plötzlich wieder sagen: »*Smooch* wird von dreizehnjährigen Kids gelesen. Ich sehe sie doch ständig damit in der Schule.« Was, wenn er recht hat? Sollten wir unsere Werbeseiten dann nicht an Firmen wie Clearasil verkaufen, statt für Kreditkarten und schottischen Whisky zu werben?

Als ich in die Redaktion kam, begegnete ich zufällig Paul, dem Chefredakteur, und sprach ihn darauf an. Er aber sagte nein, das würde nur unsere Stammleser vergraulen, denn die hätten keine Lust auf Werbung für Cremes gegen Pickel. Ich beschloß, die Sache fallenzulassen.

Eine Woche später erzählte mir Amy, unsere Verlegerin, Paul wolle mit *Smooch* den Teenager-Markt erobern, und sie halte das für eine ausgezeichnete Idee. Wie schön, daß unser Chefredakteur so originelle Einfälle hat!

Ich schätze, da kann ich jetzt auch nichts mehr machen. Paul hat nicht einmal was mit dem Verkauf zu tun, er will sich nur bei der Chefin einschmeicheln. Und der scheint das auch noch zu gefallen. Wahrscheinlich hat er meine Idee ein bißchen weiterentwickelt und die Pickelcreme weggelassen. Aber es war trotzdem meine Idee.

Übung 23:
Ziele neu definieren

Quizfrage: Aktivieren Sie Ihre Intuition, um herauszubekommen, wie Gail, die Anzeigenakquisiteurin, mit dieser Situation umgehen soll. Welche der folgenden Vorgehensweisen würden Sie wählen:

Erste Möglichkeit:
Sich bedeckt halten, nichts sagen und bei nächster Gelegenheit selbstbewußter – und vorsichtiger – mit den eigenen Ideen umgehen.

Zweite Möglichkeit:
Paul zur Rede stellen und ihm sagen, sie fühle sich von ihm betrogen.

Dritte Möglichkeit:
Der Verlegerin erklären, Paul habe ihre Idee als die eigene verkauft.

Treffen Sie Ihre Wahl und begründen Sie sie dann im Zusammenhang mit den offenen und verdeckten Zielen aller Beteiligten. Um bei dieser Übung »die höchste Punktzahl« zu erzielen, müssen Sie ebenfalls entscheiden, wie Gail ihr jeweiliges Verhalten präsentieren soll. (Heißer Tip: Bleiben Sie auf die Integrität aller Ziele fokussiert!)

Erörterung

Zuerst muß Gail Ihr Ziel genau definieren.
- Es lautet: Die Anerkennung für Ihre (und Daves) Idee zu ernten und nicht Paul bloßzustellen. Erkennen Sie den Unterschied?

Während Gail sich ganz auf ihr Ziel konzentriert, muß sie intuitiv Pauls offene und verdeckte Ziele erkennen.
- Pauls vordergründiges Ziel: Anerkennung für seine Weitsicht zu erhalten.
- Pauls verdecktes Ziel: Seine Beziehung zu Amy zu verbessern.

Schließlich muß Gail intuitiv Amys Ziel und ihre eventuell verdeckten Motive erspüren:
- Amys Ziel: Sie möchte als Verlegerin von *Smooch* erfolgreich sein.
- Amys verdecktes Motiv: Sie möchte ihre gute Beziehung zu Paul wahren.

Die erste Möglichkeit würde bedeuten, daß Gail nichts von ihrer Idee hat und gleichzeitig eine Situation schafft, die sich hemmend auf ihre Kreativität und ihren Teamgeist auswirkt. Da sollte sie sich besser gleich nach einer neuen Stelle umsehen.

Die zweite Möglichkeit könnte den Konflikt mit Paul noch verschärfen, weil sie ihn mit ihrer direkten Konfrontation in die Defensive drängt.

Die dritte Möglichkeit dagegen erlaubt es Gail, einer Konfrontation mit Paul aus dem Weg zu gehen, indem sie ihre Intuition gebraucht. Hierbei kommt es wiederum darauf an, wie sie Amy gegenüber ihr Ziel formuliert.

Sie sollte sowohl Amys Ziel als auch deren heimliches Bedürfnis berücksichtigen und ihr sagen: »Ich bin sehr froh, daß Paul meinen Vorschlag, Teenager als neue Käuferschicht zu gewinnen, aufgegriffen hat. Es ist gut zu wissen, daß er neuen Ideen gegenüber so aufgeschlossen ist. Aber, ganz ehrlich gesagt, es war nicht meine Idee, sondern die von meinem Freund Dave. Er ist Lehrer und kennt sich von daher gut aus mit Jugendlichen. Ich habe in den letzten Tagen noch weiter mit ihm darüber diskutiert und dann ein paar Daten für die neue Verkaufsstrategie gesammelt. Hier ist mein Konzept. Ich würde sehr gerne Pauls Meinung dazu hören, da er ursprünglich den Einwand hatte, es würde einige unserer Stammleser vergraulen. Ich nehme diesen Einwand durchaus ernst und bräuchte seinen Rat, wie man das vermeiden kann.«

Wenn Gail diese Richtung einschlägt, bekommen alle, was sie wollen, und umgehen, was sie nicht wollen. Das Ergebnis könnte sein, daß Gail schließlich zwei Verbündete hat statt einen Feind und einen Verbündeten. Beachten Sie außerdem, daß sie ihre Integrität gewahrt hat, indem sie das Verdienst des eigentlichen Ideengebers – nämlich ihres Freundes – würdigt.

Leider ist es manchmal wirklich so, daß die andere Person es auf Sie abgesehen hat

Wie gesagt: Niemand muß unbedingt zu Ihrem Gegner werden. In fast jeder Situation können Sie sich von Ihrer Intuition eine Möglichkeit aufzeigen lassen, wie Sie es schaffen, die Integrität aller Beteiligten zu wahren und eine befriedigende Lösung zu finden. Aber was, wenn im obigen Beispiel Pauls verdecktes Ziel darin bestünde, sich mit Gail eine Schlacht zu liefern?

In diesem Fall würde Gails Frage nicht mehr lauten: »Wie reagiere ich auf dieses Problem?«, sondern: »Wie kann ich Pauls Angriffe abwehren?«

Damit würde sich ihr Ziel verändern. Sie müßte sich dann überlegen, wie sie dieses Ziel erreichen und das Beste aus der Situation machen kann. Und wie könnte das aussehen?

Möglicherweise erhält sie den intuitiven Eindruck, es wäre gut, einmal mit Jennifer, der Leiterin der PR-Abteilung, zu reden. Gail weiß zwar nicht, wie Jennifer ihr helfen könnte, trotzdem lädt sie sie zum Mittagessen ein. Nicht unbedingt, um mit ihr über ihr Problem zu reden – es sei denn, ihre Intuition hat ihr das nahegelegt –, sondern um zu hören, was Jennifer zu erzählen hat. An diesem Punkt hat Gails Intuition sie zwar in eine bestimmte Richtung gewiesen, aber sie braucht nun mehr als rein intuitive Informationen.

Und während dieses Mittagessens erzählt ihr Jennifer, daß sie von der Redaktion in die PR-Abteilung gewechselt ist, weil Paul es letztes Jahr auch auf sie abgesehen hatte. Das wiederum veranlaßt Gail, ihrer Kollegin von dem eigenen Konflikt mit Paul zu erzählen, und daraufhin könnten sie und Jennifer gemeinsam überlegen, wie Gail am besten mit dieser Situation umgehen soll.

Gail mag bei diesem Treffen noch nicht die endgültige Lösung gefunden haben, aber nun hat sie neue Fragen, auf die sie ihre Intuition richten kann.

Tägliche Übung:
Die Ziele Ihrer Gegner und Konkurrenten
intuitiv verstehen

Werden Sie selbst zu Ihrem Konkurrenten oder Feind, indem Sie sich in der Ichform einfühlen.
Dann stellen Sie sich die folgenden Fragen:
- Was würde mir dabei helfen, erfolgreicher zu sein?
- Gibt es eine Möglichkeit, wie ich meine eigenen Ziele und die der Gegenseite in Einklang bringen kann?

Auch wenn diese Vorgehensweise nicht immer praktikabel ist, werden Sie überrascht sein, wie oft sie zu positiven Ergebnissen führt.

Nicht vergessen: Stellen Sie zu allem und jedem Fragen

Das Beispiel von Gail illustriert auch, daß ein überlegtes Vorgehen der Schlüssel zu einer erfolgreichen Konfliktbewältigung ist. Es ist also wichtig, daß Sie Fragen stellen, auf die Sie konstruktive Antworten erhalten.

Obwohl Gail ausgesprochen wütend auf Paul ist, läßt sie sich nicht von der Frage leiten, wie sie sich an ihm rächen kann. Damit würde sie sich nämlich nur noch mehr Feinde machen – und das könnte sie mit der Zeit sogar ihren Job kosten. Statt dessen strebt sie ein positives Resultat an: Ihr Ziel ist, neue Käuferschichten für die Zeitschrift zu erschließen und damit gleichzeitig neue Karrierechancen für sich selbst zu eröffnen.

Alles und jeden zum Gegenstand einer konstruktiven Frage zu machen, ist ein besonders nützliches Werkzeug für Menschen in leitender Position, egal, ob man nun eine Sitzung oder eine Firma leitet. Wenn Sie einen intuitiven Dialog entwickeln, können Sie sich produktiv mit unausgesprochenen Zielen auseinandersetzen.

In einer solchen Gruppensituation sollten Sie immer zuallererst versuchen, intuitiv die verdeckten Bedürfnisse der jeweiligen Teilnehmer aufzudecken. So hätte Gail ihre Unterredung mit Amy nicht damit beginnen dürfen, daß sie sagt: »Paul hat meine Idee geklaut.« Sie vermutet nämlich, daß Amy und Paul eine Liebesbeziehung haben, und man kann sich unschwer vorstellen, wem gegenüber sich Amy loyaler verhalten würde.

Auch wenn es Ihnen nicht gelingen sollte, intuitiv zu ermitteln, was in den einzelnen Menschen vor sich geht, kann Ihre Intuition Ihnen aufzeigen, wo es verborgene Verbindungen gibt und wo man besser vorsichtig zu Werke gehen sollte.

· Nehmen Sie unterschiedliche Positionen ein

Wenn Sie es mit einem Gegenspieler zu tun haben, bestehen die drei »Ichs« aus Ihrem Ziel, Ihrem Umfeld und Ihrem Waffenarsenal.

»Ich« als das Ziel ist Ihr bewußtes und nicht etwa Ihr verdecktes Ziel. Konzentrieren Sie sich mehr auf Ihr Ziel als auf Ihren Gegner oder Sie selbst. Das ermöglicht Ihnen, objektive Distanz zu wahren und prompt auf jede Veränderung in der Strategie oder Taktik Ihres Gegners zu reagieren.

»Ich« als das Umfeld bezieht sich auf Ihren Widersacher, kann aber ebenfalls Menschen, Elemente oder Positionsveränderungen enthalten, welche für die problematische Situation wichtig sind.

»Ich« als das Waffenarsenal sind die Verbündeten, Ideen, Positionen, sprachlichen Mittel, Verhaltensweisen oder ähnliches, die Sie zur Verfügung haben, um eine potentielle Konfliktsituation zu bewältigen.

Denken Sie daran, daß Sie diese drei »Ichs« auch vom Standpunkt Ihres Gegners aus betrachten müssen. Wenn Sie also Ihr Umfeld definieren – welches Ihren Gegner miteinschließt –, müssen Sie auch die folgenden Aspekte abwägen:

- Das »Ich« der offenen und verdeckten Ziele Ihres Widersachers.
- Das »Ich« des Umfelds aus der Perspektive Ihres Gegners.
- Das »Ich« des Waffenarsenals Ihres Gegners.

Das Ziel besteht darin, Ihre Intuition so zu nutzen, daß Sie die unterschiedlichen Bedürfnisse miteinander vereinbaren, um Integrität zu schaffen.

Wie man in der Geschäftswelt mit potentiellen Gegnern umgehen sollte

Andrew S. Grove, Präsident und Geschäftsführer des Chip-Herstellers *Intel Corporation*, beschreibt seine Firmenpolitik in dem kürzlich erschienenen Buch *Only the Paranoid Survive* (Nur die Paranoiden überleben). Darin wirft Grove die Frage auf, ob die weitverbreitete Nutzung des Internet, insbesondere des World Wide Web, einen strategischen Konfliktpunkt für *Intel* darstellt.

Strategische Konfliktpunkte sind für ihn solche Situationen, in denen massive Marktveränderungen eine Firma zu der Entscheidung zwingen, schnell und grundlegend ihre Richtung zu ändern oder das Risiko einzugehen, komplett vom Markt verdrängt zu werden – eine größere Bedrohung kann man sich kaum vorstellen. Die Gefahr, die das Internet für *Intel* darstellt, liegt darin, daß es auch mit Computern ohne *Intel*-Mikroprozessor zugänglich ist. Das mögliche Resultat wäre ein katastrophaler Umsatzrückgang im Hauptgeschäft.

Ebenso wie die meisten erfolgreichen Manager gebraucht Grove seinen analytischen Verstand, um eine Liste der Vor- und

Nachteile des Internet zu erstellen. Die Pluspunkte überwiegen knapp. Daraufhin stellt er die Überlegung an: Wenn so viel kreative Energie und finanzielle Mittel in die Entwicklung des Internet fließen, werden sich daraus auch neue Anwendungsmöglichkeiten für die Chips von *Intel* ergeben. Außerdem gewinnt er den Eindruck, daß neue Anbieter auf dem Markt eher zu Verbündeten als zu Konkurrenten werden könnten. Und in bezug auf seine Angestellten kommt er zu dem Schluß, daß sie der Herausforderung durch das Internet durchaus gewachsen sind.

Nachdem er die Integrität seiner Firma überdacht hatte, kam Grove zu dem Schluß, das Internet bedeute keine unmittelbare Lebensgefahr für *Intel*. Allerdings hätte er auch sehr viel schneller zum gleichen Ergebnis kommen können, wenn er seinen Entscheidungsprozeß in der umgekehrten Reihenfolge strukturiert hätte: indem er die Situation zuerst intuitiv betrachtet und diese Eindrücke anschließend logisch-analytisch untermauert hätte (beides, bevor er Kapital in mögliche Konfliktlösungen investiert).

Bemerkenswert offen räumt Grove ein, daß er »als der Geschäftsführer sehr gut der letzte sein könnte, der erkennt, daß Gefahr im Verzug ist«. Während nämlich alle »klassischen« Anzeichen darauf hindeuteten, daß das Internet keinen strategischen Konfliktpunkt für *Intel* darstellt, »sind die Veränderungen in ihrer Gesamtheit so gravierend, daß ich es im Grunde meines Herzens doch für einen Konfliktpunkt halte«, schreibt er.

Er läßt damit seiner Intuition das letzte Wort und überlegt sich nun, welche Schritte zu unternehmen sind, um seinem potentiellen Feind die Stirn zu bieten.

Unter anderem beschließt er:

- Alles über das Internet und das World Wide Web zu lernen, was es zu lernen gibt.
- Andere Firmen zu kontaktieren, einschließlich jener, die auf den ersten Blick als Gegner betrachtet werden könnten, da sie Internet-Geräte auf den Markt bringen, die die PCs ersetzen sollen.

- Allen Mitarbeitern die Bedeutung des Internet zu erläutern und sie dadurch zu mobilisieren, ihre Kräfte für eine Lösung des Problems einzusetzen.

Grove hebt sich die wichtigste Veränderung für den Schluß auf: Ausgehend von seinem Bekenntnis zur Intuition beschließt er, selbst das beste und günstigste Internet-Gerät zu bauen, das es auf dem Markt gibt, und zwar mit einem Intel-Chip als zentralem Element.

Grove hat alle drei »Ichs« zur Analyse und, wie es scheint, zur Abwehr der potentiellen Gefahr eingesetzt, die das Internet für seine Firma darstellte. Indem er seine intuitiven Wahrnehmungen ernst nahm, konnte er seine persönlichen Ziele und Strategien, die seiner Firma und seinen Markt verändern.

Wenn sich Ihre Ziele verändern, verändern sich auch Ihre Gegner

Abschließend gebe ich Ihnen den Rat, kontinuierlich Ihre verschiedenen »Ichs« zu überprüfen, um die Konsequenzen eventuell veränderter Ziele oder Prioritäten im Auge zu behalten. Verändern sich nämlich Ihre eigene Situation oder Ihre Ziele, können aus früheren Verbündeten Feinde und aus ehemaligen Feinden Verbündete werden.

Tägliche Übung:
Haben Sie einen neuen Gegner?

Ihre Intuition kann Ihnen in den meisten Fällen helfen, Ihre Widersacher zu bezwingen, indem sie Ihnen Wege und Möglichkeiten eingibt, wie Sie die Ziele aller Betroffenen in Einklang bringen können. Sie müssen sich jedoch bewußt sein, daß sich diese Ziele ständig ändern können. Stellen Sie sich also regelmäßig die Frage: »Schaffen etwaige Veränderungen in meiner Arbeitswelt neue Gegner für mich – oder neue Verbündete?«

Intuition in Aktion
Die Geschichte einer Rechtsanwältin

K urz vor dem Beginn der Verhandlung über die Scheidung eines Paares – beide in den Fünfzigern –, das fünf Jahre verheiratet war und keine Kinder hatte, erwarb mein Klient, der beteiligte Ehemann, ein Vermögen im Wert von circa 20 Millionen Dollar. Nach gültiger Gesetzeslage hatte die Frau keinen Anspruch auf dieses Geld, weil es von meinem Klienten erworben wurde, *nachdem* er die Scheidung eingereicht hatte.

Um ihre finanziellen Interessen durchzusetzen, beschloß die Ehefrau meines Klienten, die Scheidungsklage anzufechten. Wenn das Gericht zu ihren Gunsten entscheiden und die Klage abweisen würde, könnte sie anschließend ihrerseits die Scheidung einreichen. Und da die strittigen Vermögenswerte dann *vor* diesem zweiten Prozeß erworben wurden, hätte ihr das Gericht einen Teil des Geldes zusprechen müssen.

Während der Verhandlung vor sechs Geschworenen sagte mein Klient aus, seine Frau habe ihn verbal attackiert und sich seelischer Grausamkeiten schuldig gemacht, besonders wenn sie unter Alkoholeinfluß stand, was nach rechtlichen Gesichtspunkten eine Scheidung rechtfertige. Sie habe ihn so grausam und unmenschlich behandelt, daß es unzumutbar und sogar gefährlich für ihn wäre, weiterhin mit ihr zu leben. Da sie sich ausschließlich in ihren eigenen vier Wänden so aufgeführt hatte, konnte mein Klient keine Zeugen nennen, die seine Schilderung hätten bestätigen können. Folglich würden die Geschworenen den Fall höchstwahrscheinlich aufgrund ihrer Einschätzung der Glaubwürdigkeit meines Klienten beziehungsweise dessen Frau entscheiden.

Anschließend betrat die Frau den Zeugenstand und bestritt ruhig, aber bestimmt alle Anschuldigungen, die ihr Mann gegen sie vorgebracht hatte. Während sie sprach, hielt sie Blickkontakt mit den Geschworenen. Der Klang ihrer Stimme und die Flüssigkeit, mit der sie die fraglichen Ereignisse aus ihrer Sicht schilderte, schienen die Geschworenen von ihrer Aufrichtigkeit zu überzeugen und für sie einzunehmen.

Der Anwalt der Ehefrau hatte seine Befragung gerade mit den triumphierenden Worten »Keine weiteren Fragen« beendet und war zu seinem Tisch zurückgekehrt, da erhob ich mich, um mit dem Kreuzverhör zu beginnen, das mein Klient und ich am Vortag miteinander abgesprochen hatten. In diesem Augenblick sah die Frau zu den Geschworenen und verkündete ungefragt: »Ich war meinem Mann eine wundervolle Ehefrau.«

Als ich diese Bemerkung hörte, hatte ich eine intuitive Eingebung. Obwohl mir klar war, daß die Aussage der Frau falsch war, wußte ich bis zu diesem Moment nicht, ob sie absichtlich log oder den wahren Sachverhalt einfach verdrängt hatte. Und meine Intuition sagte mir nun, daß ihre überzeugende Aussage tatsächlich auf Verdrängung und nicht auf einer bewußten Lüge basierte.

Ich beschloß spontan, etwas zu tun, das vollkommen von dem abwich, was mein Klient und ich geplant hatten. Mein ursprüngliches Ziel hatte darin bestanden, die Glaubwürdigkeit der Frau in meinem Kreuzverhör zu zerstören. Nun aber sah ich einen neuen Weg, um dieses Ziel zu erreichen. Da die Geschworenen bereits auf meine erste Frage warteten, hatte ich jedoch keine Zeit, dies meinem Klienten zu erklären. Ich fragte ihn lediglich: »Vertrauen Sie mir?« Er sah mich verwundert an. Er ahnte, daß ich dabei war, unsere Strategie umzuwerfen, hatte aber keine Ahnung, was ich vorhatte. Trotzdem antwortete er, wenn auch etwas besorgt: »Ja.«

Ich trat also vor die Frau und stellte ihr mit freundlicher und anteilnehmender Stimme eine ganz einfache Frage: »Sie haben niemals irgend etwas falsch gemacht, nicht wahr?« Die Frage überraschte sie, und sie dachte kurz darüber nach. In diesem Augenblick wußte ich, daß mir meine Intuition richtig geraten hatte.

Während die Frau noch überlegte, beschloß ich, meine Intuition aktiv zu unterstützen, indem ich sie freundlich anlächelte und ganz leicht mit dem Kopf nickte, als wolle ich sagen: »Wir alle wissen, daß Sie die vollkommene Ehefrau waren. Es mag vielleicht ein bißchen nach Selbstlob klingen, aber Sie dürfen es ruhig sagen, denn es ist die Wahrheit.« Die Frau verstand meine Botschaft und schien sich durch sie ermutigt zu fühlen. Also nickte sie zustimmend und sagte: »Sie haben recht, ich habe niemals etwas Falsches getan.«

Die Geschworenen entschieden zu Gunsten meines Klienten. Nach dem Ende der Verhandlung erzählten mir einige von ihnen, daß sie erst auf seiten der Frau gewesen waren, bis zu ihrer Antwort auf die Frage, die meine Intuition mir eingegeben hatte. Sie meinten, daß jemand, der überzeugt ist, niemals etwas Falsches getan zu haben, einfach nicht glaubwürdig sein könne. Und deshalb hätten sie gegen sie entschieden.

Weil ich meiner Intuition vertraut habe, hat mein Klient den Prozeß gewonnen, und am Abend feierten wir diesen Erfolg im *La Côte Basque*, einem Vier-Sterne-Restaurant. Während er das Bouquet eines erstklassigen Bordeaux genoß, sagte er: »Vielen Dank. Wenn Ihre persönliche intuitive Eingebung nicht gewesen wäre, könnten Sie mich vermutlich zum Essen in der Psychiatrie besuchen.«

Wie Sie lernen, sich nach Ihrer Intuition zu richten

Wie sehr können Sie sich auf Ihre Intuition verlassen?

Sie haben in Ihrem intuitiven Training nun den Punkt erreicht, wo Sie Ihre Intuition relativ zuverlässig für die Informationsbeschaffung nutzen können. Intuition kann uns nützliche Fakten vermitteln – solche aus der Vergangenheit, der Gegenwart und der Zukunft. Bleibt nur die Frage: Hat man diese Informationen, wie setzt man sie dann um?

Ein Börsenmakler hat mir neulich erzählt, manchmal mache er drei Millionen Dollar im Monat, indem er seinen Instinkten folgt, aber manchmal würde das überhaupt nicht funktionieren. Ich bat ihn, mir ein Beispiel dafür zu nennen, daß ihn seine »Ahnungen« im Stich gelassen haben, und er erzählte, er habe vor kurzem den starken bildhaften Eindruck gehabt, seine Wertpapierpositionen gingen buchstäblich den Bach hinunter. Und ein paar Tage später taten sie das auch, was ihn eine Stange Geld kostete.

Ich entgegnete, seine Intuition habe sehr wohl für ihn gearbeitet, aber eine intuitive Botschaft sei nun einmal nicht viel wert, wenn man sich nicht nach ihr richtet. Folgende Schritte sind eine gute Methode, um seine intuitiven Eindrücke zu überprüfen und zu bestätigen:

- Halten Sie so viele intuitive Eindrücke fest, wie Sie können.
- Notieren Sie Ihre Meinungen, Hoffnungen und Befürchtungen sowie alles, was Ihre Gefühle beeinflussen könnte.
- Überprüfen Sie alle verfügbaren Informationen daraufhin, ob sich Ihre intuitiven Eindrücke durch äußere Fakten untermauern lassen (zum Beispiel durch einen Ergebnisbericht des zur Debatte stehenden Unternehmens, einen Artikel über politische Unruhen in Ihrer Geschäftsregion etc.).
- Basierend auf all diesen Informationen treffen Sie eine rationale Entscheidung, die Ihre intuitiven sowie Ihre gefühlsmäßigen Urteile miteinschließt.

Sie brauchen nicht an Ihre Intuition zu glauben!

Das mag ein merkwürdiger Satz von einer »professionell Intuitiven« sein, aber für mich klingen solche gängigen Ratschläge wie »Vertraue deinen Instinkten« oder »Laß dich von deinen Ahnungen leiten« genauso naiv und unbedarft wie »Vertraue deinem Verstand« oder »Laß dich von deinen Gefühlen leiten«.

Das Problem mit der Aussage »Vertraue auf deine Intuition« liegt nämlich darin, daß sie die Intuition zu einer Glaubenssache macht.

Das ist jedoch vollkommen verkehrt. Worum es beim intuitiven Prozeß geht, ist nämlich, Orientierungsmarken zu erhalten, die Sie dann durch eine logische Analyse der verfügbaren Fakten überprüfen und belegen können.

Die Leute glauben so lange nicht an ihre eigene Intuition, bis sie ihr Wirken unmittelbar erleben. Und sie brauchen auch gar nicht daran zu glauben. Schließlich ist Glaube etwas anderes als Wissen. Fakten sind Fakten, und Glaube ist Glaube. Intuition deckt Fakten auf.

In den seltenen Fällen, in denen sich eine intuitive Ahnung nicht sofort verifizieren läßt – wie etwa im Zusammenhang mit zukünftigen Ereignissen –, können Sie in der Regel die Technik der zeitlichen Dimension anwenden, um rechtzeitig Warnsignale zu erhalten, falls Sie Ihre intuitiven Eindrücke fehlinterpretiert haben. Sich allein auf seine Intuition zu verlassen, ist nur sinnvoll, wenn man keine andere Wahl hat.

Wenn Sie der Intuition gegenüber also skeptisch sind und nicht an sie glauben – gut so! Der Glaube hat keinen Platz in Bereichen, in denen es Beweise gibt. Mein fünfjähriger Sohn hat auch nicht geglaubt, daß er ein Nintendo-Computerspiel beherrschen könnte, selbst als er bereits damit spielte. Er hatte zwar alle Fertigkeiten, die es zur Beherrschung dieses Spiels braucht, aber er hat sie einfach nie systematisch angewendet.

Also noch einmal: Damit Ihre Intuition für Sie arbeiten kann, brauchen Sie nicht an sie zu glauben. Letztendlich kann man sich seine intuitiven Fähigkeiten nur beweisen, indem man selbst erlebt, wie zutreffend und nützlich sie sein können. Machen Sie einfach die Übungen, folgen Sie den Anweisungen und halten Sie Ihr rationales Denken so lange im Zaum, bis die Intuition ihre Nützlichkeit selbst unter Beweis stellen kann. Und das wird sie.

Ein persönliches Bekenntnis

Nach diesem Plädoyer muß ich gestehen, daß ich mich beim Kauf meiner Wohnungen bisher einzig und allein von meiner Intuition habe leiten lassen. Als ich vor zehn Jahren aus Italien zurückkehrte, beschloß ich, mir in dem New Yorker Stadtteil Tribeca, damals ein ziemlich heruntergekommenes Viertel, ein paar Lofts anzusehen, die zum Verkauf standen. Ich verliebte mich in zwei kleinere Wohneinheiten und fragte den Besitzer des Gebäudes nach dem Preis.

Einer momentanen Eingebung folgend, erwiderte ich seine Forderung mit einem Angebot, das um ein Drittel unter der Summe lag, die er genannt hatte. Und das mit dem zusätzlichen Anreiz, daß ich ihm sagte, ich würde mein Angebot nur vierundzwanzig Stunden aufrechterhalten. Er nahm mein Angebot an. Was ich damals nicht wußte, ist, daß der Besitzer nur deshalb akzeptierte, weil die beiden Lofts die letzten waren, die er noch verkaufen mußte, um für sein Haus einen städtischen Sanierungszuschuß zu erhalten. In den zehn Jahren, die ich seither dort lebe, ist Tribeca zu einer der trendigsten Wohngegenden Manhattans geworden, und mein Apartment hat um 500 Prozent an Wert gewonnen.

Auch meine Wohnung in Rom habe ich auf diese Weise gefunden. Eines Tages spazierte ich durch die Straßen eines ärmlichen Viertels, entdeckte ein wunderhübsches kleines Apartment, das zu verkaufen war, und erwarb es aus einem intuitiven Impuls heraus. Ohne daß ich statistische Daten herangezogen hätte, wußte ich, daß sich dieses Viertel bald zu einer besonders beliebten und schönen Wohngegend entwickeln würde.

Mit beiden Investitionen hatte ich Glück gehabt, da ich geübt darin bin, intuitive Eindrücke zur Grundlage meiner Entscheidungen zu machen. Auf der anderen Seite habe ich ebensooft erfahren, wie wichtig es ist, meine intuitiven Informationen zu hinterfragen und zu untermauern.

Wie Sie Irrtümer vermeiden können

Angenommen, Sie befinden sich in einer Situation, die Sie zu einer sofortigen Handlung oder Entscheidung zwingt. Sie haben also keine Zeit, Ihren intuitiven Eindruck zu verifizieren. Hier ein paar Punkte, die Sie in solchen Fällen beachten sollten:

- Falls die Situation mit einer realen Gefahr verknüpft ist – handeln Sie jetzt und analysieren Sie später! Wenn Sie von Ihrer Intuition ein ernstzunehmendes Warnsignal erhalten, verlassen Sie sofort die Gefahrenzone und suchen Sie anschließend nach rationalen Gründen. Zum Beispiel: Sie wachen eines Morgens auf, und Ihre Intuition drängt Sie unmißverständlich, sofort Ihren Aktienbestand einer bestimmten Firma zu verkaufen. Bis Sie sich logisch-empirisch vom Wert dieser Information überzeugt haben, kann es zu spät sein. Das Unternehmen könnte Konkurs anmelden, und damit wären Ihre Aktien wertlos.

Meine Empfehlung wäre, daß Sie die betreffenden Wertpapiere verkaufen oder sich durch Verkaufsoptionen absichern. Falls Sie sich geirrt haben, wäre das Schlimmste, was passieren könnte, daß der Aktienkurs steigt und Sie unter Wert verkauft haben. Aber Sie wären auf Nummer Sicher gegangen und hätten einen potentiell viel größeren Schaden verhütet.

Dieser Rat gilt auch für Situationen, in denen Sie sich an Leib und Leben bedroht fühlen. Wenn Sie nachts durch eine Straße gehen, in der Sie Gefahr »wittern«, nehmen Sie dieses Gefühl unbedingt ernst und tun Sie alles, um kein Risiko einzugehen. Haben Sie keine Angst davor, sich zu blamieren oder übertrieben zu reagieren. Das ist mit Sicherheit nicht der Moment, um auf alle verfügbaren Fakten zu warten – denn: Vorsicht ist besser als Nachsicht!

- Versuchen Sie, mehr Zeit herauszuschlagen. Sie befinden sich in einer wichtigen Verhandlung und verspüren plötzlich den Drang, aufzustehen und die Sitzung zu verlassen. Was sollen Sie tun? Wenn Sie sich in einer bestimmten Situation schlecht fühlen, ist das nicht immer ein Hinweis darauf, daß etwas nicht stimmt, aber es könnte sein, daß Ihre Intuition versucht, Sie zum Innehalten zu bewegen.

Machen Sie einen raschen Bodycheck, um festzustellen, ob Ihr Fluchtimpuls auf intuitiver Wahrnehmung oder auf emotionaler Panik beruht. Letzteres wäre der Fall, wenn Sie sich zum Beispiel unsicher und verstört fühlen. Würde es Ihnen einen Vorteil verschaffen, wenn Sie die Sitzung unterbrechen? Lernen Sie zu unterscheiden, was Ihr Körper Ihnen mitteilt, so daß Sie sich nicht selber mehr schaden als nützen. Können Sie bis nach der Sitzung warten, um Ihrem Impuls zu folgen?

Es gibt aber auch noch eine andere Möglichkeit: Nutzen Sie einen günstigen Moment, um Ihren Sitzungskollegen eine kurze Pause vorzuschlagen. Damit hätten Sie Ihr persönliches Bedürfnis auf konstruktive Weise eingebracht.

• Machen Sie kleine Schritte. Manchmal müssen Sie in Ihrer Entscheidung nicht aufs Ganze gehen. Auf obiges Beispiel mit den Aktien angewendet, hieße das: Sie haben die Alternative, etwa die Hälfte Ihres Wertpapierbestandes zu verkaufen und sich damit wenigstens teilweise abzusichern. Das gleiche gilt für günstige Gelegenheiten. Ihr Instinkt mag Ihnen eingeben, eine bestimmte Aktie zu kaufen, aber das heißt nicht, daß Sie eine Hypothek auf Ihr Haus aufnehmen oder Ihre gesamten Ersparnisse dafür einsetzen müssen.

• Wenn Sie nichts zu verlieren haben, tun Sie's! Der wichtigste Hinweis für den richtigen Gebrauch intuitiver Informationen ist der: Häufig setzen Sie damit nichts aufs Spiel. Sie sind eine Immobilienmaklerin und fragen Ihre Klienten, was sie suchen und was sie dafür ausgeben wollen. Das Paar antwortet Ihnen, sie suchten ein Reihenhaus und es dürfe maximal 300 000 Dollar kosten. Ihre Intuition sagt Ihnen jedoch, daß die beiden in Wirklichkeit ein freistehendes Haus mit Garten haben wollen und für eine solche Immobilie, die Sie gerade anzubieten hätten, auch 400 000 Dollar zahlen würden. Sie haben nichts zu verlieren, wenn Sie mit ihnen auf dem Weg zu einem anderen Objekt bei diesem Haus vorbeifahren.

Oder nehmen wir an, Sie befinden sich in einem Vorstellungsgespräch und erhalten den intuitiven Eindruck, daß es sich bei Ihrem Gegenüber um einen passionierten Angler handelt. Dann haben Sie ebenfalls nichts zu verlieren und viel zu gewinnen, wenn Sie ganz beiläufig eine Bemerkung über das Angeln machen, um zu sehen, wie er darauf reagiert.

Lernen Sie, Ihre Stärken und Ihre Schwächen einzuschätzen

Ein großer Teil Ihres bisherigen intuitiven Trainings bestand aus Übungen, die Ihnen ein promptes Feedback auf Ihre intuitiven Wahrnehmungen zu verschiedenen Situationen vermittelten. Aus Ihren Tagebuchaufzeichnungen sollten Sie inzwischen einen ziemlich genauen Eindruck davon haben, wann Ihre Ahnungen mehr oder weniger zuverlässig sind.

Von mir selber weiß ich, daß die meisten meiner Fehlinformationen durch meine Emotionen verursacht werden. Wenn mein Eindruck mit einem starken Gefühl einhergeht, trifft er in der Regel nicht zu, selbst wenn er ganz spontan auftrat. Empfinde ich Panik oder Furcht, weiß ich, daß die Informationen, die ich erhalte, zumindest gefärbt, wenn nicht sogar falsch sind.

Es trifft übrigens für die meisten Menschen zu, daß ihre Emotionen der Feind der Intuition sind, weil sich die beiden leicht miteinander verwechseln lassen. Emotion ist aber etwas ganz anderes als Intuition.

Eines der häufigsten Beispiele, die ich in meinen Seminaren höre, ist: »Ich habe diese Frau/diesen Mann gesehen und wußte sofort, daß sie/er die/der Richtige für mich ist!« Das ist eine hormonelle und gefühlsmäßige Reaktion, aber nicht unbedingt eine intuitive. Man fühlt sich in diesem Moment zu einer anderen Person hingezogen, weil ihr Äußeres einen anspricht, weil man gerade in der richtigen Stimmung ist, oder weil sie dem eigenen Vater oder der Mutter ähnlich sieht.

Aber wenn Sie eine rein körperliche Empfindung verspüren, dann ist der Eindruck meistens richtig. Wenn also jemand zu mir sagt: »Ich habe dieses tolle Stellenangebot bekommen«, und ich spüre, wie meine körperliche Energie in Reaktion auf diesen Satz nachläßt, dann weiß ich, daß es nicht gutgehen wird. Das heißt: Wenn es sich um eine körperliche Wahrnehmung und nicht um eine Emotion handelt, kann man davon ausgehen, daß es eine zuverlässige intuitive Information ist.

Das kann bei Ihnen aber auch ganz anders sein. Es gibt nämlich durchaus Menschen, die vollkommen zutreffende Informationen auf emotionaler Ebene erhalten. Probieren Sie einfach aus, welcher Prozeß für Sie am stimmigsten ist. Bei mir sind es wie gesagt meine körperlichen Empfindungen und Sinneswahrnehmungen, insbesondere der Gesichtssinn, die mir die zuverlässigsten Informationen eingeben.

Übung 24:
Lernen Sie Ihren intuitiven Stil kennen

Nachdem Sie sich durch die vorangegangenen Übungen Ihrer intuitiven Fähigkeiten nun wesentlich stärker bewußt sind, ist es an der Zeit, zu untersuchen, wie Ihr intuitiver Prozeß abläuft. Mit der Beantwortung der folgenden Fragen verschaffen Sie sich eine genauere Vorstellung davon, welche Ihrer intuitiven Eindrücke verläßlich sind und welche nicht.

- **Welcher Ihrer Sinne vermittelt Ihnen die zutreffendsten Eindrücke?** Ich erziele die meisten meiner intuitiven Treffer durch den Gesichtssinn. Ich sehe buchstäblich, daß mein Klient ein graues Jackett tragen wird, oder ich sehe den Buchstaben K und weiß, daß jemand, dessen Name mit diesem Buchstaben beginnt, eine wichtige Rolle spielen wird.
- **Inwieweit haben Sie Ihre intuitiven Eindrücke bisher falsch interpretiert?** Lagen Sie vollkommen daneben, oder waren es nur graduelle Abweichungen?
- **Wie sorgfältig gehen Sie mit Ihren intuitiven Eindrücken um?** Verwerfen Sie die, die Sie für irrelevant halten, oder verwechseln Sie Emotionen wie Hoffnung oder Furcht mit objektiven Informationen?
- **Ist Ihre Intuition bei bestimmten Themen zutreffender als bei anderen?** Vielleicht haben Sie ein un-

gemein gutes Gespür für den Aktienmarkt, nicht aber für das Immobiliengeschäft. Oder vielleicht können Sie wesentlich besser einen allgemeinen Trend ausmachen als ein individuelles Bedürfnis.

- **Funktioniert Ihre Intuition in bestimmten Situationen besser als in anderen?** Meine intuitiven Eindrücke sind am zutreffendsten, wenn ich konzentriert, aber gelassen, und am ungenauesten, wenn ich ängstlich bin. Ich weiß zum Beispiel, daß es keine gute Zeit für Aktienspekulationen ist, wenn meine finanzielle Lage nicht so rosig ist. Das ist bei meinem Bruder ganz anders: Wenn er unter finanziellem Druck steht, macht er seine besten Investitionen.
- **Gibt es einen Zeithorizont, mit dem Ihre Intuition besser funktioniert als mit anderen?** Welche Ihrer Eindrücke sind in der Regel am exaktesten: die in bezug auf Vergangenheit, Gegenwart oder Zukunft? Wenn Sie in die Zukunft blicken, können Sie besser kurzfristige oder langfristige Ereignisse vorhersehen?

Je mehr Sie über Ihren eigenen Intuitions»stil« wissen, desto klarer können Sie erkennen, wann Sie sich auf Ihre intuitiven Eindrücke verlassen können.

Beispiel einer Kursteilnehmerin

Ich weiß ziemlich gut, in welchen Situationen meine intuitiven Fähigkeiten am besten funktionieren. Die erste ist am frühen Morgen, bevor ich noch richtig wach bin. Ich versuche, möglichst lange in diesem halbträumerischen, halbbewußten Zustand zu bleiben, weil mein rationales Denken dann noch nicht ganz da ist und meine intuitiven Eindrücke ungehindert fließen können. Später überprüfe ich sie dann immer, und meistens sind sie korrekt.

Eine andere Situation, in der mein intuitiver Prozeß ungestört vom rationalen Denken ablaufen kann, ist komischerweise, wenn ich vor einer Gruppe von Menschen spreche. Ich werde in meinem Beruf häufig dazu aufgefordert, Vorträge vor großem Publikum zu halten. Die meisten Menschen hassen das, aber mir macht es sogar Spaß, weil mir in solchen Situationen die besten Einfälle kommen. Und wenn ich umgekehrt auf mein rationales Denken hören und das intuitive ausschalten möchte, dann setze ich mich an meinem PC. Ich weiß auch nicht, warum das so gut funktioniert – vielleicht weil ich so langsam tippe.

Auch wenn ich meine Vorträge immer gut vorbereite, bin ich jedesmal überrascht, wie viele Erkenntnisse mir erst ganz spontan während des Redens kommen. Inzwischen klappt das so gut, daß ich manchmal, wenn ich meine Intuition brauche, um ein bestimmtes Problem oder eine Aufgabe zu lösen, eine Diskussionsveranstaltung zu diesem Thema organisiere. Anscheinend reicht es nicht, nur einen oder zwei Gesprächspartner zu haben, um mein gesamtes intuitives Potential auszuschöpfen.

In solchen Momenten hat meine Intuition eine spürbar andere Qualität als sonst. So sind meine »Aufwach-Intuitionen« meistens sehr konkret und umfassend, vielleicht weil mein Unterbewußtsein die ganze Nacht damit beschäftigt war. Und ihre Übergänge sind eher fließend.

Meine »Rede-Intuitionen« dagegen sind fragmenthafter, ungeordneter. Sie sind wie Gedankenblitze. Ein Eindruck führt sofort zum nächsten und der wieder zu einem anderen. Die Ideen kommen einzeln, nicht als Ganzes.

Trotz dieser Unterschiede sind meine Eindrücke in der Regel mehr akustisch als visuell oder körperlich, und sie scheinen immer von außen zu kommen. In den beschriebenen Situationen – beim Aufwachen und Reden – sind meine Eingebungen so präzise und treffend, daß ich glatt damit angeben könnte, wenn ich nicht gleichzeitig zugeben müßte, daß ich scheinbar gar nichts mit ihrem Entstehen zu tun habe. Sie kommen mir wie kostbare Geschenke vor, die ich mir nicht einmal verdienen mußte.

Erörterung

Diese Kursteilnehmerin ist sehr gut auf ihren intuitiven Prozeß eingestimmt. Vielleicht haben Sie das ja auch schon erlebt: Sie haben jemandem ein Problem auseinandergesetzt, und noch während des Sprechens ist Ihnen plötzlich die Lösung eingefallen. Beachten Sie auch, wie deutlich die Frau weiß, daß die Situationen, in denen sie sich ihrer intuitiven Eindrücke am sichersten ist, solche sind, in denen ihr bewußtes, also rationales Denken kaum einen störenden Einfluß ausüben kann.

Wann Sie besonders vorsichtig sein müssen

Zusätzlich zu den eher allgemeinen Gefahren, auf die wir in unserem intuitiven Denken achten müssen, gibt es zwei Situationen, in denen wir uns besonders leicht irreführen lassen.

Die erste liegt vor, wenn Sie emotional stark involviert sind. Wir haben schon darüber gesprochen, wie wichtig es ist, daß man während der intuitiven Arbeit einen distanzierten Standpunkt einnimmt. Richtige intuitive Eindrücke sind meistens objektiv und sachlich. Das ist nur schwer machbar, wenn Sie versuchen, eine intuitive Erkenntnis über etwas zu erlangen, das Ihnen gefühlsmäßig nahegeht oder wo Sie starke Ängste oder Hoffnungen empfinden.

Selbst wenn Sie während eines Readings keine starken Emotionen zu Ihrem fraglichen Thema haben, sollten Sie sich davor hüten, daß äußere emotionale Probleme Ihre Interpretationen färben. Wenn Ihr Hund weggelaufen ist oder Sie sich gerade mit jemandem gestritten haben, ist Ihr intuitives Reading wahrscheinlich weniger zuverlässig als sonst. Das festzustellen, ist der Sinn eines Bodychecks vor jedem Reading.

Die andere Situation, in der Ihre intuitiven Eindrücke mit Vorsicht zu genießen sind, ist, wenn Ihnen Ihre Intuition haargenau dasselbe sagt wie Ihr Intellekt oder Ihre Emotionen. Wir haben bereits darüber gesprochen, wie wichtig es ist, diese Prozesse voneinander getrennt zu halten. Grundsätzlich gilt: Wenn Sie intuitiv auf das gleiche Ergebnis kommen wie auf logische oder emotionale Weise, können Sie davon ausgehen, daß Ihre Intuition nicht richtig zum Zug gekommen ist.

Es soll zwar eine gewisse, aber keine vollkommene Übereinstimmung zwischen Ihren intuitiven, logischen und emotionalen Überlegungen geben. Schließlich sind diese drei Prozesse sehr unterschiedliche Methoden, Ihre Umwelt wahrzunehmen und zu deuten.

Intuition in Aktion
Die Geschichte einer Kursteilnehmerin

In den vielen Jahren meiner Berufspraxis habe ich gelernt, auf mein intuitives Gespür zu vertrauen, wenn es darum geht, zu entscheiden, mit wem ich zusammenarbeiten und wen ich meiden sollte. Ein Beispiel dafür habe ich erlebt, als ein bekannter Unternehmer mich bat, ihn bei der Ausarbeitung von Strategien zu beraten, mit denen er den Marktanteil seiner Firma vergrößern wollte.

Als ich sein Büro zum ersten Mal betrat, empfand ich ein diffuses Unbehagen. Unsere Besprechung verlief sehr lebhaft, und die Aufgabe war ungemein reizvoll für mich, trotzdem hatte ich hinterher entsetzliche Kopfschmerzen. Zuerst habe ich die körperlichen Symptome nicht in Zusammenhang mit seiner Person gebracht, aber nachdem ich mich noch zwei Mal mit ihm getroffen hatte und anschließend die gleichen körperlichen Beschwerden hatte (Kopfschmerzen und sogar Schwindelanfälle), sprach ich mit meinem Mann, der Arzt ist, darüber. Er sagte, ich solle auf meinen Körper hören und versuchen, zu deuten, was diese Symptome mir mitteilen wollen.

Daraufhin erkannte ich, daß mir mein körperliches Unwohlsein signalisierte, daß ich mich mit diesem Mann nicht zusammentun dürfe, trotz seines respektablen Rufs und seines äußerlich sehr einnehmenden Wesens. Ich hatte Zeitungsartikel über ihn gelesen, in denen er für seine Leistungen und innovativen Ideen gepriesen wurde. Dennoch sagte mir eine innere Stimme ganz deutlich, daß seine Geschäftsmethoden fragwürdig seien, auch wenn ich zu diesem Zeitpunkt keinerlei Beweise dafür hatte. Als er mir kurz darauf einen lukrativen Posten in seinem Unternehmen anbot, lehnte ich ab. Als Begründung sagte ich ihm, ich bliebe lieber unabhängig, als mich an eine bestimmte Firma zu binden.

Viele Monate vergingen, in denen ich häufig Zweifel bekam, ob ich mich wirklich richtig entschieden hatte. Schließlich hatte ich aufgrund meiner Intuition ein scheinbar unglaublich großzügiges Angebot ausgeschlagen. Über ein Jahr später erfuhr ich dann, daß sich dieser Mann in einer Geschäftsbeziehung mit einem anderen, sehr angesehenen Unternehmen, vollkommen skrupellos und destruktiv verhalten hatte. Im Verlauf dieser Ereignisse zeigte sich eine Seite seiner Persönlichkeit, die vorher kaum jemand gekannt hatte, und die meisten reagierten vollkommen überrascht. Weil ich auf meinen Instinkt vertraut hatte, war mir eine Zusammenarbeit mit jemandem erspart geblieben, der sich letztendlich als doppelzüngig und unseriös entpuppt hatte.

Wie sich Hindernisse vorhersehen und überwinden lassen

(Es ist möglich, Probleme zu lösen,
bevor sie auftreten)

Zur Prophylaxe

Wie es so schön heißt: Vorbeugen ist besser als Heilen. Und ein Problem zu vermeiden ist besser, als ein Problem zu lösen.

Indem Sie regelmäßig die Definitionsfragen zu Ihrer Berufswelt überprüfen (siehe Seite 73 und 89), können Sie potentielle Gefahren erkennen, bevor sie manifest werden. Ist Ihre Intuition erst einmal zu einem selbstverständlichen Teil Ihrer Gedanken- und Gefühlswelt geworden, werden Sie erkennen, wann etwas schiefläuft, weil sich Ihre intuitiven Schwingungen verändern. Falls Ihre Intuition Sie auf eine Veränderung aufmerksam macht, können Sie Ihre intuitiven mit Ihren logisch-analytischen und empirischen Informationen kombinieren, um die Veränderung richtig einzuschätzen und entsprechende Schritte zu unternehmen.

Der große Vorteil der Intuition ist, daß Sie zukünftige Probleme schon in der Gegenwart aufspüren können, was Ihnen ausreichend Zeit gibt, konstruktiv zu reagieren.

Übung 25:
Zukunftsmusik

Die Frage zu dieser Übung finden Sie auf Seite 284. Denken Sie sich jetzt ein bestimmtes Ereignis aus und geben Sie dazu eine Ja- oder-Nein-Prognose ab. Nehmen Sie mit all Ihren Sinnesorganen wahr, welche intuitiven Eindrücke Sie erhalten, und berücksichtigen Sie auch die zeitliche Dimension. Lesen Sie das folgende Beispiel, bevor Sie mit der Übung beginnen.

Beispiel eines Readings
Ja, das Ereignis wird stattfinden. Und zwar im Juli. Dann wird es noch mal eine schwierige Phase geben, weil die andere Seite versucht, Zeit zu schinden. Aber dann kommt ein definitives Ja, dem ein kurzer Aufenthalt an einem warmen und sonnigen Ort vorangeht. Bis Ende des Sommers werden alle Hindernisse beseitigt sein.

Erörterung

Falls Sie bei dieser Übung ein »Nein« erhalten, suchen Sie jetzt nach den Hindernissen und Störungen, so daß Sie später korrigierend in den Verlauf der Ereignisse eingreifen können.

Die Hauptursache der meisten Probleme liegt in der mangelnden Integrität

Wenn Sie Ihre sich kontinuierlich verändernde Geschäftswelt nicht regelmäßig kritisch überprüfen, werden mit Sicherheit über kurz oder lang Probleme auftauchen. Doch die können auch entstehen, wenn Sie immer wachsam sind. Schließlich haben Sie nicht ständig alle Faktoren im Blick, die Ihren Beruf beeinflussen.

Probleme werden fast immer durch einen Mangel an Integrität eines oder mehrerer Elemente Ihrer Geschäftswelt verursacht. Möglicherweise entsprechen Sie nicht mehr den veränderten Bedürfnissen Ihres Teams. Oder das Team reagiert nicht konstruktiv auf die Veränderungen des Marktes oder des Umfeldes.

Ein Mangel an Integrität wiederum wird häufig von Kommunikationsstörungen verursacht. Ein Element vermittelt Bedürfnisse, die ein anderes Element entweder nicht erfüllt oder nicht wahrnimmt. Funktioniert in Zeiten der Krise oder der Veränderung die Kommunikation nicht mehr, dann zerbricht auch die Integrität. Sie können Kühlschränke an Eskimos verkaufen, wenn die Integrität Ihrer Firma intakt ist. Sie machen den Markt, und Ihr Markt – Ihre Firma – ist ein Spiegel dessen, was Sie machen und was Sie sind.

Manchmal haben Sie sich auch selbst verändert, und Ihr Job oder Ihre Firma entspricht nicht länger Ihren Bedürfnissen und Werten. Wie wir bereits festgestellt haben: Ihr Unterbewußtsein wird es Ihnen schwermachen, erfolgreich zu sein, wenn Ihre Arbeit nicht Ihren persönlichen Überzeugungen entspricht.

Wie können Sie Ihre eigene Integrität oder die Ihrer Firma wiederherstellen? Zuerst müssen Sie genau definieren, was die Integrität geschwächt hat. Und das tun Sie, indem Sie Fragen stellen.

Fragen Sie die Leute aus Ihrem Team oder aus Ihrem geschäftlichen Umfeld

Sie können von Menschen, die geschäftlich mit Ihnen verbunden sind, nicht erwarten, daß sie immer offen und ehrlich zu Ihnen sind – besonders nicht in einer Krise. Lassen Sie die Leute deshalb anonym antworten. Allerdings sollten Sie sie nicht bloß dazu auffordern, neue Ideen und Vorschläge zu äußern oder einen Fragebogen mit so banalen – und unehrlichen – Fragen wie: »Wer arbeitet gut und wer nicht?« auszufüllen.

Geben Sie den Leuten vielmehr die Chance, Dampf abzulassen. Ermuntern Sie sie zu schonungsloser Offenheit, indem Sie Ihre Fragebögen mit »Meckerblätter« überschreiben. Stellen Sie nicht zu viele Fragen und versuchen Sie, diese nicht allzu knochentrocken zu formulieren.

Lassen Sie viel Platz für ausführliche Antworten. Und überlegen Sie sich eine kreative Präsentation der Ergebnisse – zum Beispiel als Rollenspiel.

Sie können sogar völlig Fremde befragen

Für Menschen, mit denen Sie zusammenarbeiten, ist es manchmal schwer, ein offenes und ehrliches Feedback zu geben, aber Fremde brauchen nicht so zurückhaltend zu sein. Und was noch wichtiger ist: Weil sie über kein Hintergrundwissen verfügen, geben Sie eher intuitive Antworten als logisch-analytische.

Vielleicht ergibt es sich, daß Sie auf der Zugfahrt mit einem Mitreisenden ins Gespräch kommen und ihn nach seiner Meinung zu einem bestimmten Problem fragen können. Möglicherweise bittet Ihr Gegenüber Sie um weitere Informationen, worauf Sie nur ein paar unbedeutende Einzelheiten äußern und dann bedauernd mitteilen sollten, das sei alles, was Sie wüßten. Damit geben Sie Ihrem Gegenüber keine Anhaltspunkte für eine rationale Analyse des Problems. Falls die andere Person Ihnen erwidert: »Wie soll ich ein Problem lösen, wenn ich nicht einmal weiß, was es ist?«, laden Sie sie dazu ein, etwas zu erfinden.

Übung Nr. 25: Werde ich mein Ziel erreichen? Falls ja, wann, und welche Ereignisse werden dem vorangehen?

Treten Sie in einen Dialog
mit sich selbst

Intuitiv begabte Ärzte oder Heiler diagnostizieren die Ursache einer Krankheit häufig in einem sogenannten »Symptomdialog«. Das heißt, sie sprechen beispielsweise zu dem Tumor, und der Tumor spricht zu ihnen.

Wenn die Gesundheit Ihres Unternehmens zur Debatte steht, können Sie in einen ähnlichen Dialog mit der Firma oder jedem beliebigen Element Ihrer Geschäftswelt (zum Beispiel der Marketingabteilung, dem Budget) treten. Nutzen Sie die Ihnen bekannten Techniken und werden Sie selbst zu Ihrem Unternehmen und fragen Sie sich, was Ihnen fehlt.

Das ist eine ausgezeichnete Übung für eine Gruppensitzung mit Ihren Team-Mitgliedern. Hierbei können die einzelnen abwechselnd zu der Firma (oder einem Zulieferer, dem Markt oder jedem anderen Aspekt) werden und die Fragen der Gruppe beantworten. Es ist wichtig, daß die Person, die das fragliche Thema verkörpert, sich intuitiv äußert, statt zu sagen, was sie logisch denkt. Ermuntern Sie alle dazu, etwas zu erfinden, wenn ihnen keine Antwort einfällt. Häufig sind solche Kommentare aus dem Stegreif erstaunlich präzise.

**Übung 26:
Sprich mit mir!**

Stellen Sie sich vor, daß Ihre geschäftliche Angelegenheit Ihnen gegenübersitzt. Nehmen Sie wahr, wie sie aussieht, riecht, sich anfühlt und anhört. Beschreiben Sie zunächst ihre äußere Erscheinung. Wie sieht sie aus? Wie könnte sie besser aussehen?

Dann stellen Sie folgende Fragen: »Was fehlt dir? Was brauchst du? Wie kann ich dir helfen?«

Geben Sie Ihrem Gegenüber zum Schluß die Gelegenheit, *Ihnen* Fragen zu stellen, und beantworten Sie diese.

Sie können diese Übung auch als Rollenspiel mit Kollegen oder Freunden machen. Bestimmen Sie eine Person, die zu Ihrer geschäftlichen Angelegenheit werden soll, dann beschreiben und befragen Sie sie.

Oder gehen Sie diese Übung von unterschiedlichen Perspektiven aus an. Verwenden Sie die Ichform, um beispielsweise zuerst zu Ihrer Firma und dann zu Ihrem Markt zu werden.

Diese Übung mag Ihnen albern vorkommen. Machen Sie sie trotzdem, und Sie werden merken, wie wirkungsvoll sie sein kann.

Fragen Sie andere – aber entscheiden Sie selbst!

Die eigenen Informationsquellen können auch zur Achillesferse werden, wenn man sich auf sie verläßt, ohne sie zu überprüfen. Meine schlimmsten Fehler im Berufsleben kamen daher, daß ich auf das Urteil anderer vertraute, selbst wenn mir meine Intuition sagte, daß sie sich irrten.

Erst vor kurzem ist mir das wieder mit einer Freundin passiert. Ich beging zwei Unterlassungssünden: Ich handelte weder logisch, indem ich ihren Rat auf seine faktische Richtigkeit hin überprüfte, noch handelte ich intuitiv und folgte meinem Instinkt, der mir riet, mich nicht an ihre Empfehlung zu halten.

Weil ich dem Urteil meiner Freundin vertrauen wollte und eine schnelle Lösung für ein schwieriges Problem brauchte, schien mir ihr Vorschlag genau das Richtige zu sein. Ich erhielt sogar noch weitere intuitive Eindrücke, die mich aufforderten, mehr nach meinem eigenen Urteil zu gehen. Daß ich auch diese ignorierte, hätte mich beinahe in ein heilloses Durcheinander gebracht, wenn mir nicht im letzten Augenblick klargeworden wäre, daß ich die ganze Zeit gegen mein eigenes Gefühl gehandelt hatte. Ich wollte so gerne glauben, daß sie recht hatte und ich sowohl in meinen Wahrnehmungen als auch in meiner Interpretation unrecht hatte. Glücklicherweise hatte ich mich trotzdem intuitiv vor einem schlechten Ausgang geschützt (ohne es bemerkt zu haben) und hatte damit Schlimmeres verhütet. Auch Sie werden feststellen: Je mehr Sie Ihre intuitiven Fähigkeiten einsetzen, desto besser wird Ihre Intuition Sie gegen unerwünschte Resultate wappnen, selbst wenn Sie diesen Informationen kaum Beachtung geschenkt haben.

Die oben beschriebene Situation ist ein gutes Beispiel dafür, wie wichtig es ist, daß Sie Ihr Ziel genau kennen und Ihre Informationen sachlich und objektiv betrachten, um eine fundierte Entscheidung treffen zu können.

Die Intuition kann uns dabei helfen, wenn wir auf sie hören. Häufig tun wir aber genau das nicht, weil wir nur hören, was wir hören wollen!

Sie können sich nicht in Ihr Problem »verwandeln«, wenn Sie es als bedrohlich empfinden

Wie ich im Zusammenhang mit dem Thema »Gegner« erläutert habe: Wenn Sie eine Person oder Sache als Bedrohung ansehen, beeinträchtigt das Ihre Fähigkeit, zu dieser Person oder Sache zu »werden«. Das wiederum beeinträchtigt Ihr Verständnis von den Bedürfnissen Ihres Gegenübers und Ihre Fähigkeit, konstruktiv mit diesen umgehen zu können. Wenn Sie imstande sind, konstruktiv zu reagieren, können Sie Ihren Feind nämlich nicht nur ausschalten, sondern sogar zu einem Verbündeten machen.

Auch der Umgang mit einem Problem hängt häufig davon ab, wie wir es wahrnehmen. Erst wenn Sie sich sachlich und vorbehaltlos damit auseinandersetzen können, können Sie sein positives Potential erkennen.

Nehmen wir an, Sie sind der Aufsichtsrat einer Bekleidungsfirma und wurden gerade darüber informiert, daß Ihr Unternehmen das Ziel einer Übernahme sei.

Ihr erster Impuls bestünde dann höchstwahrscheinlich darin, sich zu überlegen, wie Sie dieser Bedrohung entgehen könnten. Das wäre auch kein schlechter Ansatzpunkt. Nur sollten Sie sich dann von dieser ausschließlich negativen Sichtweise der Situation lösen, um andere Fragen stellen zu können, wie etwa: »Könnte die Übernahme auch Vorteile für uns bringen?«

Im weiteren Verlauf dieses Prozesses könnten Sie die Bedrohung neutralisieren, indem Sie verschiedene Möglichkeiten einer Zusammenarbeit mit der Gegenseite entdecken, von der beide Seiten profitieren würden. Oder Sie könnten der anderen Firma vorschlagen, einen maßgeblichen Anteil des stimmberechtigten Aktienkapitals zu erwerben, ohne damit Ihre Mehrheitsbeteiligung aufzugeben. Im Gegenzug könnten Sie wiederum anbieten, der anderen Firma dabei behilflich zu sein, sich auf Märkten zu etablieren, die ihr bisher verschlossen waren.

Worauf ich mit diesem Beispiel hinauswill, ist folgendes: Wenn es Ihnen gelingt, eine Bedrohung zu neutralisieren, haben Sie gleichzeitig neue Chancen für Ihr Unternehmen eröffnet.

Einer der großen Vorteile des intuitiven Prozesses ist die Tatsache, daß Sie damit Ihre Ansichten und Urteile verändern können. Und je mehr Sie das lernen, desto flexibler können Sie auf eine veränderte Situation reagieren.

Die nächste Übung dient dazu, Ihr Gespür für die Übereinstimmung zwischen der eigenen Integrität und der Ihrer Firma beziehungsweise Ihres Marktes zu schärfen.

Übung 27:
Der Babylonische Turm

Das ist eine »blinde Übung«. Ihre Eindrücke beantworten die Fragen auf Seite 290. Notieren Sie alle, auch diejenigen, die Ihnen nicht relevant erscheinen. Ihre Bedeutung erschließt sich wahrscheinlich erst später, wenn Sie sie im Zusammenhang mit den Fragen interpretieren.

Erste Situation: Stellen Sie sich vor, Sie wären beim Turmbau zu Babel dabei, und um Sie herum herrschte ein Gewirr von Stimmen. Sie sind der einzige Mensch, der weiß, daß der Turm in fünf Minuten einstürzen wird. Da Sie diese Tatsache nicht sprachlich vermitteln können, müssen Sie nach anderen Möglichkeiten suchen, wie Sie sich und all die anderen in Sicherheit bringen können. Was machen Sie?

Zweite Situation: Stellen Sie sich vor, Sie hätten einen starken Sonnenbrand. Was tun Sie, um den Schmerz zu lindern, und was müssen Sie vorläufig vermeiden?

Dritte Situation: Stellen Sie sich vor, Sie befänden sich in einer fremden Küche und müßten eine Suppe kochen. Was brauchen Sie dazu, und wo finden Sie es?

Vierte Situation: Stellen Sie sich vor, Sie hätten die Menschen vom Turm von Babel in Sicherheit gebracht, sie um einen langen Tisch versammelt und wollten ihnen nun die Suppe servieren, die Sie gekocht haben. Wie bringen Sie die Leute dazu, sich hinzusetzen? Mögen sie die Suppe? Fehlt noch irgend etwas? Wie gehen die Leute mit Ihnen um, und wie geht es Ihnen mit Ihrem Sonnenbrand?

Beispiel einer Kursteilnehmerin

»Ich berühre die mir am nächsten stehende Person am Arm, lege meinen Finger auf die Lippen, um ihr zu signalisieren, daß sie ruhig sein soll und zeige in die Richtung, die nach draußen führt. Dann berühre ich einen anderen Menschen mit der gleichen Geste und dann wieder einen, bis sich alle durch gegenseitiges Berühren zum Ausgang leiten.

Ich suche nach einer Salbe und weichen Stoffen, um mich darin einzuhüllen. Meiden muß ich Wind, Menschen, die mir zu nahe kommen, und schnelle Bewegungen.

Ich habe ein gutes Gespür dafür, wo ich in einer fremden Küche alle notwendigen Zutaten finde. Das schwierigste ist, einen Behälter zu finden, der groß genug für die Suppe ist.

Ich habe den Menschen vom Turm die Suppe serviert, stelle aber fest, daß ich die Löffel vergessen habe. Da fällt mir eine Lösung ein, und ich zeige ihnen, wie sie die Suppe auch trinken können. Die Suppe schmeckt ihnen, aber sie verlangen nach Brot. Ich gehe und finde eine Vorratskammer, in der einige Laibe aufbewahrt werden. Die Leute freuen sich darüber und wollen mich umarmen, aber ich muß sie auf freundliche Art auf Distanz halten, so daß mein Sonnenbrand nicht noch mehr schmerzt. Ich erreiche das, indem ich ihnen aus einiger Entfernung ein Lied vorsinge.«

Die Auswertung

Ich muß mir überlegen, inwieweit ich mit meinen Ideen »das Herz« des Marktes berühre. Vielleicht gelingt mir das, indem ich meine Präsentation etwas ruhiger gestalte und die Informatio-

Übung Nr. 27: Wie löse ich die Schwierigkeiten mit meinem Markt?
Wie löse ich die Schwierigkeiten, die ich mit mir selbst habe?
Wie löse ich die Schwierigkeiten mit meiner Firma?
Wie lassen sich meine Integritätsprobleme lösen?

nen und die Werte, die ich vermitteln möchte, mehr in den Brennpunkt rücke.

Bevor ich das Projekt angehe, sollte ich meine Kräfte sammeln und alle meine Schritte systematisch durchgehen. Ich muß langsam vorgehen und mich von anderen Produkten und Meinungen abgrenzen.

Ich muß mich darauf konzentrieren, wie sich das fragliche Produkt am besten auf den Markt bringen läßt. Es sollte nicht zu technisch wirken, und deshalb könnte ich ihm ein Image von Funktionalität und Tradition verleihen. Vielleicht habe ich dieses Image ja bereits in meinem geistigen »Vorratsschrank«. Ich denke, das Radio wäre ein gutes Medium, um für dieses Produkt zu werben.

Erörterung

Sie können die Szenarien in dieser Übung so variieren, daß sie auf jede beliebige Situation anwendbar sind. Auch das ist eine gute Gruppenübung. Wenn man die intuitiven Informationen miteinander vergleicht, erhält man oft neue und überraschende Perspektiven.

Intuition in Aktion

Ich hatte einmal eine Klientin, die eine führende Managementposition bei einer Kaufhauskette innehatte. Sie wußte, daß das Unternehmen aufgekauft werden sollte, aber nicht, von welcher Firma. Sie war deshalb beunruhigt und wollte von mir wissen, ob sie mit ihrer Entlassung rechnen müsse.

Nachdem ich mich intuitiv mit dem Problem beschäftigt hatte, konnte ich ihr sagen, wer die Warenhauskette kaufen würde. Und ich sagte ihr auch, sie kenne die Person, die zum neuen Leiter ihrer Abteilung ernannt werden würde. Ich nannte ihr den Anfangsbuchstaben seines Namens. Sie wußte sofort, wen ich meinte, und nahm Kontakt zu diesem Mann auf. Schließlich schickte sie ihn mir als Klienten. Man kann sich vorstellen, wie überrascht er war, da das Kaufangebot seines Unternehmens noch gar nicht offiziell vorlag.

Erörterung

Der springende Punkt dieser Geschichte ist, daß sich meine Klientin mit Hilfe der Intuition aktiv auf eine neue Situation einstellen konnte, noch bevor sie eingetreten war. Sie konnte sich überlegen, wie sich diese Situation langfristig auf sie auswirken würde, und sie konnte Kontakt aufnehmen mit der Person, die einen besonderen Einfluß auf ihre Position haben würde. Sie mußte sich nicht bloß panisch fragen: »Wie kann ich meinen Job retten?«, sondern konnte ganz ruhig abwägen: »Will ich meinen Job unter diesen Bedingungen überhaupt behalten? An welchem Punkt möchte ich beruflich in ein paar Jahren sein? Wie könnte die Übernahme durch die andere Firma meine eigenen Pläne fördern?« Kurz darauf beschloß sie, sich selbständig zu machen, und ist inzwischen äußerst erfolgreich.

Das Leben verläuft nur selten ganz geradlinig. Meistens geht es irgendwelche Umwege. Dennoch können Ihnen diese Umwege in Ihrer Karriere nützlich sein, weil sie Ihnen neue und andere Perspektiven eröffnen. Durch den Einsatz Ihrer Intuition können Sie vorhersehen, wann solche Situationen eintreten, sich kreativ auf sie vorbereiten und sie zur persönlichen und beruflichen Weiterentwicklung nutzen.

Sollten dabei Hindernisse vor Ihnen auftauchen, gibt es immer einen Weg, der um sie herum, durch sie hindurch, über sie hinweg oder auch notfalls nur zu einer positiveren Sichtweise führt.

Intuition in Aktion

Bei der Anwendung von Intuition tun sich mehrere Schwierigkeiten auf: Die erste liegt – dessen bin ich mir leider nur allzu bewußt – im Auseinanderhalten der »Hintergrundgeräusche« und der intuitiven Wahrnehmungen. Häufig schwirren uns alle möglichen Gedanken durch den Kopf, und da braucht es ein wenig Mühe und Selbstkontrolle, um den richtigen »Frequenzbereich« auszumachen.

Sie können Ihre Intuition nicht herbeizwingen. Sie sollten sich nicht verkrampft bemühen.

Meiner Erfahrung nach funktioniert das Ganze ähnlich wie eine E-Mail: Sie schicken eine Frage ab, und wenn die Intuition dazu kommt, antwortet sie. In meinem Fall bekomme ich besonders nützliche intuitive Informationen, wenn ich gerade aufwache oder unter der Dusche stehe.

Das wirft eine weitere Frage auf: Was erfahren wir durch die Anwendung unserer Intuition? Möglicherweise einfach alles. Vielleicht vieles oder nur einiges. Aber selbst wenn wir nicht alles erfahren, ist die Arbeit mit unseren intuitiven Fähigkeiten ziemlich spannend, und sie sind immer aktivierbar. Zu lernen, wie man seine intuitiven Fähigkeiten einsetzt, unterscheidet sich nicht allzu sehr davon, Golfspielen, Reiten, Radfahren oder Lesen zu lernen. Der intuitive Lernprozeß besteht aus einer Reihe von Fertigkeiten, die es nur zu einer systematischen Gewohnheit zu machen gilt.

Im Zen-Buddhismus gibt es ein Sprichwort: Um auf den Mond zu zeigen, braucht man einen Finger, aber man darf diesen Finger nicht mit dem Mond verwechseln. Intuition ist nicht der Mond, aber sie gibt einen ziemlich guten Finger ab.

Kapitel 22

Die Intuition einsetzen, um die Aktienkurse vorherzusagen: Ein Fallbeispiel

Alles zusammenfassen

Ich werde Ihnen jetzt zeigen, wie Sie alles, was Sie bisher gelernt haben, anwenden können, um die Börsenentwicklungen vorherzusagen.

Der Aktienmarkt ist ein ausgezeichnetes Anwendungsgebiet für die intuitive Praxis. Auch wenn ein Unternehmen Rekordumsätze verkündet, ist damit noch lange nicht gesagt, daß der Aktienkurs steigen wird. Der Grund dafür ist, daß die Information, auf die Sie sich beziehen, vom Markt bereits vorweggenommen wurde. Bis eine Neuigkeit publik wird, haben alle »Mächtigen und Einflußreichen« schon längst gehandelt, weshalb die anderen meistens zu spät kommen.

Die Börse ist auch ein Bereich, wo Informationen nicht immer zuverlässig sind und wo es unklar ist, wer mehr über eine Aktie weiß, die Käufer oder die Verkäufer.

Das Hauptproblem im Wertpapiergeschäft liegt natürlich darin, daß es äußerst schwierig ist, die intuitive Distanz zu wahren, wenn das eigene Geld auf dem Spiel steht.

Sie können alle Techniken aus diesem Buch anwenden

Natürlich ist im Zusammenhang mit der Börse die Technik der zeitlichen Dimension von besonderem Vorteil, aber auch »blinde Readings« und die Erfindung von Metaphern oder Symbolen sind sehr hilfreich, um objektive Resultate zu erzielen. Denken Sie auch an die Apfel-Übung, die wir am Anfang gemacht haben.

Die Wichtigkeit einer präzisen Zielvorgabe

Egal, welche Technik oder Kombination von Techniken Sie anwenden, Sie sollten ganz genau wissen, auf welches Ziel Ihre Intuition ausgerichtet ist.

Erstens: Denken Sie immer daran, daß Sie den Aktienkurs vorhersagen wollen und nicht, was mit der fraglichen Firma passiert. Dem Unternehmen kann es nämlich durchaus gutgehen, und trotzdem fällt der Kurs seiner Aktien. Das hat mich am Anfang ziemlich verwirrt: Ich hatte den intuitiven Eindruck, daß die Firma im Aufwind war, und dann fiel der Aktienwert um zehn Prozent!

Zweitens: Definieren Sie Ihren Zeitrahmen. Wollen Sie den Kurs des nächsten Tages wissen oder den des nächsten Monats?

Drittens: Legen Sie die Berechnungsgrundlage fest. Die Veränderung des Aktienkurses kann von der heutigen Schlußnotierung bis zur morgigen Eröffnungsnotierung oder von der morgigen Eröffnungsnotierung bis zur morgigen Schlußnotierung errechnet werden. Es spielt keine Rolle, welche von beiden Rechnungsarten Sie wählen, solange Sie sich bewußt für eine entscheiden.

Viertens: Grenzen Sie ein, was Sie mit »höher«, »niedriger« oder »unverändert« meinen. Wenn Sie den Eindruck haben, daß der Industrieaktienindex morgen leicht fallen und die Börse um

0,01 Prozentpunkte niedriger schließen wird, dann haben Sie nicht weit danebengetippt.

Und schließlich: Wenn Sie andere Wirtschaftsdaten für Ihre Prognose heranziehen, vergewissern Sie sich, daß Sie Ihr Ziel präzise formuliert haben. Falls Sie beispielsweise die Arbeitsmarktsituation berücksichtigen wollen (ein wichtiger Indikator für den Aktien- und Rentenmarkt), dann sollten Sie Ihre Intuition nicht fragen, ob die Beschäftigungsrate steigen oder fallen wird, sondern, ob sie auf einen steigenden oder fallenden Aktienkurs hinweist.

Alles in allem: Bleiben Sie immer auf Ihr konkretes Ziel konzentriert!

Übung 28:
Die Einfühlung in Ichform und der Aktienmarkt

Um nicht den Überblick zu verlieren, wählen Sie höchstens drei Wertpapiere oder Investmentfonds aus, deren Notierung Sie verfolgen wollen.

Gebrauchen Sie zunächst alle Ihre Sinnesorgane, um ein Gefühl für jede einzelne Aktie zu bekommen. Dann lassen Sie sich selbst zu der Aktie werden. Machen Sie sie zu Ihrem »Ich«. Nicht bloß mit Ihren Gedanken und Gefühlen, sondern mit Ihrem Körper und allen Ihren Sinnen.

Dann machen Sie sich bewußt, daß Ihr »Ich« der Aktienkurs und nicht die Firma ist und geben damit eine präzise Zielvorgabe.

Setzen Sie nun Ihre Intuition ein, um das fragliche Unternehmen zu beschreiben. Nachdem Sie das getan haben, werden Sie es nicht mehr mit seinem Kurswert verwechseln. Und vielleicht erhalten Sie dabei ein paar Informationen über zukünftige Wirtschaftsdaten dieser Firma, die Ihnen helfen, ihre Börsennotierung besser einzuschätzen.

Überlegen Sie sich dabei die folgenden Fragen aus Ihrer gegenwärtigen Sicht:

- Wie fühlen Sie sich?
- Wonach suchen Sie?
- Wann werden Sie es finden?
- Wie muß es Ihnen präsentiert werden, damit Sie es wollen?
- Was gefällt Ihnen am besten daran?
- Was gefällt Ihnen am wenigsten daran?

Dann untersuchen Sie, wie die Situation einen Tag später (oder eine Woche später, einen Monat später, je nach dem Zeitrahmen, den Sie gewählt haben) aussehen wird:

- Inwieweit haben Sie sich verändert?
- Was haben Sie in der Zwischenzeit gemacht?
- Was ist in Ihrer Umgebung passiert?
- Wie ist es Ihnen letztes Jahr ergangen?

Ausgehend von den Eindrücken, die Sie dazu erhalten, fragen Sie sich dann: »Wird der Kurs dieser Firmenaktie morgen steigen oder fallen? Und in welchem Maße wird er sich verändern?«

Beispiel für ein Reading

»Ich bin diese Firma. Ich fühle mich stark, aber ich spüre auch, daß ein Teil von mir, nämlich meine linke Seite, nachläßt. Ich weiß nicht, wie ich das ändern soll. Meine rechte Seite dagegen wird immer stärker, und in drei bis vier Monaten wird sie voll ausgereift sein. Ich fühle, daß etwas Neues entsteht.

Ich freue mich auf diese Veränderung. Sie wird zwar nicht gleich die erhofften Auswirkungen haben, aber dann wird es ein voller Erfolg werden. In diesem Moment spüre ich, daß noch ein

Element hinzukommt. Ich glaube, daß es ein anderes Unternehmen ist.

Aufgrund meiner Eindrücke rechne ich damit, daß der Kurs dieser Firmenaktie steigen wird.«

Erörterung

Wichtig ist, daß Sie nach Ihrem Reading ein Feedback bekommen. Falls der Aktienkurs gesunken ist, obwohl Sie glaubten, er würde steigen, lesen Sie Ihre Aufzeichnungen noch einmal durch und überlegen Sie sich, was der Grund für Ihre Fehlinterpretation sein könnte.

Beachten Sie auch das Ausmaß der Abweichung und Ihr Timing. Vielleicht sollten Sie Ihre Interpretation der Bilder und Metaphern noch einmal überprüfen. Der Kursteilnehmer in obigem Beispiel rückte die Stärkung der »rechten Seite« des Unternehmens in den Brennpunkt und interpretierte diese Wahrnehmung auf positive Weise. Aber er hatte auch den Eindruck, daß die andere Seite geschwächt war. Möglicherweise wies dieses Bild stärker auf das Ungleichgewicht zwischen rechter und linker Seite hin, was eher ein negatives Resultat nahelegen würde. Indem Sie Ihre Interpretationen nach dem Feedback überprüfen und gegebenenfalls korrigieren, können Sie vermeiden, den gleichen Fehler noch einmal zu machen.

Und wieder: Erkennen Sie Ihre Stärken und Schwächen

Wenn Sie Ihre intuitiven Techniken auf den Börsenhandel anwenden, müssen Sie sich Ihre entsprechenden Stärken und Schwächen bewußt machen. Beantworten Sie dazu die folgenden Fragen:

- In welchem Zeitrahmen sind Ihre Eindrücke am genauesten? Ich persönlich erziele bessere Resultate bei intuitiven Voraussagen kurzfristiger Entwicklungen als bei solchen, die längere Zeiträume umfassen.
- Für welchen Markt haben Sie ein besonders gutes Gespür? Mir liegt zum Beispiel die Warenbörse mehr als der Aktienhandel, weil mir deren Kursentwicklungen direkter zugänglich zu sein scheinen.
- In welchen Situationen haben Sie die exaktesten Eindrücke? Im allgemeinen ist es zum Beispiel etwas leichter, die Ertragsaussichten eines Industrieunternehmens einzuschätzen, als Aktienkurse zu prognostizieren. Ich selbst erziele meistens besonders gute Ergebnisse bei der Berechnung der Erstausgabepreise von Investmentanteilen.
- In welchen Situationen sind Ihre Eindrücke am unzuverlässigsten? Bei mir ist es so, daß ich einfach keine guten Readings in finanziellen Angelegenheiten geben kann, wenn ich ängstlich bin. Die einzige Botschaft, die ich dann erhalte, lautet: »Das wird dich ruinieren, du wirst am Hungertuch nagen!« Das ist keine gute Ausgangsbasis, um Gewinne zu machen. Es ist jedoch eine gute Gelegenheit, um sich von jemand anderem ein Reading geben zu lassen.
- Was sind Ihre besonderen Vorlieben? Ich bin wirklich beeinflußbar, wenn ich den Namen einer Aktie weiß, weil ich mich nur allzu leicht vom Klang eines Wortes angezogen fühle. Besonders, wenn es die Buchstaben S und R enthält.
- Welche Techniken verschaffen Ihnen den besten Zugang zum Finanzmarkt? Bei mir ist es so: Wenn mein Finger nach oben zeigt, geht der Kurs nach oben. Ich weiß, das klingt albern, aber es funktioniert bei mir. Es ist wirklich erstaunlich, wie sehr man sich auf die eigenen Körperempfindungen verlassen kann. Zucken Sie zum Beispiel mit den Augenbrauen? Wenn ja, ziehen Sie sie nach oben oder nach unten? Achten Sie einmal eine Woche lang auf derartige körperliche Reaktionen und versuchen Sie zu verstehen, was sie Ihnen mitteilen wollen.

Meine intuitive Lektion

Vor kurzem habe ich in Toronto einen Workshop für etwa sechzig Teilnehmer abgehalten. Eine der Übungen bestand darin, daß sich jeweils zwei Teilnehmer zusammensetzten und gegenseitig ein »blindes Reading« mit der Umschlagtechnik gaben (der Umschlag bestand diesmal aus einem mehrfach gefalteten Blatt Papier). Einer der Teilnehmer, ein Kapitalanleger, hatte seiner Übungspartnerin ein Papier gegeben, auf dem folgende Frage stand: »Was passiert mit den *Bre-X* Aktien?« Seine Partnerin hatte Schwierigkeiten damit, die Frage intuitiv zu erfassen, und deshalb baten sie mich um Hilfe.

Ich sollte noch erwähnen, daß die Kursentwicklung von *Bre-X* zu dieser Zeit von allen kanadischen Experten aufmerksam verfolgt wurde. Es war eine Goldaktie, die ein paar Tage zuvor stark gefallen war, nachdem das Unternehmen bekanntgegeben hatte, ihr angekündigter »riesiger Goldfund« könne geringer ausfallen als erwartet. Dabei blieb unklar, ob die Firma den entgangenen Gewinn wieder hereinholen könnte, weiterhin rückläufige Zahlen schreiben würde oder sogar Konkurs anmelden müßte.

Ich öffnete das Blatt Papier, las, was der Fragesteller geschrieben hatte, und flüsterte ihm ins Ohr, seine Frage sei zu vage formuliert. Dann schlug ich ihm eine andere Variante vor: »Wird der Kurs von *Bre-X* am sechsten Mai höher sein als heute, am zwölften April?« Ich hatte dieses Datum rein zufällig – so dachte ich jedenfalls! – gewählt, um eine möglichst genaue Zeitvorgabe zu haben.

Daraufhin schrieben wir diese Frage auf und gaben sie – natürlich wieder verdeckt – an die Teilnehmerin weiter, die das Reading geben sollte. Diesmal hatte sie deutlich den Eindruck einer abwärtsführenden Spirale, was sie als negative Antwort interpretierte.

Einer spontanen Eingebung folgend, bat ich anschließend die ganze Gruppe, ein »blindes Reading« zu derselben Frage zu geben. Alle Teilnehmer sollten ihre intuitiven Eindrücke zu der Frage sammeln. Dann forderte ich diejenigen auf, welche die Frage positiv beantwortet hatten, ihren rechten Arm zu heben.

Sämtliche Teilnehmer – mit Ausnahme des Mannes, der die Frage ursprünglich gestellt hatte, und seiner Übungspartnerin – hoben ihren rechten Arm. Das war seltsam, da die Frau, die das erste Reading gab, einen so klaren Eindruck vom Gegenteil geäußert hatte.

Wer behielt recht? Da ich selbst gespannt auf die Antwort war, schlug ich am Morgen des sechsten Mai gleich den Wirtschaftsteil der Zeitung auf. Überrascht erkannte ich, daß der sechste Mai, das Datum, das ich scheinbar rein zufällig gewählt hatte, genau der Tag war, an dem das Unternehmen bekanntgab, daß es in seiner »riesigen Goldmine« nur wenig bis fast gar kein Gold gab. In der Panik, die in den folgenden Stunden unter den Anlegern um sich griff, wurde die Aktie praktisch wertlos.

Das zeigt nicht nur, wie wirkungsvoll ein »blindes Reading« sein kann, sondern auch, wie wichtig es ist, Ihre Intuition auf einen möglichst exakten Zeitrahmen auszurichten.

Warum aber hatte sich die Gruppe so geirrt, während die Frau mit ihrer Prognose genau richtig gelegen war? Ich habe aus dieser Erfahrung zwei wichtige Lektionen gelernt.

Erstens: Bei einem Workshop neigen die Teilnehmer dazu, ihre Wahrnehmungen so »hinzubiegen«, daß sie den Erwartungen des Leiters oder der Leiterin entsprechen – auch wenn ihnen gar nicht bewußt ist, was diese Erwartungen sind. Zudem hatte ich sie aufgefordert, eine positive Antwort durch das Heben ihrer rechten Hand anzuzeigen.

Und zweitens: Wir sind Herdentiere in unseren Meinungsäußerungen, selbst wenn diese Meinungen falsch sind.

Ich bin mir jetzt jedenfalls noch klarer darüber, wie ich meine Fragestellungen formulieren und intuitive Gruppenübungen gestalten muß.

Tägliche Übung:
Fiktive Schnellschüsse

Die Aktienbörse und andere Finanzmärkte sind ein ausgezeichnetes Ziel für tägliche Schnellschuß-Übungen, weil Sie dabei ein promptes Feedback erhalten.

Dazu brauchen Sie nicht einmal wirkliches Geld zu investieren. Ich fordere Sie hier nicht auf, Aktien zu kaufen oder gar als Börsenneuling gewagte Spekulationen anzustellen.

Vielmehr möchte ich Ihnen vorschlagen, so zu tun, als hätten Sie Geld in eine bestimmte Aktie oder Ware investiert, so daß Sie Ihre intuitiven Fähigkeiten auf diesem Gebiet trainieren können. Es ist nämlich viel schwieriger, objektive Distanz zu wahren, wenn das eigene Geld auf dem Spiel steht und Ihre Gefühle so dramatisch auf- und abschwingen können wie der Aktienindex.

Wählen Sie also eine bestimmte Aktie, einen Investmentfonds oder ein Warentermingeschäft und experimentieren Sie mit verschiedenen Zeitvorgaben. Möglicherweise sind Ihre Eindrücke kurzfristig weniger zutreffend als langfristig. Wählen Sie in diesem Fall die Berechnungsgrundlage, die Ihnen mehr liegt.

Kapitel 23

Wie können Sie eine veränderte Marktsituation antizipieren und sich darauf vorbereiten?

(Erfolg ist keine statische Angelegenheit)

*Es ist niemals zu spät,
zu werden, was man hätte sein können.*
George Eliot

Wie Sie die Integrität unter veränderten Bedingungen wahren

Wenn sich Ihre Berufswelt verändert, müssen Sie auch Ausgewogenheit zwischen den vielen Bedürfnissen herstellen, denen Sie zu entsprechen haben. Es ist jedoch nicht immer einfach, sich zu verändern, besonders wenn man mit dem, was man bisher getan hat, erfolgreich war. Wir neigen dazu, mit bewährten Verhaltensmustern auf neue Situationen zu reagieren. Wir verfallen in alte Gewohnheiten, die – zumindest für den Augenblick – funktionieren. Das zu verändern ist nicht leicht. Ja, es macht sogar ein wenig Angst.

All die verschiedenen Elemente Ihrer Berufswelt müssen aufeinander abgestimmt und aktiviert werden. Und das geschieht, indem Sie Ihre Integrität wahren. Ich meine damit nicht nur Ihre Werte und Überzeugungen, sondern die Funktionsweise des gesamten Mechanismus. Stellen Sie sich einmal diesen Mechanismus analog zum menschlichen Körper vor: Wenn sich Ihre Atmung intensiviert, verringert sich die Leistung Ihrer Verdauung. Aber wenn Sie etwas essen, muß sich Ihr Verdauungsapparat in Gang setzen. Integrität ist also die Fähigkeit jedes einzelnen Teils des Ganzen, auf die Bedürfnisse des Organismus in seiner spezifischen Umwelt angemessen zu reagieren. Dabei geht es um die Gesundheit des gesamten Unternehmens.

Hier ein Beispiel: Ihr Produktentwicklungsteam ist zu groß, und Sie haben das Gefühl, eher die Marketingabteilung verstärken zu müssen. Aber Sie können den Personalbestand nicht verringern. Wenn Sie nämlich Ihre Produkte in der nächsten Zeit besser vermarkten wollen, brauchen Sie das Entwicklungsteam, um produktiv auf diese Herausforderung reagieren zu können. Also formulieren Sie für die Leute aus der Entwicklungsabteilung ein neues Ziel: »Wir müssen zuerst einen Markt schaffen für das, was Sie entwickelt haben. In der Zwischenzeit werden wir einige von Ihnen in anderen Bereichen einsetzen.« Suchen Sie nach einem Tätigkeitsbereich, der für Ihr Entwicklungspersonal geeignet ist. Auf diese Weise entsprechen Sie sowohl den Bedürfnissen Ihres Teams als auch Ihren eigenen, so daß beide Seiten optimal auf die Bedürfnisse des Marktes reagieren können.

Dieses Beispiel illustriert zwei wichtige Aspekte. Erstens: Innerhalb einer Firma muß es einen Konsens über die Integrität des Unternehmens geben. Sie können weder Ihrem Team noch Ihrem Markt Integrität aufzwingen. Und zweitens: Selbst wenn ein neues Konzept den Bedürfnissen der einzelnen Elemente zunächst zuwiderzulaufen scheint, kann es manchmal so umformuliert oder verbessert werden, daß es der Identität des Unternehmens entspricht.

Sie sollten bereit sein, sich anzupassen

Manchmal geraten erfolgreiche Menschen oder Unternehmen in Schwierigkeiten, weil sie den Anschluß an ihre veränderte Umwelt verloren haben. Zu der Zeit, als ich in New York City aufwuchs, gab es in der Nachbarschaft zahlreiche kleine Lebensmittelgeschäfte: den Metzger, den Bäcker, den Fischhändler, den Gemüsehändler. Diese Läden machten im Laufe der Zeit anderen Geschäften Platz, die den veränderten Bedürfnissen besser entsprachen. Es waren entweder große Supermärkte oder kleine Feinkosthandlungen mit einem speziellen Angebot.

Inwieweit hat sich der Lebensmittelmarkt verändert? Aufgrund demographischer und sozialer Veränderungen hatten die Konsumenten einfach weniger Zeit zur Verfügung – auch fürs Einkaufen. Das heißt, sie hatten nicht mehr die Zeit, in viele verschiedene Geschäfte zu gehen, und keine Zeit mehr für die persönlichen Beziehungen, die sie früher zu den Ladeninhabern pflegten. Der Markt verlangte also nach Möglichkeiten für den schnellen, praktischen Einkauf mehrerer Produkte in einem Einzelhandelsgeschäft.

Diesem Bedürfnis entsprachen die großen Supermärkte mit ihrem breiten Angebot und die kleinen Delikatessengeschäfte, die für ihre speziellen Produkte einen höheren Preis verlangen konnten.

Hätten der Bäcker oder der Metzger nicht darauf bestanden, nur Bäcker oder Metzger zu bleiben, hätten sie vielleicht überleben können, indem sie den veränderten Konsumentenerwartungen mit besonders attraktiven Produkten oder Dienstleistungen begegnet wären.

Forschen Sie nach neuen Möglichkeiten

Wenn Sie Ihr geschäftliches Umfeld durch kontinuierliche Definitionsfragen überprüfen, können Sie nicht nur potentielle Probleme umgehen, sondern auch günstige Gelegenheiten besser und schneller wahrnehmen. Es geschieht häufig, daß Einzelpersonen oder Firmen zu sehr auf die Lösungen von Problemen fixiert sind. Dabei ist es genauso wichtig, Gelegenheiten auszunutzen, wenn sie sich einem bieten. Und da sich sowohl Ihr geschäftliches Umfeld wie auch die Bedürfnisse Ihres Marktes ständig verändern, eröffnen sich auch ständig neue Chancen.

Auch in wirtschaftlich schwierigen Zeiten läßt sich immer noch eine Tätigkeit finden, mit der man seinen Lebensunterhalt verdienen kann. So könnten Sie zum Beispiel ein Inkassobüro oder eine Schuldnerberatung ins Leben rufen! Für einen guten Verkäufer gibt es keinen schlechten Markt. Wenn Sie wissen, daß es in ganz Florida bald keine Orangen mehr geben wird, sollten Sie Orangen importieren. Und wenn die Leute keine Orangen mehr mögen, verlegen Sie sich auf den Verkauf von Äpfeln.

Suchen Sie ständig nach möglichen Störungen in Ihrem Umfeld – auch wenn alles in Ordnung ist

Manchmal laufen alle Dinge in Ihrer Karriere oder Ihrer Firma nach Wunsch, und es scheint Ihnen alles nur so in den Schoß zu fallen. Dann nehmen Sie Ihre Erfolge vielleicht als selbstverständlich hin und lassen in Ihrer Wachsamkeit gegenüber Warnsignalen nach. Aber möglicherweise macht sich daraufhin ein verdecktes Ziel bemerkbar, und Sie selbst fangen an, Ihren Erfolg zu sabotieren. Bevor Sie noch wissen, wie Ihnen geschieht, sitzen Sie dann in der Klemme.

Sie müssen sich also bewußt und dauerhaft um Integrität bemühen, damit Sie nicht den Fehler begehen, zufällige Erfolge mit einer wirklichen Übereinstimmung zwischen allen Elementen Ihrer Geschäftswelt zu verwechseln.

Hier ein Beispiel: Ein Pädagoge und Umweltaktivist beschließt, einen nach umweltfreundlichen Kriterien gestalteten Kinderhort zu eröffnen. Ohne durch den intuitiven Prozeß gegangen zu sein, sich selbst zu seinem Markt zu machen und zu fragen, was dieser braucht, investiert er all seine Ersparnisse in dieses Projekt – und es wird ein Riesenerfolg.

Tragischerweise ist es aber gerade dieser Erfolg, der dazu führt, daß er sich immer weiter von seinem Markt und seinem unternehmerischen Umfeld entfernt. Er fängt an, sich für unverwundbar zu halten.

Statt regelmäßig sein Umfeld daraufhin zu überprüfen, was es braucht, stürzt er sich in die Vergrößerung seines Unternehmens und eröffnet in den nächsten Jahren mit Hilfe von Bankkrediten zehn weitere Tagesheime.

Zunächst übersieht er, daß die Zahl der Anmeldungen zurückgeht, denn die Gesamteinnahmen steigen immer noch. Aber bald teilt ihm seine Buchhalterin mit, daß sich trotz eines gestiegenen Gesamtumsatzes die Ertragslage der einzelnen Tagesstätten dramatisch verschlechtert hat.

Ein Jahr später ist er gezwungen, Konkurs anzumelden.

Vergessen Sie nicht: Auch Ihre Bedürfnisse und Werte verändern sich

Wie gesagt: Ihre Berufs- und Geschäftswelt verändert sich laufend. Aber auch Sie verändern sich. Das bedeutet, daß Sie Ihre Situation regelmäßig einer kritischen Überprüfung unterziehen müssen. Ich bewerte mein aktuelles Geschäftskonzept etwa jede Woche. »Was will ich erreichen?« ist dabei immer meine erste Frage. Nicht die Tatsache, daß man sich verändert, beeinträchtigt die Fähigkeit zum optimalen Einsatz seiner Kräfte, sondern vielmehr die mangelnde Sensibilität für die Veränderlichkeit der eigenen Ziele.

Am Anfang meines Berufslebens war finanzielle Sicherheit meine oberste Priorität. Das habe ich nun erreicht. Würde ich weiter nur nach Sicherheit streben, würde ich meine Kräfte vergeuden, und mein Unterbewußtsein würde schließlich gegen mich arbeiten. Also muß ich mein Ziel neu definieren. Nun möchte ich zwar immer noch finanzielle Sicherheit, aber ich wünsche mir auch ein Forum für mein soziales Engagement. Ich weiß noch nicht genau, wie das aussehen soll, und das ist im Augenblick auch nicht so wichtig. Auch Sie sollten immer wieder prüfen, welche Aspekte Ihres Ziels feststehen und welche variabel oder ersetzbar sind. Halten Sie diese Veränderungen schriftlich fest, so daß Sie schneller und mit leichterem Gepäck vorwärtskommen.

Tägliche Übung:
Wie Sie den Herzschlag des Marktes spüren

Machen Sie einen Bodycheck. Dann schreiben Sie auf ein Blatt Papier: »Wie verändert sich mein Markt?«

Nun lösen Sie sich von dieser Frage und registrieren Sie ein paar Minuten lang alle Ihre Gedanken und Empfindungen. Schreiben Sie sie auf oder halten Sie sie auf Kassettenrekorder fest.

Wenn Sie damit fertig sind, legen Sie diese Übung beiseite. Lesen Sie sie sich im Laufe des Tages noch einmal durch oder hören sich an, welche Eindrücke Sie hatten. Achten Sie auf den Klang Ihrer Stimme, die Details, auf die sich Ihre Aufmerksamkeit gerichtet hat, und welche Gefühle am stärksten im Vordergrund stehen.

Sie werden in Ihren Aufzeichnungen Informationen und Hinweise finden, die Ihnen helfen, die Bedürfnisse all Ihrer beruflichen und geschäftlichen Elemente vorherzusehen. Häufig werden sich Ihre Gedanken auch in dem Moment, in dem Sie den Stift niederlegen oder den Kassettenrekorder ausschalten, in einem Satz verdichten.

Besonders hilfreich ist es, wenn Sie diese täglichen

Übungen am Ende der Woche sowohl auf ihren intuitiven wie auch ihren empirischen und emotionalen Gehalt hin überprüfen. Die daraus gewonnenen Informationen vermitteln Ihnen eine ziemlich klare Vorstellung davon, in welche Richtung sich die Dinge entwickeln.

Bemühen Sie sich, immer empfänglicher für intuitive Eindrücke zu werden

Ihr beruflicher oder geschäftlicher Erfolg hängt davon ab, inwieweit es Ihnen gelingt, das, was Sie anbieten wollen, und die Wünsche und Bedürfnisse anderer in Einklang zu bringen. Vergessen Sie nicht: Die Bedürfnisse Ihres Marktes verändern sich ständig, häufig sogar ganz unbemerkt. Wenn Sie also wirklich erfolgreich sein wollen, müssen Sie diese Bedürfnisse vorhersehen und ihnen sogar zuvorkommen!

Nehmen Sie einmal alle Ihre Aufzeichnungen zu den bisher gemachten Übungen und teilen Sie sie in zwei Stapel auf: einen für Ihre persönlichen und einen für Ihre beruflichen Ziele. Lesen Sie dann jeden einzelnen Text genau durch, wobei Sie am Rand Ihre spontanen Kommentare vermerken können. Dann legen Sie die Papiere weg und machen Sie eine fünfminütige Pause, um Ihre Gedanken zu sortieren.

Fragen Sie sich dann, welche Person Sie jetzt sind, und geben Sie eine kurze Beschreibung Ihrer selbst.

Nur zu, fragen Sie: »Wer könnte ich sein, und was könnte ich tun, um noch erfolgreicher zu werden?« Ihr persönliches Potential auszuschöpfen bedeutet, daß Sie bewußt alle Ihre Stärken wahrnehmen, nutzen und aufeinander abstimmen müssen.

Als ich diese Übung vor vielen Jahren zum ersten Mal machte, war ich überrascht, wie wohlwollend andere Menschen Seiten meiner Persönlichkeit auslegten, die ich für meine Schwächen hielt. »Schüchternheit«, »allzu große Unverblümtheit« und

»manchmal zu dominant« wurde von ihnen interpretiert als »bescheiden«, »immer bereit für ein ehrliches Feedback« und »besitzt eine natürliche Autorität«. Manchmal war ich allerdings auch verblüfft über die Reaktionen auf Eigenschaften, die ich als selbstverständlich betrachtet hatte. Mit all diesen Informationen konnte ich meine Charaktereigenschaften aus einer anderen Perspektive betrachten und mir ein klareres Bild darüber verschaffen, wer ich war und wie ich von anderen wahrgenommen wurde. Außerdem erkannte ich neue Möglichkeiten, um all meine Persönlichkeitsanteile auszuleben. Die folgende Übung gibt Ihnen wertvolle Hinweise zu Ihren verschiedenen »Ichs« und ermöglicht Ihnen, sich selbst, andere und Ihren Markt auf kreativere und intuitivere Weise zu interpretieren.

Übung 29:
Ich werde von Tag zu Tag besser

Das ist eine »Blindübung«. Die Frage zu Ihren Eindrücken finden Sie anschließend auf Seite 311.
Was ist das erste, was Sie in diesem Augenblick sehen? Beschreiben Sie es in allen Einzelheiten und beantworten Sie dabei die folgenden Fragen:

- An wen oder was erinnert es Sie?
- Was würden Sie gerne daran verändern?
- Wo würde es am besten aussehen?
- Was würden Sie am liebsten damit machen?

Beispiel eines Kursteilnehmers

Ich sehe ein Bücherregal, das zur Hälfte von einem exotisch bemalten Wandschirm verdeckt ist. Dieser erinnert mich an einen nordamerikanischen Indianer. Er ist ein Krieger, Jäger, Sammler, Familienvater und ein Weiser, Führer und Helfer. Unabhängig und stark. Ich würde gerne den Wandschirm entfernen, damit der Raum größer wirkt.

Seine Interpretation

Die Fähigkeit, mir Wissen anzueignen und es zu vervollkommnen, ist meine Stärke, und ich sollte sie besser nutzen. Ich bin ein eher zurückhaltender Mensch, aber ich muß mehr von mir hergeben, um beruflich das zu erreichen, was ich möchte. Nur mein bester Freund weiß, wie witzig ich sein kann. Ich könnte das mehr in meinen Job einbringen.

Auch meine Firma wird unterschätzt und muß sich mehr exponieren. Wir hatten reichlich Gelegenheit dazu, aber unser Schwerpunkt lag auf der Produktentwicklung, was vielleicht nicht so sinnvoll ist, da die meisten dieser Gelegenheiten im Bereich Marketing waren. Ich wirke unabhängig und fähig, Dinge und Menschen in Bewegung zu bringen und zu unterstützen: Projekte, Ideen, Mitarbeiter und so weiter. Ich denke, das macht mich zu einem guten Manager. Das gehört aber nicht zu der Frage, auf die meine Firma derzeit ihre Energien richtet, nämlich wie wir neue Absatzmärkte in Südostasien entwickeln könnten.

Übung Nr. 29: Welche persönlichen Eigenschaften muß ich entwickeln, um mein Ziel zu erreichen?

Streben Sie danach,
auch Ihre Firma empfänglicher für
intuitive Eindrücke zu machen

Wie verhält es sich mit den Stärken Ihres »Firmen-Ichs«? Angenommen, Ihre Firma ist eine Discount-Warenhauskette. »Günstige Preise« ist eine ihrer Stärken. »Freundliches Verkaufspersonal« eine andere und noch eine »Guter Kundendienst«. Was könnten Sie tun, um noch erfolgreicher zu sein?

Wären Sie Sam Walton, der Eigentümer des Handelskonzerns *Wal-Mart*, würden Sie es so machen wie er und eine Entscheidung treffen, die Ihren Erfolg garantiert: Sie würden im ganzen Land Filialen eröffnen, die nicht weiter als dreihundert Kilometer von Ihren wichtigsten Zulieferern entfernt liegen. Dadurch hätten Ihre Kunden immer das neueste Warenangebot.

Wenn Sie Michael Dell, der Eigentümer von *Dell Computer* wären, würden Sie die Computerindustrie auf den Kopf stellen, indem Sie ein Versandgeschäft aufziehen. Und wie würden Sie das machen? Indem Sie beschließen, die Computer nicht mehr selbst zu bauen, sondern die Einzelteile von anderen Herstellern zu beziehen und erst auf Bestellung zusammenzubauen. Dann würden Sie strenge Qualitätskriterien einführen, um Reklamationen möglichst auszuschließen. Auf diese Weise ist *Dell Computer* inzwischen zum Musterbeispiel für die Branche und Michael Dell ein Milliardär geworden.

Welche Entscheidung, die Sie heute treffen könnten, würde Ihrer Firma den Durchbruch bringen?

Mein Experiment mit der
Apple Computer Corporation

Als Beispiel dafür, wie man die Intuition einsetzen kann, um ein Unternehmen auf Vordermann zu bringen, habe ich *Apple Computer* gewählt. Wohlgemerkt, ich verstehe so gut wie nichts von Computern, aber ich mag meinen »Mac«. Und zwar genau deshalb, weil ich nichts von Computern zu verstehen brauche, um ihn zu benutzen, und ich brauche ihn fast ausschließlich für die Textverarbeitung. Ich bin nicht so wie viele meiner Bekannten, die ihr gesamtes Leben per Computer managen. Da hätte ich nämlich immer Angst, mein Leben gar nicht mehr selbst in der Hand zu haben!

Jedenfalls setzte ich mich am Sonntag, den 9. März 1997, mit einer Freundin zusammen, um intuitiv an der Frage zu arbeiten, was *Apple Computer* tun sollte, um seine wirtschaftliche Lage zu verbessern. Man hatte mir gesagt, das Unternehmen sei ins Trudeln geraten, und ich wollte nicht, daß es ganz zu Fall käme, weil ich sonst womöglich noch lernen müßte, wie man mit Computern umgeht! Dieses Reading sollte mir einen raschen Überblick verschaffen, den ich später als Basis für eine tiefergehende intuitive Untersuchung gebrauchen wollte.

Ich verwendete die Technik der Einfühlung in Ichform, um die Firma zu verkörpern und intuitiv mit all meinen Sinnen wahrzunehmen. Der folgende Text ist die wörtliche Transkription meines Readings. Ich habe es absichtlich in der Rohform belassen, damit Sie sehen, daß ein Reading kein druckreif formulierter Text ist, sondern meistens Abschweifungen, unvollständige Sätze und fragwürdige grammatikalische Konstruktionen enthält. Bedenken Sie auch, daß ich geübt darin bin, meine Eindrücke noch während des Aufzeichnens zu interpretieren, eine Technik, die Sie erst noch trainieren müssen.

Mein Reading

Ich bin *Apple Computer*. Zuerst möchte ich von mir erzählen. Ich habe eine zu breite Produktpalette. Deshalb kann ich mit meinen eigenen Produkten gar nicht mehr richtig mithalten und verzettele mich. Ich habe kein festes Ziel mehr. Mein Markt ist wesentlich computerkundiger, als er es am Anfang war. Und meine Preise sind zu hoch.

Ich brauche eine wirklich zündende Idee ... Ich sehe einen niedrigpreisigen Computer, den Kinder und Jugendliche verwenden können. So was wie ein tragbarer *Apple*, den die Kids mit in die Schule nehmen ... er ist gleichzeitig ein Pager ... so daß die Eltern ihre Sprößlinge immer erreichen können ... Und mit dem man noch ein paar andere Dinge machen kann ... irgendwas, das sich billig herstellen läßt ... Ich weiß nicht, 150 bis 200 Dollar vielleicht ... Ein Computer für junge Leute und für Anfänger ... Ich will, daß mein Logo wieder etwas bedeutet.

Ich muß einen Weg finden, wie ich meine alten Produkte aufwerten kann. Das Problem mit meinem Markt besteht darin, daß die Leute keinen neuen Computer mehr kaufen, weil sie denken, daß nächste Woche ein besserer herauskommen wird. Ich muß zeigen, daß mein altes Produkt genauso gut ist. Und vielseitig. Sie brauchen diesen ganzen Schnickschnack nicht. Wir machen Computer, die ewig halten.

Ich muß Firmen besuchen und herausfinden, wer noch mit dem alten Mac-System arbeitet ... du weißt doch, diese Computersysteme, die seit fünfzehn Jahren prima funktionieren. Wir reagieren auf die Bedürfnisse der Menschen und nicht auf irgendwelche technischen Sensationen, die sowieso niemand durchschaut. Ich denke, das ist jetzt eine Stärke von *Apple* ... daß mein altes System immer noch gut ist.

Und ich glaube auch, daß es wichtig ist, eine bestimmte Klientel anzusprechen ... den Markt der Jugendlichen, die dann auch als Erwachsene Apple-Computer kaufen werden ... Schüler, Studenten ... eine Art Grundausbildung ... und Wörterbücher, Bibliothekskataloge etc. ... weniger technische als praktische Vorteile.

Oder vielleicht auch Hard- und Software fürs Büro, die jeder benutzen kann ... auch die, die völlig ungeübt mit Computern sind. Wie man aus jeder Tippse eine qualifizierte Sekretärin macht ... Die Leute können dann immer noch ihren alten Computer benutzen ... Und ich würde trotzdem immer wieder etwas Neues verkaufen.

Wichtig ist, daß wir uns auf ein Grundmodell einigen ... und weniger Modelle produzieren als jetzt. Dann können wir uns ausdenken, wie wir diese Modelle jeweils aktualisieren und aufrüsten können ... Die Leute könnten uns ihre alten Computer bringen, und wir machen einen neuen daraus ... so daß sie nicht ständig ein neues Gerät kaufen müssen. Wir wollen, daß unsere Kunden einen Computer kaufen, zu dem sie eine persönliche Beziehung haben und der lange hält. Aber wir werden jedes Jahr Geld damit machen, daß wir die Geräte verbessern ... zum Beispiel durch neue, besonders augenschonende Bildschirme ... das wäre die Lösung, ein ganzes System einzelner Teile, die alle austauschbar und kompatibel sind. Irgend jemand wird die Idee sicher sofort klauen, aber man wird sie mit *Apple* in Verbindung bringen. Wir sollten aufhören, die User übers Ohr zu hauen. Man braucht ja bald jedes Jahr einen neuen Computer.

Was *Apple* gemacht hat

Ich habe nicht mehr an dieses Reading gedacht, bis ich einen Monat später, am 10. April 1997, eine mehrseitige Anzeige der *Apple Computer Corporation* in der *New York Times* entdeckte, in der sie für ihre neuen Produkte warben. Hier der Text in Auszügen:

> Der eMate™ 300 ist der erste Computer, der speziell für Schüler und Studenten konzipiert wurde. Er ist klein, leicht und robust. Er entspricht vom Design dem Geschmack und vom Preis dem Geldbeutel von Jugendlichen.
>
> Nur bei *Apple* gibt es außerdem einen Computer, der sowohl die Betriebssysteme Mac OS als auch Windows enthält: den neuen Power Macintosh 7300/180 PC Compatible. Nun können Sie mit einem einzigen Tastenbefehl von Mac OS zu Windows 95 oder Windows 3.1 oder sogar zu MS DOS wechseln. Der PowerMac 7300 ist ein

äußerst leistungsstarker PC, ausgestattet mit einem 166 MHz Pentium Mikroprozessor, der ermöglicht, daß Sie gleichzeitig mit Windows und Mac-Software arbeiten können.

Mist, dachte ich bei mir, die ruinieren mir mein Kapitel! Wie kann ich beweisen, daß man mit der Kraft der Intuition ein Wirtschaftsunternehmen in Schwung bringen kann, wenn sie die Hälfte meiner Vorschläge schon übernommen haben, bevor mein Buch erschienen ist?

Eine weitere Ankündigung von *Apple*

Eine Woche später, am 17. April 1997, ging der Geschäftsführer von *Apple Computer*, Dr. Gil Amelio, höchstpersönlich an die Öffentlichkeit. Hier ein Auszug aus seinem ganzseitigen Brief, der im *Wall Street Journal* abgedruckt wurde:

> Wir haben noch weitere, aufsehenerregende Produkte entwickelt. Zum Beispiel das neue Betriebssystem Mac OS 8, das diesen Sommer auf den Markt kommen und im Hinblick auf Benutzerfreundlichkeit den Rest der Computerindustrie weit hinter sich lassen wird. Die vollkommen neuen Funktionsmerkmale machen es jedem geübten Anwender noch leichter, im Internet zu surfen und sich mit anderen PCs zu vernetzen, während es auch vollkommenen Computerneulingen ermöglicht, ohne die Hilfe von Experten professionell mit einem PC zu arbeiten.
>
> Wir sind dabei, uns noch stärker auf die grundlegenden Bedürfnisse unserer Kunden einzustellen. Davon zeugt unsere neue Produktpalette, und das dürfte sich auch in unseren Umsätzen niederschlagen.

Die Übereinstimmungen

Überprüfen wir einmal, in welchen Punkten es eine Übereinstimmung gibt zwischen meiner intuitiven Einschätzung, was *Apple* tun müßte, und den tatsächlichen Vorhaben des Unternehmens.

Zuerst: Was ist mit den Preisen? Der eMate 300 kostet weniger als 800 Dollar, und das ist äußerst günstig, wenn man bedenkt, daß die meisten anderen Laptops von 1500 Dollar an aufwärts kosten. Mein Preisniveau war mit 150 bis 200 Dollar wesentlich niedriger. Vielleicht habe ich mich intuitiv auf ein Produkt bezogen, das noch produziert oder auf den Markt gebracht werden muß, oder möglicherweise hat mich meine Intuition mit diesen Zahlen nur auf symbolische Weise wissen lassen, daß der Preis niedrig sein würde, und ich habe es zu wörtlich genommen.

Nun zu den anderen Parallelen zwischen meinem Reading und der Realität:

Ein Computer, der so gut ist wie unsere alten Produkte, aber noch vielseitiger.

Klingt doch wie der Power Mac 7300/180! Dieser Macintosh ist nicht nur schneller als die bisher erhältlichen PCs oder Macs, er ist auch mindestens genauso vielseitig.

Programme, mit denen jeder Computerneuling arbeiten kann.

Mit Mac OS 8 werden laut Dr. Amelio auch Benutzer ohne spezielle Computerkenntnisse professionell arbeiten können. (Womöglich bringt mir das sogar noch ein paar neue Anwendungsmöglichkeiten für meinen guten alten »Mac«.)

Sich auf die Herstellung weniger Modelle konzentrieren.

Der Power Mac entspricht auch diesem Eindruck, da er Macintosh und PC in einem ist.

Eine größere Kompatibilität schaffen, indem wir die alten Textverarbeitungsgeräte unserer Kunden aufrüsten, so daß sie nicht ständig einen neuen PC kaufen müssen.

Apple hat eine Homepage im Internet, und da heißt es ausdrücklich: »Auf dem Macintosh, den Sie heute kaufen, können Sie auch die nächste Generation von Mac-Betriebssystemen installieren.«

Wenn ein Computer-Laie wie ich so ein Reading geben kann, können Sie das allemal

Wie Sie sehen, waren nicht alle meine intuitiven Eindrücke zutreffend. Das Unternehmen scheint sich nicht besonders für meine Pager-Idee oder den Computer für Schulkinder zu interessieren. Außerdem scheint *Apple* mir immer noch lieber neue Produkte verkaufen zu wollen, als mir zu helfen, mehr Dinge mit meinem alten Mac machen zu können. Gut möglich, daß es da einen Widerspruch in meinen intuitiven Informationen gibt. Aber ich habe ja auch nicht versucht, vorherzusagen, was *Apple* tun *wird*, sondern vielmehr, was das Unternehmen tun *sollte*, um seine Integrität zu wahren.

Intuition funktioniert selbst dann, wenn Sie kaum eine Ahnung von dem fraglichen Gegenstand haben. Können Sie sich vorstellen, wieviel deutlicher ein solches Reading ausfallen würde, wenn es von jemandem gegeben würde, der sich besser in der Computerbranche auskennt? Nichtsdestoweniger demonstriert dieses Reading, wie Sie mit Hilfe der Intuition grundlegende Verbesserungen für jedes Wirtschaftsunternehmen – oder auch für Sie selbst – erzielen können.

Überprüfen Sie regelmäßig Ihr Ziel und Ihren Erfolgsplan

Sie müssen Ihre Ziele immer im Licht der neuesten Entwicklungen betrachten. Wenn Sie mit Problemen oder gar einem potentiellen Scheitern konfrontiert sind, befinden Sie sich vielleicht nicht mehr im Einklang mit Ihrem Team oder Ihrem Markt. Das müßten Sie dann korrigieren.

Tägliche Übung:
Überprüfen Sie Ihre Ziele

Nehmen Sie sich regelmäßig ein paar Minuten Zeit, um sich mit den folgenden Fragen zu befassen:

- Inwieweit hat sich meine Situation verändert?
- Inwieweit haben sich meine Bedürfnisse und Prioritäten verändert?
- Inwieweit hat sich mein Umfeld verändert?
- Inwieweit hat sich mein Markt verändert?
- Inwieweit haben sich die Bedürfnisse meines Teams verändert?
- Inwieweit kann ich mich verbessern?
- Inwieweit beeinflussen alle diese Faktoren einander?
- Welche Fortschritte habe ich im Hinblick auf meine Ziele gemacht?

Schlußbemerkungen

Sie haben ein Buch über die Anwendung der Intuition in Ihren geschäftlichen und beruflichen Angelegenheiten gelesen. Im Berufsleben geht es nicht einfach darum, möglichst viel Geld zu machen oder vorwärtszukommen, sondern vielmehr darum, Ihre eigenen Bedürfnisse zu befriedigen, indem Sie die Bedürfnisse anderer erkennen und erfüllen.

Die modernen Geschäftspraktiken sind scheinbar alle darauf ausgerichtet, die Konkurrenz aus dem Feld zu schlagen. Das ist jedoch eine sehr einschränkende Sichtweise. Wenn Sie Ihre Nische gefunden haben – den speziellen Markt, der genau das braucht, was Sie anzubieten haben –, kann niemand mit Ihnen konkurrieren, weil niemand genau das hat, was Sie zu bieten haben.

Intuitive Menschen und Unternehmen sind erfolgreich, weil sie die einfache und doch so häufig mißachtete Tatsache begriffen haben, daß Menschen, Firmen und Produkte zusammenarbeiten müssen, um ihre jeweiligen Ziele zu erreichen. Wir leben in einer sozialen Gemeinschaft, und unser Erfolg währt nur so lange, wie wir unsere Integrität innerhalb dieser Gemeinschaft wahren.

Intuition kann Ihnen helfen, alle Informationen über sich selbst und Ihren Markt zu finden, die Sie brauchen, um erfolgreich zu sein, indem Sie sich und Ihren Bedürfnissen treu bleiben.